金鹏教育◎组编

实习律师执业基本技能

·非诉讼法律实务·

SHIXI LÜSHI ZHIYE JIBEN JINENG

FEI SUSONG FALÜ SHIWU

王占命◎著

中国政法大学出版社

2015·北京

图书在版编目（ＣＩＰ）数据

实习律师执业基本技能之非诉讼法律实务/王占命著. —北京：中国政法大学出版社，
2015.5（2022.3 重印）
　　ISBN 978-7-5620-6063-5

　　Ⅰ.①实… Ⅱ.①王… Ⅲ.①律师－基本知识－中国 Ⅳ. ①D926.5

中国版本图书馆 CIP 数据核字(2015)第 111441 号

出 版 者　　中国政法大学出版社
地　　址　　北京市海淀区西土城路 25 号
邮寄地址　　北京 100088 信箱 8034 分箱　　邮编 100088
网　　址　　http://www.cuplpress.com（网络实名：中国政法大学出版社）
电　　话　　010-58908285(总编室) 58908433 （编辑部） 58908334(邮购部)
承　　印　　固安华明印业有限公司
开　　本　　720mm×960mm　1/16
印　　张　　18.75
字　　数　　305 千字
版　　次　　2015 年 5 月第 1 版
印　　次　　2022 年 3 月第 3 次印刷
定　　价　　42.00 元

前　言

　　实习律师执业基本技能系列丛书是作者应北京卓越金鹏教育科技有限公司之邀而编写的律师执业基本技能培训教材，也可用于法律类院校的法律实务课程教学，还可供其他普通法律爱好者自学之用，本系列丛书是一套"把法学理论和法律知识转化为执业技能"的律师教育丛书。实务性、实用性、可操作性是本系列丛书的基本特征。让实习律师或新执业的律师做到"一书在手即可独自办案"是本系列丛书的编著初衷。

　　《实习律师执业基本技能之非诉讼法律实务》是本系列丛书之一。

　　本书的内容分为三篇：第一篇为法律顾问及并购重组实务操作，主要讲解律师担任法律顾问的具体操作程序，以及律师在并购重组过程中的相关工作；第二篇为公共资源交易，主要讲解律师在工程建设、招投标业务、政府采购、国有企业改制及资产转让、国有建设用地及矿产资源出让中所做的工作；第三篇为投融资领域法律操作实务，该篇主要讲解私募股权及上市融资和政府与私营资本合租项目（PPP项目）以及现在新型融资方式和律师的工作介入。本书作者在总结自己十几年从事非诉讼业务的基础上，将自己的一些经验和操作实务以及法律界相关前辈们的宝贵经验进行统一的汇总，拿出来与律师同仁进行探讨，也为已经通过司法考试或刚开始从事公司企业以及政府法务的人员提供一套非诉讼业务入门操作纲领。有不成熟或错误之处望法律人斧正！

王占命

2015 年 7 月

目　录

第一篇　法律顾问及并购重组实务操作

第二篇 公共资源交易

第三篇　投融资领域法律操作实务

第一篇 法律顾问及并购重组实务操作

第一章 法律顾问操作实务

法律顾问一词在大家脑海里都不陌生，那么我们怎样为公司、企业、政府提供高质量的法律顾问服务呢？首先，服务要程序化和有形化，即所做的每项工作必须有条理，让所服务的单位能够看到和感知到。为此，在为公司、政府做法律顾问时要有一套具体可行的操作程序。

第一节 法律顾问业务的洽谈

一、未雨绸缪

指的是在做任何事之前要先做好充分的准备。律师洽谈法律顾问单位时也同样是这个道理，首先要事先做好准备。要从行业角度了解目标单位的大致运作模式，以及该单位可能会涉及到的法律，分析出目标公司可能存在的法律风险。必要时可以去工商部门调取目标公司的工商档案资料，了解公司的历史沿革、股权情况、章程以及内部治理结构，以便对目标公司有一个整体了解。

二、团队精神

一个公司就是一个小的法律体系的综合。我们单个律师不可能全面掌握精通每一部法律法规，也不可能面面俱到。在洽谈法律顾问时需要团队的互相配合。

三、专业角度

目标公司如果有聘请法律顾问的愿望，说明目标公司高级管理人员的法律意识还是比较强的，那么这些高级管理人员的相关业务水平肯定会更好，为了让目标公司的谈判人员认可，我们必须做到"业务精湛"，从"专业角度"解答和剖析目标公司的法律风险点。

四、法律顾问合同的签订

法律顾问合同的签订首先根据目标公司的业务量多少来确定顾问费用。一般以年为期限。也可以针对顾问单位的专项法律服务签订顾问合同，例如，以完成某专项法律事务为内容的比如公司法人治理专项、劳动人事风险防范专项等来确定法律服务。

第二节　律师担任法律顾问的工作方法和主要工作内容

一、制作相关法律文书

律师在提供法律顾问服务的过程中，应当根据不同的法律服务内容制作不同的法律服务文书。

1.《法律事务调查书》：在与目标公司形成顾问关系后，首先进驻公司了解公司情况，需要制定《法律事务调查书》。《法律事务调查书》是针对公司的基本情况以及公司在法人治理、劳动人事、企业合同管理、债权债务管理、企业融投资、企业高级管理人员刑事法律意识以及公司董事长及高级管理人员对各项法律风险的认知、公司应对法律风险相应的机制等进行全方位的调查。

2.《法律风险分析防控治理方案》：经过对公司整体的调查后，对目标公司存在的法律风险制作《法律风险分析防控治理方案》。《法律风险分析防控治理方案》是在对目标公司进行整体的调查的基础上，针对目标公司突显的法律风险以及隐性的法律风险进行全方位分析和评估并提供治理方案的一种法律文件。

3.《公司所涉法律信息书》：通过对公司的整体调查，根据公司的具体情况以及业务情况所涉及的法律法规规章等制作成《公司所涉法律信息书》。该法律信息书应当是动态填补式的，即有了新的法律法规或部门规章应及时填充。该法律信息书一方面是为给企业提供法律服务的律师作参考和准备，一方面是给企业本身做法律信息参考。

4.《法律意见书》：主要针对合同、法律文件、其他法律事项涉及的法律问题提供法律分析、修改意见、风险提示、解决方案、律师建议等的建议性常用法律服务文书。

二、对法律服务工作进行记录或备案

律师提供法律服务的过程中应当按照下列方法详细地对服务内容、程序及相关建议或处理结果进行记录。

1.《工作日志》：是律师服务事项的简单记录，按照日期记录。

2.《法律顾问服务记录》：是律师为目标企业服务过程中，根据服务事项填写的记录性表格，表明服务内容、律师意见等主要事项。

3.《会议纪要》：是律师参与公司召开的会议或者律师与公司进行法律服务事项会谈时，制作的记录性法律服务文书，会议纪要按照固定格式制作和管理。

三、对法律类文件进行审查

顾问单位签订的合同、对外发布的广告文稿、宣传资料、招标投标文件、内部管理规章、规范性文件等涉及法律问题的文件在签署前，律师应当进行审查。律师审查法律类文件，在明确相关信息和顾问单位要求后，根据不同情况作出以下处理：

1. 提供《法律意见书》；

2. 对于提供电子文档的文件，在合同中以修订格式直接修改，对于加急审查文件、简单合同等进行直接修改或口头作出修改答复，并填写《法律顾问服务记录》。

四、参与商务谈判及磋商

1. 律师在谈判前应当了解谈判事项、谈判对方基本情况、谈判进行程度、谈判分歧、谈判进程计划等。相关情况不清楚时，律师应当与具体经办人核实相关情况。必要时，律师可以对谈判对方基本情况、资信状况予以调查，并出具《律师尽职调查报告》。

2. 律师参与谈判事宜应注意以下内容：

（1）针对谈判涉及法律问题提供律师意见，从合法性角度把握谈判。

（2）商务谈判，由律师会同顾问单位相关部门共同参与谈判，律师同顾问单位各部门按照谈判内容进行分工合作，律师应当对整个谈判的法律问题进行综合考虑，其中专属法律问题的谈判由律师作为主谈代表，商务谈判涉及经营性的谈判由部门负责人或顾问单位负责人作为主谈代表。

（3）律师应当在每次谈判后对谈判过程涉及的新法律问题进行法律论证，适当调整谈判方案，为进一步谈判做好准备，必要时，可提请顾问单位召开协调会，对谈判情况进行通报、研讨，并就进一步谈判确定谈判方案。每次谈判主要分歧涉及法律问题的，律师对于顾问单位能否做出让步，以及让步的方式提出律师建议。律师建议以《法律意见书》形式提出。

（4）重大谈判前律师应当进行法律可行性论证，确定谈判方案，并就谈判有关事项与顾问单位进行沟通，取得共识或确定谈判工作原则。

（5）律师在谈判结束后，应当根据谈判结果制作《法律风险分析防控治理方案》或《法律意见书》，对合同履行过程中应该注意问题予以提示。

（6）律师根据谈判需要，可建议公司对谈判中的专业问题咨询或聘请其他专业机构或专业人士提供服务。

五、参加顾问单位会议

1. 律师参加顾问单位会议目的在于了解运作情况、工作计划和安排，便于律师开展法律服务工作，制定律师服务计划和确定服务方式，同时对会议议题涉及的法律问题提供律师意见，避免法律风险。

2. 律师参加顾问单位会议应当恪守律师职业道德和执业纪律，严守公司商业秘密。律师参加公司会议应当就涉及的法律问题进行发言，对于确有法律障碍的事项，根据不同情况提出律师建议：

（1）针对公司方案提出律师修改意见，并说明理由；

（2）原定操作方式不符合法律规定，但有其他合法方式，律师了解目标公司实际目的后，设计合法性方案；

（3）涉及事项属于违法事项，律师应当对违法性及违法后果予以说明；必要时，律师应当制作《法律风险分析防控治理方案》或紧急情况反映；

（4）律师参加公司会议，认为讨论事项涉及重大法律问题，需要进一步法律论证的，可以提议在会后进行法律论证，待法律论证后向公司提交《法律意见书》；

（5）律师参加公司会议应当制作《会议纪要》，归档备查。

六、组织法律培训

为了提高顾问单位员工的法律素养和意识，结合顾问单位自身情况，对顾问单位在经营中涉及的法律问题，律师应当为顾问单位的管理人员、一般员工及专题项目组成成员举行法律培训和讲座。

律师进行法律讲座及培训应当从以下几方面入手：

（1）针对特定的培训对象的实际情况所涉及的法律及风险点进行培训；

（2）培训的方式可以多种多样，按照实际情况可以采取答卷式、讲解式、实际操作式、集体讨论式、集中授课式等；

（3）培训内容首先应合法，以防范法律风险为主；

（4）培训用语应通俗化，容易让被培训的人员听懂和接受，同时结合案例讲解。

七、对顾问单位各类合同文本进行完善和规划

根据顾问单位的实际情况，律师对于顾问单位经常采用的合同可以进行格式化、规范化，对合同中欠缺的部分加以修改，制定成符合顾问单位本身能使用的文本形式，以达到减轻及防范风险的目的。

第三节 律师参与政府法律顾问

一、律师参与政府法律顾问的必要性

"依法治国"是政府一直倡导的治国之策。特别是十八届四中全会更是将"依法治国"的理念上升到了第一位的高度。政府在运营过程中包括政府金融平台搭建、政府财政投资、政府国有资产管理、政府招商引资、政府园区建设、政府部门公共资源交易以及政府在执政执法的过程中都会涉及到大量的法律法规。同时我们国家一直为创建"服务型政府"做着不懈的努力。所以更应该将"依法治国"理念贯彻到每一件政府政务当中

去。所以我们律师参与政府法律顾问是完全有必要的。

二、律师参与政府法律顾问工作的主要工作方法及工作内容

律师参与政府法律顾问的主要工作程序可以参照律师为企业担任法律顾问的程序进行操作。但由于政府与企业毕竟性质不同，律师可以在参与政府法律顾问时根据具体需要变换具体程序。因此确定为政府提供哪些方面的法律服务是最为重要的。律师可以为政府提供如下方面的法律服务：

1. 为政府提供重大事项的决策意见。就政府的重大决策提供专业性的法律意见和建议，或者应政府要求，对决策进行法律论证，出具《法律意见书》及《法律风险分析防控治理方案》，就相关决策的合法性、合理性进行论证，避免因决策不当带来的执行阻力和社会负面影响。保证政府行政决策的规范化、科学化、民主化和法制化。

2. 为政府提供行政立法建议。各级政府除了执法权外还拥有一定的行政立法权，律师可对政府起草、拟发布或将清理的规范性文件，从法律方面进行立法论证，提出修改、补充和废除的建议，防止立法冲突、保障立法的科学性。

3. 参与重大建设项目合同的谈判、起草、审查等事务。在项目谈判之前律师帮助或协助政府调查对方资信情况，出具《律师尽职调查报告》在合同签订过程中协助草拟、审查、修改合同，把好合同签订关，加强合同管理，预防纠纷发生。

4. 协助政府进行法制宣传教育。政府的行政人员的法律知识普及尤为重要，只有这些执法人员整体法律素质提高上去，依法行政的道路才会更好走，所以律师可以通过系统内和系统外的法制宣传，协助政府进行法制宣传教育。

5. 办理政府委托的其他法律事务。

（1）政府金融平台搭建。

（2）政府财政投资。

（3）政府国有资产管理。

（4）政府招商引资。

（5）政府园区建设。

（6）政府公共资源交易。

律师在服务以上项目的过程中根据需要出具《法律事务调查书》、《律师尽职调查报告》、《法律意见书》及《法律风险分析防控治理方案》、各

项《项目法律综合解决方案》等。通过各种形式参与和办理政府委托的其他法律事务，尽职尽责，努力维护好政府形象。

第四节　律师担任法律顾问各类文书范本

一、法律顾问合同

甲方：

乙方：

地址：

电话：

传真：

甲方因业务发展和维护自身利益的需要，根据《中华人民共和国合同法》、《中华人民共和国律师法》的有关规定，聘请乙方的律师_____担任甲方常年法律顾问。

甲乙双方按照诚实信用原则，经协商一致，立此合同，共同遵守。

第一条　乙方服务范围包括但不限于：甲方公司日常法律事务、诉讼仲裁及行政复议、专项法律服务三方面。

一、乙方律师协助甲方处理日常法律事务的内容包括：

1. 解答法律咨询、依法提供建议或者出具律师意见书；

2. 协助草拟、制订、审查或者修改合同、公司章程等法律文书；

3. 应甲方要求，参与磋商、谈判，进行法律分析、论证；

4. 协助甲方治理公司结构、规范公司运作；提出解决方案，出具律师函，发表律师意见，或者参与非诉讼谈判、协调、调解；

5. 受甲方委托，签署、送达或者接受法律文件；

6. 主动给甲方提供与企业有关的最新法律信息；

7. 应甲方要求，讲授法律实务知识；

8. 办理双方商定的其他法律事务。

二、诉讼、仲裁及行政复议

乙方律师处理甲方进入诉讼、仲裁或行政复议阶段的法律事务，需要出庭或提供书面材料的，甲方应与乙方另行签订委托代理合同，出具授权委托书，并向乙方交纳代理费。

三、专项法律事务操作

甲方拟改制、重组、发行股票或债券；进行重大收购、兼并、控股等投资项目、房地产开发等重大投资需要乙方律师提供专项跟踪性法律服务的，甲方应向乙方交纳专项法律顾问费。

第二条　律师所收取的费用及标准

基于乙方为甲方提供的三方面的法律服务，为此，律师所收取的费用及标准分别如下：

1. 常年法律顾问_____万元；

2. 诉讼、仲裁及行政复议代理费用收费标准（以标的额计算：1万～10万阶段按照5%～6%收取，10万～20万阶段按照4%～5%收取，20万～30万阶段按照3%～4%收取，30万～40万阶段按照2%～3%收取，40万～50万阶段按照1%～2%收取。50万以上的部分按照1%减半收取代理费用）；

3. 专项法律事务收费标准以标的额计算：2000万元以下4‰；2000万元以上8000万元以下的3‰；8000万元以上的1‰；

4. 费用的支付：常年法律顾问费在合同签订同时支付。其他的费用在发生时支付。

第三条　乙方的义务

1. 乙方委派_____律师作为甲方常年法律顾问，甲方同意上述律师指派其他律师配合完成前述法律事务工作，但乙方更换律师担任甲方常年法律顾问应取得甲方认可；

2. 乙方律师应当勤勉、尽责地完成第一条第一款所列法律事务工作；

3. 乙方律师应当以其依据法律作出的判断，尽最大努力维护甲方利益；

4. 乙方律师应当在取得甲方提供的文件资料后，及时完成委托事项，并应甲方要求通报工作进程；

5. 乙方律师在担任常年法律顾问期间，不得为甲方员工个人提供任何不利于甲方的咨询意见，不得担任与甲方具有法律上利益冲突的另一方的法律顾问或者代理人；

6. 乙方律师对其获知的甲方商业秘密负有保密责任，非由法律规定或者甲方同意，不得向任何第三方披露；

7. 乙方对甲方业务应当单独建档，应当保存完整的工作记录，对涉及甲方的原始证据、法律文件和财物应当妥善保管。

第四条 甲方的义务

1. 甲方应当全面、客观和及时地向乙方提供与法律事务有关的各种情况、文件、资料；

2. 甲方应当为乙方律师办理法律事务提出明确、合理的要求；

3. 甲方应当按时、足额向乙方支付法律顾问费和工作费用（相关行政、司法、鉴定、公证等部门收取的费用；本市外发生的交通费、食宿费、翻译费、复印费等）；

4. 甲方有责任对委托事项作出独立的判断、决策，甲方根据乙方律师提供的法律意见、建议、方案所作出的决定而导致的损失，非因乙方律师错误运用法律等失职行为造成的，由甲方自行承担。

第五条 法律顾问工作方式选择

律师会根据甲方的需要亲自到场或以接发传真、电子邮件方式处理法律事务。乙方律师因故不能处理法律事务应提前通知甲方并采取补救措施，征得甲方同意安排其他律师暂时履行职务。

第六条 工作费用

乙方律师办理甲方委托事项所发生的下列工作费用，应由甲方承担：

1. 相关行政、司法、鉴定、公证等部门收取的费用；

2. 本市外发生的交通费、食宿费；

3. 翻译费、复印费。

第七条 争议的解决

甲乙双方如果发生争议，应当友好协商解决。如协商不成，任何一方均有权向人民法院起诉。

第八条 合同的生效

本合同正本一式两份，甲乙双方各执一份，自甲乙双方代表签字或加盖公章之日起生效。

第九条 合同的期限

本合同的期限_____年，从生效之日起算；合同期满前 30 日内，由甲乙双方协商决定是否续签常年法律顾问合同。

第十条 通知和送达

甲乙双方因履行本合同而相互发出或者提供的所有通知，文件、资料，均以首页所列明的地址、传真送达，一方如果迁址或者变更电话，应当书面通知对方。

第十一条 本合同适用于甲方或甲方法定代表人投资的各类项目

第十二条　本合同未尽事宜，双方协商解决

第十三条　其他约定

甲　方：　　　　　　　乙　方：

代　表：　　　　　　　代　表：

年　月　日

二、法律事务调查书（范本）

致：××公司

××律师事务所（以下简称本所）接受贵司（以下简称公司）的委托，指派××、××律师担任贵司法律顾问，为了给贵司提供更为精准、专业的法律服务，两位律师需要进驻贵司并在贵司的允许下对贵司进行整体调查：

一、公司需提交相关文件资料，包括但不限于下列文件及资料

（1）公司在工商局注册的前三年所有文档资料；

（2）公司近三年所对内对外签订的各项合同；

（3）公司各项规章制度；

（4）公司权利证书。

二、公司董事长、总经理及各部门负责人与律师的谈话笔录

（一）董事长总经理及各部门负责人基本情况

（二）董事长总经理及各部门负责人日常履行的职责

（三）董事长总经理及各部门负责人对财务及税务的认知情况

1. 有没有切合实际的财务管理制度及风险防范机制。

2. 有没有关于税务的整体筹划方案。

（四）董事长总经理及各部门负责人对企业法人治理的看法

1. 对公司章程怎样看待？是否把自己及股东对公司以及对外的重要事务的决策等写入了章程？

2. 有没有制定可行的股东控制制度及股东会议事规则及股东会僵局解决办法？

3. 有没有制定完善切合实际的董事会制度及议事规则及董事会僵局解决办法？

4. 有没有制定监事及监事会对公司各部门的监事规则？

5. 有没有制定外部治理机制？

（五）董事长总经理及各部门负责人对合同管理及债权债务管理的

看法

　　1. 有没有切合实际的合同管理制度和债权债务管理的机制？

　　2. 平时签合同时是否有各部门会签的程序？

　　3. 在合同履行过程中有没有专人具体跟踪合同的履行情况？

　　4. 有没有对自己公司业务制定完善的合同范本？

　　5. 有没有给公司各管理部门负责人及高级管理人员培训过合同法律风险防控知识？

　　（六）董事长总经理及各部门负责人对劳动用工的看法

　　1. 招录员工前期有没有对其进行前期的审查，知道不知道前期风险在哪里？

　　2. 有没有规章制度，规章制度在什么情况下对员工有效？

　　3. 对与员工签订劳动合同怎么看待？是签订好还是不签订好？

　　4. 有没有劳动用工管理流程用表的设计？

　　5. 有没有签订相应的岗位聘用协议？

　　6. 与员工解除劳动合同的方式是什么？

　　7. 有没有涉及病假请假管理办法？

　　（七）董事长总经理及各部门负责人对企业高级管理人员刑事法律风险的看法

　　1. 在经营企业过程中可能涉及哪些罪名？

　　2. 是否知道罪与非罪的界限？

　　（八）董事长总经理及各部门负责人对企业融投资方面的看法及法律认知情况

　　1. 近期有没有对外投资或融资的可能性？

　　2. 是否知道融资的具体形式或方式？

　　3. 对外投资或融资的具体风险点在哪里？

　　4. 对外随意担保的可能性有多大？对于担保有几种形式？什么样的担保有效，什么样的担保无效？

　　（九）董事长总经理及各部门负责人对知识产权是怎样理解的

　　1. 本公司有哪些方面的知识产权？如果有，有没有保护措施？

　　2. 知识产权都包括哪些内容？

　　（十）董事长总经理及各部门负责人对企业并购重组的理解

　　1. 企业的并购重组是什么意思？并购重组有哪几种方式？

　　2. 近期或将来有没有打算并购企业或对公司进行重组？

（十一）根据公司专业性询问相关情况来审查企业的风险所在

三、近期的法律事务的性质、种类、有否特急事项

四、中远期可能需要提供法律服务的性质、种类及应进行的前期准备等

本法律事务调查书需由董事长、总经理、各部门负责人及高级管理人员进行当面回答并由律师记录在案。制作成后由公司留一份，律师事务所留一份。由公司盖章和高级管理人员签字。

公司盖章 ××律师事务所

高级管理人员签字 王占命、冯军律师

年 月 日

三、法律信息（范本）

致：××公司

××律师事务所（以下简称本所）接受贵司（以下简称公司）的委托，对贵司进行调查并分析法律风险后，通过对照本公司的具体业务。现将公司可能涉及到的法律法规等搜集如下（可能不尽完善）：

一、法律

二、司法解释

三、法规

四、部门规章

五、政策性规定

六、…………

七、…………

××律师事务所

××、××律师

年 月 日

四、法律风险分析治理方案（范本）

致：××公司

　　××律师事务所（以下简称本所）接受贵司（以下简称公司）的委托，对贵司劳动用工事宜，进行法律风险整体的分析和评估，并出具法律风险防范和治理方案。

　　本所律师出具本法律意见书的法律依据：

　　（1）《中华人民共和国劳动合同法》及相关司法解释；

　　（2）《中华人民共和国公司法》及相关司法解释。

　　本所律师为出具本法律风险分析治理方案所审阅的相关文件资料，包括但不限于下列文件及资料：

　　（1）××公司《企业法人营业执照》；

　　（2）××公司《章程》；

　　（3）××公司《劳动合同书》；

　　（4）××公司总经理及人力资源部经理的谈话记录；

　　（5）××公司各项规章制度；

　　（6）××公司薪酬制度及商业秘密保护的相关文件；

　　（7）××公司员工入职时应填写的各项文书。

　　为出具本法律意见书，本所律师特声明如下：

　　（1）关于法律风险分析治理方案出具的法律依据的声明；

　　（2）对法律风险分析治理方案真实性的声明；

　　（3）对法律风险分析治理方案出具证据材料的声明；

　　（4）对委托方保证提供资料真实性的声明；

　　（5）对本法律意见书使用目的的声明。

　　本所律师根据国家法律、法规的有关规定，按照律师行业公认的业务标准、道德规范和勤勉尽责的精神，对提供的文件和相关事实进行了核查和验证，现作出如下法律风险分析和治理方案：

　　一、××公司劳动用工方面的法律风险

　　1. 公司员工入职时存在如下法律风险；

　　2. 公司的规章制度运用存在如下法律风险；

　　3. 公司员工在劳作时存在如下法律风险；

　　4. 公司不与职工签订劳动合同的法律风险。

　　二、××公司劳动用工方面法律风险的分析与评估

1. 公司员工入职时存在法律风险原因及其产生的后果；

2. 公司的规章制度运用存在法律风险原因及其产生的后果；

3. 公司员工在劳作时存在法律风险原因及其产生的后果；

4. 公司不与职工签订劳动合同的法律风险原因及其产生的后果；

三、××公司劳动用工方面法律风险的治理：

1. 公司员工入职时所存在的法律风险治理方案为：

2. 公司的规章制度运用存在法律风险治理方案为：

3. 公司员工在劳作时存在法律风险原治理方案为：

4. 公司不与职工签订劳动合同的法律风险治理方案为：

四、律师认为需要说明的事项（可有可无）

五、结论（综合发表意见，略）

本法律意见书正本一式××份，副本××份。

五、法律意见书（范文）

致：××公司

　　××律师事务所（以下简称本所）接受贵司（以下简称公司）的委托，依据本所与贵司签订的《股权并购法律事务委托合同》，指派我们（以下简称本所律师）担任特聘专项法律顾问，就其股权并购事宜出具法律意见书。

　　本所律师出具本法律意见书的法律依据：

　　（1）《中华人民共和国公司法》及相关司法解释；

　　（2）《中华人民共和国合同法》及相关司法解释。

　　本所律师为出具本法律意见书所审阅的相关文件资料，包括但不限于下列文件及资料：

　　（1）《企业法人营业执照》；

　　（2）纳晋达能源公司股东会（董事会）关于股权并购的决议；

　　（3）会计师事务所关于目标公司的《审计报告》；

　　（4）资产评估公司关于目标公司的《资产评估报告》；

　　（5）《公司股权并购方案》；

　　（6）《公司股权并购合同（草案）》；

　　（7）转让方的企业法人营业执照。

　　为出具本法律意见书，本所律师特声明如下：

　　（1）关于法律意见书出具的法律依据的声明；

（2）对本法律意见书真实性的声明；

（3）对本法律意见书出具证据材料的声明；

（4）对委托方保证提供资料真实性的声明；

（5）对本法律意见书使用目的的声明。

本所律师根据国家法律、法规的有关规定，按照律师行业公认的业务标准、道德规范和勤勉尽责的精神，对提供的文件和相关事实进行了核查和验证，现发表法律意见如下：

一、关于转让方和受让方的主体资格

1. 关于转让股权的目标公司的主体资格

2. 关于股权的转让方的主体资格

3. 关于股权的受让方的主体资格

本所律师认为：（就各方主体的合法存续发表意见，略）

二、关于公司的股权

经本所律师查证：

转让方持有目标公司签发的出资证明或股东资格证，该证核发日期为　年　月　日，核定的股权为　万元。

本所律师认为：（就并购标的的合法有效发表意见，略）

三、××公司股权并购的授权或批准

经本所律师查证：

××公司董事会于　　年　　月　　日召董事会议，会议审议通过了《关于公司股权并购的可行性分析报告》及《关于公司股权并购的方案》。

本所律师认为：（就股权并购的程序和批准程序发表意见，略）

四、《××公司股权并购方案》的合法性

本所律师审查了目标公司的《公司股权并购方案》，该方案的内容主要包括：

（1）（转让标的公司）股权的基本情况；

（2）公司股权并购行为的有关论证情况；

（3）转让标的公司涉及的、经公司所在地劳动保障行政部门审核的职工安置方案；

（4）转让标的公司涉及的债权、债务，包括拖欠员工工资及补偿金的处理方案。

经查，本所律师认为：（就方案的合法性发表意见，略）

五、《公司股权并购合同（草案)》的合法性

本所律师审查了《公司股权并购合同（草案)》，该合同的内容主要包括：

（1）（转让标的公司）股权的基本情况；

（2）公司股权并购结构情况；

（3）其他事项。

经查，本所律师认为：（就合同的合法性发表意见，略）

六、律师认为需要说明的事项

七、结论（综合发表意见，略）

本法律意见书正本一式××份，副本××份。

××律师事务所

××、××律师

年　月　日

六、会议纪要

时间：

地点：

参加人员：

会议讨论的主要事项：

参加人员的主要发言及对主要事项的意见：

会议总结：

年　月　日

七、法律顾问业务工作日志

顾问单位名称：××公司

1. 处理贵单位的具体业务为：

2. 顾问单位相关负责人对本次处理的业务的意见：

3. 待处理的具体业务为：

4. 需要提示顾问单位的有以下事项：

××律师事务所

××、××律师

年　月　日

八、法律顾问服务记录

时间	服务咨询内容	处理结果	承办律师签字	顾问单位签字

备注：

第二章 企业合同管理操作实务

公司企业在日常的经营中无论是大到项目融投资还是小到购买一颗螺丝钉，都离不开交易，只要有交易，交易双方就形成了相应的合同关系，市场经济的迅猛发展，致使公司企业在运营中大量频繁的交易和合同关系的建立。在纷繁复杂的合同关系建立的同时，企业应当有对合同进行动态式的管理制度，从而来防范合同签订和履行中所存在的法律风险。律师根据企业自身的特点，在为企业服务的过程中针对企业所涉及的合同的起草、合同的审查、合同的管理等进行全方位的法律服务，以防范企业在合同签订和履行过程中所存在的法律风险。

第一节 起草审查合同总体思路

一、签订合同的目的和背景

总体考虑双方所签订合同的目的和背景是什么，签订该合同后最终的合同目的是否能够实现。如果不了解双方所签订合同的目的和背景很难制作出或审查出完备的切合实际的合同文本。

二、确认无效是前提

律师应考虑所起草或审查的合同是否违反法律行政法规的强制性规定而导致无效。

三、检索合同所涉及的法律规定

对所起草审查的合同应该进行穷尽的法律知识检索。并根据合同的性质上网搜寻这方面的最高院案例，掌握该类交易的风险所在。做到既符合法律又符合事实，同时又要通过案例了解风险点，从而达到在起草或审查合同时防范法律风险。

以上三方面完成后，针对所审查的合同的具体条款进行逐一审查并出具《合同审查法律意见书》。

第二节　合同管理法律风险防范方式

在为企业提供合同管理法律风险防范时，应以动态的形式，按照合同签订、合同履行、合同终止以及出现合同纠纷后合同救济的法律风险防控程序进行。

一、合同签订过程中合同管理法律风险防范

在订立合同时首先考虑合同主体，主体是自然人还是法人或其他组织首先要清楚。因为主体问题可能导致合同无效或效力待定。合同被认定为无效或效力待定后导致合同的一方可以不去履行，从而造成合同另一方当事人可能因为对方不履行合同造成财产上的损失。然而又不能依据合同和法律的规定追究合同相对方的违约责任。为此律师为企业在合同签订过程中应采取如下防范措施。

（一）合同相对人是自然人的应该从以下方面防范

1. 要对相对人的年龄，精神状态进行了解。审查自然人的身份证原件，并注意所签订合同的签署姓名应当与身份证原件一致，最好将其身份证复印件作为合同的附件进行备案作为签约的证据。

2. 在合同相对人委托他人签订合同时，要对受托人是否真的享有代理权及代理权的范围进行核实。比如让受托人出具授权委托书，并审查授权委托书的具体内容以及授权委托书上委托人的姓名是否是委托人本人签署。且授权委托书应附有委托人与受托人的身份证复印件。可以让受托人对权利的真实性作出保证，并对权利不真实的赔偿作出承诺。

3. 在涉及财产或权利处分的时，要对合同相对人是否真的享有处分权进行核实。同时应当考察相对人的履约能力，掌握相对人的自然状况、财产状况、履约能力等。可以到自然人所经营的场所、标的物所在的场所等进行做客式走访审查了解物品、经营场所等与相对人的权属问题。

（二）合同相对人是法人或其他组织的应从以下防范

1. 律师应提示企业在与法人或其他组织签订合同时对合同相对人主体资格进行审查。

（1）可以要求对方企业提供企业的营业执照。律师应对合同相对人营

业执照的各项内容认真核实，降低伪造营业执照法律风险发生的可能性。现在我们律师完全可以到工商企业信息查询服务平台和各省信用网等网站进行查询。除了上述情形外，我国还限制了某些主体从事某种行为的主体资格，例如为了防止国有资产的流失和保护交易安全，我国担保法规定机关法人和以公益为目的的事业单位法人、社会团体法人不得为保证人。所以企业在签订具体合同时，应审查对方主体资格是否在法律限制的范围内，以免签约后遭受合同无效的法律风险。

（2）对目标企业资质等级的审查，应在目标企业提交相应企业资质时，对资质的真实性以及资质等级与所涉及的合同或项目是否匹配进行全方位考察。

（3）对特种产品或特殊行业的公司应审查目标企业是否有特许经营许可，是否真实有效。

（4）对签约决策的审查，特别是重大经营性合同，目标公司章程中是否有对这类合同签约具有条件性限制的规定。

2. 律师应提示企业审查合同相对方有无独立的主体资格，是分支机构还是仅仅是法人的一个部门。若是分支机构或部门要审查是否有法人也就是总公司的授权，并保存相关证据。同时在签合同时要看合同的盖章是否与跟我方洽谈签订合同的一方的名称一致。

3. 律师应提示企业为了防止相对人冒用合法主体名义签订合同，在签订合同时，要多了解缔约企业的信息。为保证缔约信息的真实性，最好到工商局网站查询核实，并到企业经营地进行考察或打电话咨询。

4. 律师应提示企业最好不要让没有资质的单位或个人进行挂靠对外以企业的名义进行经营，因为这样会导致责任由被挂靠企业承担的问题。

5. 律师提示企业在选择合同相对人时，不仅要对相对人的主体真实情况进行审查，还要对缔约主体的目的、意思表示的真实性进行审查。这就要求进入缔约阶段，律师提醒企业要多和相对人进行沟通，多了解相对人的意图和相关信息。

6. 律师应提示企业在与合同相对人的代理人签订合同时，应当注意核实其代理人的身份，包括代理人的姓名、身份证件等自然情况；应当让代理人出示授权委托书。在授权委托书中，最重要的内容为代理权限和有效期。同时企业应当认真核实代理人的代理权限，判定其属于只能就某特别事项做出代理还是可以就一类事项做出代理，还是就一切法律行为都可以代理，并且判断该缔约行为是否超出了授权范围。如果有异议时，应尽量和被代理人核实。同时应当查看授权委托书的有效期，并注意合同签订时，是否超过有效期，同时还应留意有效期是否存在涂改的痕迹。企业应当尽可能与被代理人核实代理身份和授权范围。在此过程中，应当注意身份证、授权委托书、被代理人同意电话录音等相关证据的留存。在口头授权的场合，更要注意相关证据的保存。在签订合同书时，应当写明代理人的姓名及身份证号写明被代理人或企业的全称，并核实其名称与授权委托书上的名称是否一致等情况。

7. 律师应提示企业在与合同相对人签订合同时，应当对合同相对人进行尽可能充分的调查，应当对合同相对人违反合同约定的违约责任做出详细约定。在法律上负有替相对人承担赔偿责任的企业，可以在缔约时请求相对人提供适当担保，或对赔偿责任承担后的追偿权、合同解除权、损害赔偿责任等做出约定。赔偿损失的数额最好是明确的或者有一定的计算方式，不能太笼统，若太笼统可能造成损失的具体数额不确定法院不支持的风险。关于合同中解决争议的条款最好选在有利于企业一方的法院进行管辖比如企业为甲方，可以约定由甲方所在地法院管辖。这样有助于降低企业的法律风险。

8. 律师应提示企业在与合同相对人签订合同时最好以书面合同来表现。口头合同有可能在没有其他证据的情况下，对所约定的相关条款无法证实，会造成不必要的矛盾，而且在矛盾无法调和时借助司法程序也很难维权。

9. 律师应提示企业关于合同中的担保条款因约定不符合法律规定会导致担保无效从而不能实现或保证企业的权利。所以担保条款最好约定为"担保人应当与被担保人向债权人承担连带责任担保"的担保条款。而且需要企业注意的是国家机关、学校、幼儿园、医院等以公益事业为目的的事业单位和社会团体不得为保证人，若以上单位为保证人提供担保的，其所提供担保无效。但是其以教育设施、医疗卫生设施和其他公益设施以外的财产为自身设定抵押的，可以被认定为有效。再者董事和经理违反公司法的规定，以公司的资产为本公司的股东或者其他个人债务提供担保的，担保合同无效。公司的法定代表人或相关负责人以生产设施和其他公益设施以外的财产为自身设定抵押的，可以被认定为有效。公司的法定代表人或相关负责人在对外以公司的名义签订担保合同时，我们最好审查其公司股东会是否作出同意以公司的名义对外担保的股东会决议或其公司章程是否授权其享有可以对外提供担保的权利。

10. 律师应提示企业在与合同相对人签订合同时，关于合同中解除条款的约定，当事人应当审慎，特别是对何种情况享有解除权的具体解释，最好在签订合同时明确下来，不能有任何歧义，并明确地写入合同。

11. 律师应提示企业在与合同相对人洽谈磋商订立合同阶段可能存在缔约过失责任的法律风险，及可能依法承担的民事责任。缔约时的义务包括相互协助、照顾、保护、通知等。其体现了诚实信用原则。由于在磋商阶段合同当事人违背了以上诚实信用原则而假借签订合同、恶意磋商、故意隐瞒有关重要事实或者提供虚假情况等而给合同相对方造成损失而应承担赔偿责任。所以律师应当提示企业在与合同相对人签订合同的过程中，应当秉持诚实信用原则，应履行相应的互助、照顾、保护、通知等义务，避免承担缔约过失责任。

二、合同履行过程合同管理法律风险防范

1. 合同签订后因合同相对人的原因，合同相对人可能不在履行合同，律师应提示企业可以采取以下方法来保护自己的权益。

（1）中止履行，行使不安抗辩权。如果企业有证据证明合同相对方有下列情况之一的，可以中止履行合同约定的义务。比如合同相对方经营状况严重恶化；转移财产；抽逃资金，以逃避债务；丧失商业信誉；有丧失或可能丧失履行债务能力的其他情形。

（2）行使合同解除权。在一方履行不能的情况下，律师应提示企业依据合同法的相关规定，行使合同解除权从而使双方的法律关系归于消灭。这也是为了保障企业的合法权益的一种方式。行使好解除权，也能够在一定程度上防范法律风险的发生。但是要注意解除权行使的期限。如果双方在合同中约定了解除合同的期限，应按照双方的约定出现了合同解除的事由并在合同约定的期限内行使。如果合同中没有约定解除合同的事由及期限，而因一方当事人怠于履行合同义务，另一方应通知其继续履行合同，若另一方接到通知后在 30 日内仍不履行合同的，另一方可以书面通知其单方面解除合同。

（3）追究违约责任或损害赔偿责任。律师应提示企业诉讼或仲裁是最后的救济途径，在不失良机的前提下，诉讼或仲裁也可以防范相应的法律风险。

2. 在合同的履行过程中作为合同相对人一方为了逃避责任，可能想尽一切办法让自己的财产减少。财产的减少可能导致不能再履行合同，律师应提示企业采取以下方法来保护自己的权益：

（1）行使撤销权。合同相对人以明显不合理的低价转让财产或为了逃避责任私下转移资产等行为。企业完全有权利申请法院对其交易行为进行撤销。但是撤销权应当是在企业知道或者应当知道撤销事由之日起一年内行使。过期撤销权消灭。

（2）行使代位权。行使代位权是指债务人怠于行使其对第三人享有的到期的权利，而对债权人的债权造成危害时，债权人为了保护自己的债权，向人民法院请求以自己的名义向第三人代为行使债务人的债权。也就是说债务人不行使其对第三人的债权时，债权人可以向债务人的债务人主张债权。

（3）向公司的股东主张权利。公司法明确规定了公司股东滥用公司法人独立地位和股东有限责任，逃避债务，严重损害公司债权人的利益的，股东应当对债务承担连带责任。那么怎样认定公司股东滥用公司法人独立地位来逃避债务的行为呢，往往是公司的资金收支不上公司会计账薄，多笔货物的发送与货款回笼不上公司会计账薄，大多数资金的往来均是通过股东个人来操作。该行为违背了公司法关于公司财产与股东财产严格分离的原则，进而影响了公司对外承担清偿债务。股东采取收支不入账的手段，使公司财产与股东财产混同，造成了债权人无法实现债权。该种行为便属于股东滥用公司独立人格和股东有限责任。合同相对人及股东有以上行为的，企业可以向合同相对人的股东主张权利。

3. 合同变更时法律风险及防范。律师应提示企业在合同变更中一定要注意以下风险及防范措施：

（1）具体办理合同变更的人员有没有授权委托书。律师应提示企业在双方协商变更合同时，一定要求对方出示并提供完整的授权委托书，且在签订补充或变更协议时应盖有原合同主体的公章或合同章，是自然人的必须要求原合同主体签字按手印。

（2）企业随意变更合同，可能构成违约。律师应提示企业在与合同相对方充分沟通并形成统一的变更条款。不得单方面来变更合同。

（3）对合同变更的内容约定不明确。律师应提示企业法律明确规定当事人对合同变更的内容不明确的，推定未变更，等于合同未变更，这样达不到需变更一方当事人的真正目的。

4. 在履行合同过程中证据保存不当法律风险防范。

（1）证据保存不当的风险将可能导致最后无法实现权利的维护。依照谁主张谁举证的原则，如果相应的履行合同的证据不能向法庭提供的话，那就面临着败诉的法律风险。

（2）为此律师应提示企业为了防范此类法律风险企业在履行合同过程中应保留好合同、运单、收货凭证、结算凭证等原件。合同资料的管理应力求完整。原件必须归档保存，合同基础资料的使用应建立严格的审批、催还、归档制度，同时建立证据预警制度。

第三节　合同管理

律师在为企业服务的过程中，应指导企业对企业的合同进行全过程、全方位的进行动态性管理。达到合同管理的规范化、制度化、科学化。帮助企业制定切实可行的合同管理制度。所以律师首先要提示企业并帮助企业从以下方面建立适合企业自己的合同管理制度。

一、设立专门的合同管理机构

律师应当帮助企业建立自己的合同管理机构。小型公司可以采取灵活多样的合同管理模式，如由具备法律专业知识的行政管理人员比如财务经理、总经理助理、办公室主任来进行合同的具体管理事项。中型以上的企业应当建立法律事务部，由法律事务部归口管理企业各个部门的合同，并对合同的起草、签订、履行进行全方位的督导、检查。

二、设定合同审查、签订、会签、审批、登记备案的程序

帮助企业制定完备的内部合同审查、签订、会签、审批登记备案制度。该制度的建立和有效运行能够防范在合同签订过程中，因盲目而导致的各项法律风险。

三、制定合同专用章的管理、法人授权委托办法

规范合同专用章的使用以及管理和法人授权委托书的出具以及授权书的权限的界定等事宜，在签订相关合同和履行相关合同时，起到了防范因公司印章的滥用和权利授权不明可能承担相应责任的风险。

四、制定切实可行的合同管理制度

公司企业制定完备可行的合同管理制度是公司内部治理的必备制度。律师通过对公司企业的整体调查，摸清企业的各方面的法律风险，特别是合同签订、履行方面的法律风险，针对企业的实际情况制作合同的具体管理制度，用以防范各类法律风险。

第四节　合同管理法律文件

一、合同起草、审查、管理流程图

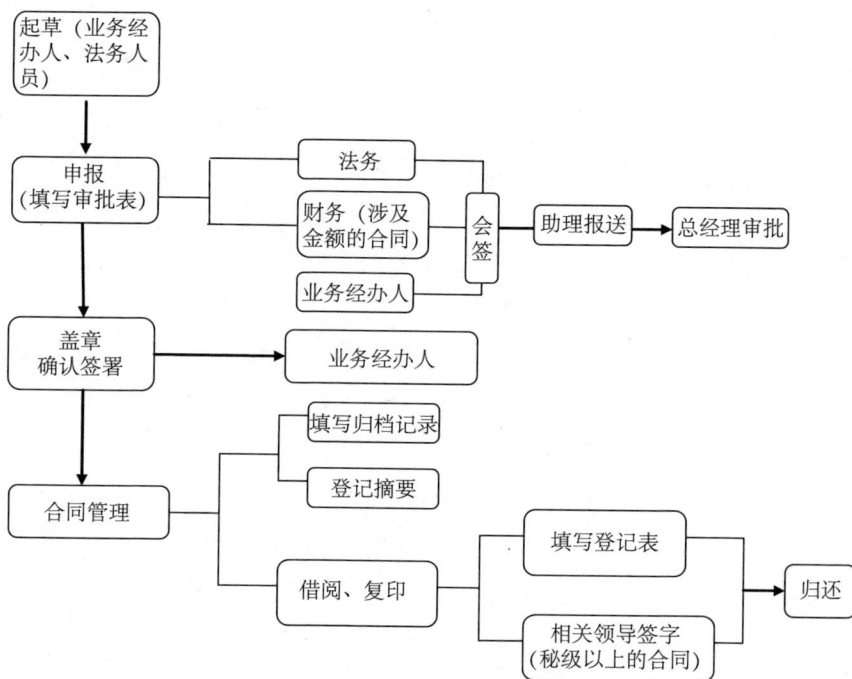

二、合同签订审批单

申报部门：　　　　　　　　　　　　　　　　年　　　月　　　日

NO：

名称			合同编号		
申报类型	□紧急 □普通		保密类型	□绝密 □保密 □普通	
类型	□商务类　□IDC　□销售类　□异业合作类　□广告协议 □周边产品类　□采购类　□行政后勤类　□其他类				
内容摘要					
签约对方 基本情况	名称				
	地址				
	联系电话	传真			
	开户银行	账号			
	法人代表	执照号码			
	联系人	电话			
合同总金额			拟签订日期		
授权委托人			经办人		
申请人：　　　　年　　月　　日					
审核： 部门总监：　　年　　月　　日					
审核： 法务：　　年　　月　　日					
审核： 财务部：　　年　　月　　日					
审批： 公司领导：　　年　　月　　日					

存档人：　　　　　　　　　存档日期：

三、合同审批以及归档流程

一、主要部门

运营业务部门、法务、财务部、综合管理部、总裁办

二、部门分工

运营业务部门：合同起草，申报

法务：负责审查合同条款、内容的合法性、严密性、可行性，提出意见供决策部门参考

财务部：负责对送审的合同进行财务方面（包括但不限于合同中涉及金额往来、产品定价、分成比例等）的审核，审核事项包括：公司相关财务、税务、信用政策等。并对会审的合同提出财务方面的意见或建议。

综合管理部：负责管理公司的各类合同（包括涉密项目所有合同），建立合同档案及管理台账，并协助有关人员进行合同的查询。同时对公司公章以及合同专用章的管理使用。

总裁办：审查各个环节，作出最终的审批以及决议。

三、主要流程

1. 合同起草以及申报

（1）起草完整的业务协议

（2）填写合同签订审批表

（3）将完整的合同以电子邮件形式分别发送法务以及财务审核

2. 合同会签

（1）法务与财务收到邮件一个工作日后，会同业务申办人复议

（2）修改完善后法务与财务会签合同审批

3. 总裁办审批

（1）业务助理将会签后的合同报送总裁办审批

（2）总裁最终决议合同的审批

4. 合同的签署

（1）业务助理将审批后的合同提交综合部确认盖章，并存档合同签订审批单

（2）业务助理将最终确认盖章的合同返还业务经办人

5. 合同的归档

（1）业务经办人将双方确认生效的合同提交综合管理部

（2）综合管理部填写归档记录，做好管理登记

6. 合同的管理

（1）管理部做好内部合同管理台账，登记摘要

（2）备份合同，便于借阅，同时做好借阅登记

（3）对于不同保密类型合同做好分类管理

四、各部门配合工作人员

1. 业务申办人　　　各部门负责人

2. 业务助理　　　　××

3. 法务　　　　　　×××

4. 财务审核　　　　××

5. 总裁办　　　　　××

五、备注

1. 需要的单据：合同签订审批单、合同管理登记表、归档提交登记表、借阅登记表

2. 遇特殊情况，请示公司领导特殊处理

3. 其他

四、合同起草审查法律意见书

××公司：

　　贵司因＿＿＿＿＿＿＿＿＿＿＿项目委托本律师对该项目所涉及的合同文本进行起草或审查，通过对本项目的了解和与贵司相关负责人进行谈话以及查阅了相关法律的规定，现根据法律的具体规定以及贵司所提交的各项文件，本律师对合同的起草和审查出具如下法律意见，望贵公司予以参考：

　　一、贵司起草该合同的背景和目的

　　二、该合同所涉及的法律依据

　　三、对合同内容的审查

　　1. 合同双方的主体资格问题

　　2. 所起草和审查的合同内容的合法性问题

　　3. 所起草和审查的合同条款是否有实用性

　　4. 对起草和审查的合同的权利义务问题

　　5. 合同形式的问题

　　6. 合同条款是否完备的问题

　　7. 合同严谨性问题

8. 争议解决方式的选择问题

四、综上意见

律师：

年　月　日

五、合同管理办法

第一章　总则

第一条　为有效维护集团公司、各分、子公司、控股公司合法权益，规范合同的管理，提高合同质量，保证合同的全面履行，根据《中华人民共和国合同法》（以下简称《合同法》）及相关法律、法规，结合集团公司实际情况，特制定本办法。

第二条　集团公司、各分、子公司、控股公司与其他平等主体的自然人、法人和其他组织之间，在订立、履行、变更、解除或者终止各类合同、协议（以下统称为合同）时，适用本办法。

第三条　签订合同实行洽谈权、审核权、审计权、批准权相对独立、互相制约的原则。任何合同均需按照合同审批流程评审批准后，方可签订。

第四条　由法定代表人以外的人签订合同的，实行法人授权委托制度。委托代理人凭法人的委托授权书在授权范围和权限内签订合同，不得超越代理权限，不得双重代理或与自己签订合同。无法人授权委托的，不得以集团公司、各分、子公司、控股公司的名义签订合同。

第五条　责任部门在合同签订前应验证合同对方当事人有效的营业执照、资质证书、资信状况，验明合同当事人是否具有签订合同的主体资格；审查合同对方的主办人是否有代理权、是否超越代理权限范围和有效期及其真实性，审查对方使用的印鉴是否合法与真实有效。在合同签订时，应保存有关资料。

第二章　合同的主管部门及其职责

第六条　集团公司法务部（以下简称法务部）是合同管理的主管部门，全面负责公司的合同管理工作，是合同的归口管理部门，对公司合同进行动态监督管理。有关合同的订立、履行、变更、解除和终止（中止）等重要事宜由法务部对各业务单位实行指导和监督。

第七条　法务部管理合同的主要职责是：

（1）制定和修改公司合同管理办法，报总裁审定后组织实施；

（2）制定主要合同的格式文本；

（3）对合同进行编号、归档；

（4）参与重大合同的调研、谈判和审核工作；

（5）配合业务部门对公司重大合同和风险程度较高的项目开展资质、资信调查工作；

（6）监督和协调各部门对合同的全面履行；

（7）参与合同纠纷的调查、调解、仲裁、诉讼活动；

（8）配合人力资源部门组织合同管理的业务培训；

（9）负责与集团各部门、各分、子公司、控股公司业务上的联系、沟通，提供有关法律咨询与帮助；

（10）负责对公司各业务部门提交的合同统计资料进行汇总和综合分析。

第八条　各分、子公司、控股公司根据工作实际需要，可设立合同管理部门或专（兼）职合同管理人员对合同进行管理，受法务部管辖。

第三章　合同分类及相关责任部门

第九条　"责任部门"是指承办合同项下业务的或由其负责经办、签订、履行合同的或与合同业务有主要或直接联系的部门。

第十条　根据公司实际情况，对合同作下列分类并确定责任部门，但经协调或调剂的除外：

（1）销售合同：销售部门负责签订、执行；

（2）采购合同：需求部门负责签订、执行；

（3）委托合同：需求部门负责签订、执行；

（4）技术合同：技术部门负责签订、执行；

（5）承包合同：需求部门负责签订、执行；

（6）质量合同：品质管理部门负责签订、执行；

（7）广告合同：外联文宣部门负责签订、执行；

（8）租赁合同：本公司需要租用其他公司的厂房、设备，由需求单位负责签订、执行；其他公司租用本公司厂房、设备，由行政管理部负责签订、执行；

（9）其他类合同：由相关业务部门或指定的部门负责签订、执行；

第十一条　因合同的具体情况，经协调或调剂后由负责签订履行合同的部门为该合同的责任部门。

第十二条　公司各部门在职责范围内，对本部门的合同进行分类专项管理。各部门合同管理的职责是：

（1）接受法务部的业务指导并配合其工作；

（2）负责本部门合同的签订（包括合同的谈判、起草、送审、报批等）工作；

（3）负责本部门合同的建档管理和履约跟踪，发现合同履行过程中出现问题及时向法务部及其主管领导报告；

（4）对合同的变更、终止（中止）、解除按其上级决定具体执行；

（5）负责本部门合同信息的收集、整理及分析，并及时上报法务部；

（6）制订本部门合同的管理细则；

（7）负责处理本部门管理的合同发生争议的协商、调解、证据收集工作。

第四章　合同的签订

第十三条　合同签订应始终坚持平等互利、诚实信用和注重效益的原则。合同内容不得违背国家法律、法规和公司的规章制度。

第十四条　合同签订前，相关责任部门或承办人应充分做好相应的市场调研、分析和预测工作，禁止盲目签约。

第十五条　与他方达成合约意向，经协商一致，除能够即时结清的以外，一律应订立书面合同。有规范文本的，须选用规范文本签订。对于新起草的合同和对规范文本中填写事项有疑难的，相关责任部门或承办人员可联系法务部门提供相关的法律事务咨询和协助。

第十六条　合同内容涉及其他相关部门的，责任部门或承办人应事先充分征求相关部门意见后，再形成签约文本。

第十七条　合同签订前，责任部门或承办人应认真审查合同名称的规范性、合同主体的适格性与合同内容的完备性。按本办法相关要求完善合同条款后再提交合同审批流程。

第十八条　合同文本要求文字表达准确、简洁、不得有模棱两可，表达有歧义的语句出现。

第十九条　合同设有担保事项的，承办人应认真核实担保人的担保资信与能力，并明确其担保的方式与范围。担保事项可以列入主合同条款，也可以单独订立担保合同。《合同法》另有规定的，按其规定。

第二十条 合同须经严格审批。各职能部门负责人审查提出意见后签字认可。

第二十一条 合同签订的审批流程及权限：

（1）合同由责任部门或承办人提交流程，经责任部门主管业务确认，法务部审核（或法律顾问），审计室审计（如有），分管领导审批，由档案室负责打印并加盖合同专用章。

（2）重大合同须由法务部门（或聘请专门的法律顾问）协同该合同业务责任部门或承办人进行调研、谈判并制作合同文书，经副总裁批准后，再按本条第 1 项执行。

（3）涉及到重大经济、法律责任，有重大影响的合同，采用合同会签制，由责任部门填写合同会签审批表（见附件四），提请法务部（或法律顾问）和相关部门主管协同该合同业务分管领导讨论并作出决议，再提交副总裁以上领导批准后，按本条第 2 项执行。

（4）审批流程流转结束，由档案室归档人员按照签批意见严格核对确认后，按份数打印正式合同文本并加盖合同专用章进行统一编号。

（5）该合同责任部门或承办人在档案室领取合同。

第二十二条 合同签订时，需要办理下列手续的，由具体责任部门负责办理，其他部门给予协助：

（1）需办理抵押手续的；

（2）需办理公证手续的；

（3）需办理担保手续的；

（4）法律法规、政策要求办理批准手续的；

（5）依据法律、法规、政策及合同约定需要办理手续的。

第二十三条 签订各类合同必须使用合同专用章，合同专用章印模需送企业登记注册的工商行政管理部门备案。

第二十四条 合同专用章由档案室保管，凭归档的合同审批流程或合同审批表加盖合同专用章，两页以上的合同必须加盖骑缝章。未加盖公司合同专用章的合同，结算部门或财务资金管理部门不得办理结算、拨款手续。

第二十五条 严禁在空白纸或空白合同文本上盖章。与我方不在同一地的合同相对方签订的合同，应由对方先签字盖章或各自签署后互换文本。

第二十六条 补充合同的签订适用本章的规定。

第五章 合同的履行

第二十七条 合同自双方签字盖章之日起即具法律效力。各部门必须认真履行合同，严格执行，确保公司信誉。

第二十八条 合同履行中相关的书面签证、收发货单据、结算文件、来往信函、文书、传真等均为合同的有效组成部分。各部门在收到对方的上述资料后，应及时处理并制定对策，责任部门负责人签注具体意见，经过分管领导审批后执行。该相关资料须随合同正本妥善保存。

第二十九条 合同签订后，若因一方原因不能履行或不能完全履行合同时，应当积极采取补救措施，以便减少合同违约损失；若因对方不履行或不完全履行合同时，合同的承办人除应积极催促对方继续履行合同外，还应将相关情况及时上报给责任部门主管与法务部门。

第三十条 在合同履行过程中需书面通知对方相关合同履行事项的，除对方代表当场签字外，应以特快专递的形式送达对方，回执单据须由责任部门随合同正本妥善保存。

第三十一条 法务部门要定期对合同履行情况进行检查，对合同履行中出现的问题应督促责任部门及时予以解决。

第三十二条 合同在履行过程中发生纠纷，责任部门应及时分析并查明原因，收集相关证据，提出解决方法，及时与对方协商解决或签订补充协议，并上报给责任部门主管与法务部门；若协商解决不成应根据合同约定在规定的时效内提请法务部门及时申请仲裁或提起诉讼；当我方接到对方的索赔函或诉状后，应认真研究及时处理，与对方协商解决或收集证据应诉或反诉。

第三十三条 合同义务完全履行完毕后，合同文本及相关资料交由档案管理部门保存。

第六章 合同的变更与解除

第三十四条 合同签订后受法律约束，我方不得擅自变更或解除。若确需变更或解除的，由责任部门说明原因并提出意见，经其部门主管审核，提交分管领导同意后，再同对方协商。对方同意解除或变更的，依法签署变更或解除合同的书面协议并妥善处理合同变更或解除的善后问题，变更和解除的相关书面资料和处理记录随合同正本妥善保存；若对方不同意解除或变更的，则按合同相关责任条款或《合同法》的规定进行处理。

　　第三十五条　双方协商一致书面协议变更合同，按法律、法规规定或约定须办理批准、登记手续的，应按第二十三规定依法及时办理相关手续。

　　第三十六条　若出现《合同法》第九十四条规定的法定解除情形或其他法律法规规定的或合同约定的事由，我方有单方面终止（中止）或解除合同的，责任部门或承办人应及时向其部门主管汇报，并经分管领导批准后，方可以特快专递的形式寄发书面通知告知合同相对方解除合同，并由对方签收回执。该快递凭证和回执作为合同组成部分随合同正本妥善保存。

第七章　合同纠纷的处理

　　第三十七条　合同履行中发生纠纷的，责任部门或承办人应及时上报主管领导。承办人与其他相关人员在处理合同纠纷时，各相关部门应当给予积极配合。

　　第三十八条　合同纠纷的处理，可以通过双方友好协商、和解等方式解决，协商达成一致意见的，必须形成书面协议；如协商不成，应在法定诉讼时效内依法通过仲裁或诉讼途径解决。

第八章　合同的管理

　　第三十九条　合同管理采用归口管理和分类专项管理相结合的管理制度。

　　第四十条　公司各部门按照下列环节对合同进行管理：

　　（1）公司各业务部门对其业务范围内的合同内容负责，保证其真实性、合理性及技术可行性，对额度及实施的规范性负责；

　　（2）公司计划部门负责合同项目计划管理；

　　（3）公司财务会计部门负责合同项目预算管理，审核合同价格、付款方式，并组织和管理合同后期核算与结算等工作，财务会计部门应当建立和完善相关的管理措施和制度；

　　（4）公司法务部（或法律顾问）负责审查合同条款的完备性、合法性、统一性；

　　（5）公司审计部门对合同进行审计监督。

　　第四十一条　各部门应严格按照公司合同签订的审批程序执行，要加强对合同履行情况的监督检查，并将合同有关统计报表定期上报法务部。

第四十二条　公司对合同采取保密措施：

（1）公司各部门及员工对其所知悉的合同内容和公司商业秘密须尽保密义务，不得向任何第三人泄漏，否则，以侵犯商业秘密论。

（2）公司各部门及员工在业务执行中，一般只能借用合同（含相关资料）复印件，确需借用合同（含相关资料）原件应经法务部批准后方可借用。

第四十三条　合同编号、格式、归档的具体规定：

（1）合同编号

由法务部或法律顾问对合同如何编号进行起草确定。

（2）合同格式

常用或通用合同参考由法务部或法律顾问起草格式，其他合同由责任部门或承办人咨询法务部后拟定。

（3）合同归档

①除合同相对方的合同数量外，合同原稿（加盖红章）责任部门一份、财务一份、集团档案室一份，并将相关合同信息送法务部备案。

②采购合同、销售合同由责任部门归档后，送档案室存档，将合同副本或合同正本复印件和其他有关合同签订及履行的汇总材料报法务部门备案。

③其余合同由档案室归档，按月、年装订成册，长期保持。

第四十四条　各分、子公司、控股公司所确定的法务部门或专（兼）职合同管理人员，应及时做好本单位有关合同签订、履行、变更及纠纷处理的相关记录，定期汇总合同材料，将合同正本交本单位档案主管部门存档。同时，将合同副本或合同正本复印件和其他有关合同签订及履行的汇总材料报法务部门备案。

第九章　责任与奖惩

第四十五条　责任部门、审批人或承办人有下列情形之一的，经法务部门查证属实，报请其上级领导同意后，除根据相关法律法规、公司规章制度解除劳动合同外，公司还有权根据损失程度，要求直接责任人承担赔偿责任，甚至可通过司法部门追究其刑事责任：

（1）合同签订、履行过程中与合同相对方串通，采用隐瞒事实、误导、欺诈等手段，损害公司合法权益的；

（2）在合同签订、履行过程中存在玩忽职守、徇私舞弊等行为造成公司经济损失严重的；

（3）因合同承办人存在重大过失与他人签订显失公平的合同而给公司经济造成重大损失的；

（4）参与合同签订、履行故意泄漏所知悉的合同内容或商业秘密给公司造成损失的；

（5）其他有明显损害公司重大利益的行为。

第四十六条 责任部门、审批人或承办人有下列情形之一的，经法务部门查证属实，报请其上级领导同意，公司根据相关法律法规、公司规章制度可对其酌情处理：

（1）在签订合同时，对合同相对方的主体资格、合同内容等未尽勤勉义务，给公司造成重大经济损失或不利的社会影响的；

（2）在合同履行中，未尽职责，造成公司损失的；

（3）因个人认知错误或存在重大误解签订的合同给公司经济造成损失的；

（4）因过失泄漏所知悉的合同内容或商业秘密给公司造成损失的；

（5）因其他未尽注意义务而造成公司经济损失的。

第四十七条 保管合同（含相关资料）的部门由于管理不善等原因造成合同（含相关资料）原件丢失给公司造成损失的，公司有权依据规章制度对直接责任人进行处理并要求其承担赔偿责任。

第四十八条 相关责任部门或承办人未按本办法执行的，集团公司、各分、子公司、控股公司的财务部门有权拒绝办理相关合同款项的划拨手续，由此给公司造成的损失由责任人全部承担。

第四十九条 公司各部门及员工在合同的签订、履行及合同管理中成绩突出，有重大贡献，或开拓创新，给公司带来较大利益的，由公司按奖励规定给予相应的奖励。

第十章 附则

第五十条 本办法所称的"合同"是平等主体的自然人、法人、其他组织之间设立、变更、终止民事权利义务关系的书面约定。包括：各类协议、补充约定、合同的附件。

第五十一条 公司的劳动合同不适用本办法之规定。

第五十二条 下列合同属于第二十二条第二项范围：

（1）合同总金额超过人民币　　　万元（含　　　元）的合同；

（2）公司所有对外投资或为他人担保的合同；

（3）土地使用权出让、房地产买卖合同；

（4）其他重大影响或关系复杂的合同。

第五十三条　下列合同属于第二十二条第三项范围：

（1）合同总金额超过人民币　　　万元（含　　　万元）的合同；

（2）合同总金额超过人民币　　　万元且涉及重大影响或关系复杂的合同；

（3）涉及股权、重大财产转让、抵押的合同；

（4）为股东设立的担保或为他人担保所涉利益重大的合同；

（5）其他标的复杂或所涉利益重大的合同。

第五十四条　本办法由法务部负责解释。

第五十五条　本管理办法自下发之日起施行。

第三章 劳动人事实务操作

劳动法律服务是律师为企业提供专项法律服务的重要组成部分。自2008年劳动合同法公布实施以来，随着劳动者维权意识的增强以及企业规范化员工关系管理的需要，律师事务所及律师面临的劳动法律服务市场越来越大。

第一节 企业劳动法律服务主要内容

劳动法律顾问服务体现在企业用工法律风险规避及在法律法规许可范围内降低用工成本两方面目的，主要包括以下几方面服务内容：

一、企业用工相关法律合同文本审查与拟订

1. 劳动合同文本拟定：各地劳动行政部门提供的劳动合同的制式版本条款设计简单，律师可从维护企业利益角度出发，根据企业不同岗位因地制宜的设计不同版本的劳动合同条款，例如根据劳动合同法规定，在关键条款中增加对调岗约定、薪酬调整、劳动关系解除的约定。

2. 不同用工模式下合同文本拟定：现代企业用工模式日趋多样化，律师可辅助设计基于劳务关系的劳务合同、基于实习关系的实习合同、基于临时岗位的非全日制合同、适用退休人员的返聘合同等。

3. 随着企业对自身商业秘密保护的重视，与员工签订的保密协议、竞业限制合同也将是一类重要的合同文本；若企业为员工提供了专项技术培训，律师可基于劳动合同法对专项技术培训违约金的规定，为企业设计培训与服务期合同。

二、企业人事管理制度合法合规性审查与修订

在企业人事管理制度体系中，容易产生法律风险的制度主要包括：

1. 员工入职管理制度与离职管理制度。员工入职后录用条件确定、试用期考核、转正背后都涉及到劳动法相关条文，比如《劳动合同法》第39

条规定：试用期不符合录用条件，企业可无条件解除劳动关系。那么实务中，录用条件是否明确？是否告知劳动者？试用期解除劳动关系是否经过考核？考核结果是否送达劳动者？这些环节出了问题，都可能导致试用期违法解除。员工离职管理中不同的劳动关系解除方式对应的经济补偿标准以及"同一劳动者只能约定一次试用期"、"试用期工资不得低于正式工资的80%"等法律规定，很可能被人事管理者忽视，劳动法律顾问就是要引导企业在合法合规的情况下管理员工，同时利用完善的制度设计避免员工入职、离职阶段的法律风险。

2. 劳动合同管理制度。员工入职后，劳动合同的签订、续订、变更、终止、解除都有法定的程序及要求，比如劳动合同的签订须在员工入职一个月内，超过一个月企业将面临双倍工资赔偿的风险；同样劳动合同期满未及时续订而劳动关系又处于维系状态，企业也将产生双倍工资赔偿风险。比如两次签订固定期限合同后，如何规避第三次必须签订无固定期限合同？在企业裁员情况下如何设计与员工的合同解除程序以便避免不必要的法律风险，最大化减少企业损失？要避免此类劳动合同履行中的法律风险就需要法律专业人士的参与。

3. 考勤与休假制度。考勤与休假属企业的基本管理制度，却是最容易产生法律风险之处。随着国务院《企业职工奖惩条例》的废止，企业考勤管理制度中常见的关于迟到早退旷工罚款的规定的合法性有待商榷；劳动合同法及国家劳动行政部门关于劳动者工作时间的规定，要求企业须合法选择工时制度，劳动法律顾问可以通过工时制度的建议及加班制度的设计帮助企业减少用工成本，规避拖欠加班工资的风险。另外，法律法规对各种法定节假日如婚丧假、产假、年假、病假医疗期、工伤停工留薪期等休假天数及假期待遇均有明文规定，劳动者可以协助企业制定规范的休假制度。

4. 薪酬福利制度。薪酬福利制度是涉及劳动者切身权益的关键制度。企业的工资结构、奖金、提成及各类补贴发放涉及劳动合同的关键内容，劳动法顾问可以在法律许可的范围内协助企业运用财务、税务和法律技巧降低社会保险、住房公积金成本，并减少在发生劳动争议时企业的赔偿成本。

5. 绩效考评制度。绩效考核制度是评价员工工作过程和工作结果的重要制度，企业人力资源管理者制定考核制度的目的是为了激励员工、奖勤罚懒，较少从法律角度考虑风险。从劳动合同法的角度出发，企业无论采用哪种考核手段或方法，考评结果必然与岗位调动、工资涨跌、奖金发放有关。若考核指标本身缺乏合理性或考核程序有瑕疵，那么因考核结果导致的岗位调整或工资下降就容易引起劳资双方矛盾，引起法律风险。比如考核结果中被不少企业采用的"末位淘汰"制，即考核结果绩效最差的员工直接解除劳动关系，而依据劳动合同法考核排名最末的员工须经过调岗或者培训的程序，直接"淘汰"必然导致违法解除后果，给企业带来双倍经济补偿的风险。劳动法律顾问可指导企业合法有效的利用绩效考核制度。

6. 违纪处理制度。违纪制度体现的是对员工劳动纪律的约束，通过惩处措施保障企业对员工的管理权，同时为企业裁员打开一个"出口"。《劳动合同法》第39条规定，"严重违反用人单位的规章制度的"企业可无条件解除劳动关系，那么违纪制度不仅要界定违纪行为，同时必须明确什么程度属于"严重"级别；在有制度依据的情况下，如何收集、固定违纪证据也是重要一环，解除程序合法有效才能避免后期可能产生的仲裁或诉讼中的法律风险。

7. 保密制度。劳动法律顾问可针对企业商业秘密保护制度中商业秘密界定、保密措施实施、保密流程设计方面提供建议。

三、企业人事管理流程各类法律规范化文档设计

企业日常人事管理工作离不开各类规范化表格工具，比如录用通知书、入职登记表、试用期考核表、考勤统计表、加班申请表、岗位调动表、薪资调整表、解除劳动关系通知书、离职审批表、工作交接表、离职证明等。劳动法顾问可从证据保存、规避法律风险角度对实践中使用的表格工具进行调整，比如录用通知书中加入录用条件的描述，这样因试用期解除引起劳动争议时此通知书作为证据可作为考核依据提交；入职登记表一般包括个人信息及教育经历、工作经历等内容，可以设计"紧急联系人"项目，并详细约定送达地址，这样就可以避免发生争议时法律文书无法送达的情况发生。

四、参与企业劳资谈判

劳资谈判多发生在企业裁员、辞退等环节，处理不好特别容易导致员工关系冲突，引发劳动仲裁或劳动监察部门投诉事件的发生。劳动法专业律师参与调解谈判，凭借自身丰富经验，更容易与劳动者就各种补偿、赔

偿达成一致，在发生劳动争议之前促成用人单位与劳动者和解，及时达成和解协议，避免日后劳动仲裁或诉讼案件的发生。

五、劳动争议仲裁、诉讼案件代理

劳动争议案件审理适用仲裁前置，一般经过"一裁两审"程序，企业在出现劳动仲裁案件时经常选择由内部人事管理人员代理出庭事宜，人事管理工作人员毕竟是非法律专业人士，缺乏诉讼经验。委托专业律师进行案件代理，证据收集、质证、答辩环节律师均可凭借自身专业经验选择更恰当的诉讼策略，提高案件胜诉可能性。

六、社保稽核及劳动监察应对

社保部门及劳动监察部门作为国家劳动用工行政监督机构，有权通过各种方式对企业用工情况进行稽核、检查，劳动法顾问作用之一即协助企业按照社会保险基金中心或劳动监察部门的要求时限处理相应事务，确保企业不被劳动监察部门实施行政处罚。

七、劳动法相关日常法律咨询

劳动法服务律师需与企业人事管理人员保持良好沟通，在时限范围内解决人事管理者实践中遇到的相关用工法律问题。

八、企业劳动法内训

根据企业培训需要，律师事务所指派律师进行针对内部管理人员的劳动法规讲解与应用内训课程。

第二节　企业劳动法律服务工作流程

企业法律服务合同一般以年为单位，在年度法律服务期限内劳动法服务可分解为下列步骤。

一、企业用工风险调查

1. 调查目的。了解企业当前用工状况、人员构成、企业人力资源制度体系现状、完成企业现有制度法律风险初步判断。

2. 调查对象与调查方法。面向企业人力资源部门负责人，可通过访谈、现有制度文献调查、问卷设计等方法了解企业的用工现状。

3. 调查内容主要集中在以下几方面：

- 企业人员结构与职位层级
- 用工模式与工时管理
- 入职与试用期流程
- 劳动合同签订、续订、变更流程
- 假期管理制度与流程
- 薪酬结构与工资支付制度
- 现有绩效考核制度
- 员工奖惩与保密制度、印章管理状况
- 员工社保与个税缴纳情况
- 员工离职制度与流程
- 管理制度制订、公示程序与方法

二、形成风险诊断报告

劳动法非诉业务不同于诉讼业务的一个重要特征，即法律服务不是通过法庭之上的案件分析、唇枪舌剑的攻防策略体现效果，而是通过提供规范、专业的法律文本作为工作成果向企业客户展示，因此非诉业务服务流程的规范性就显得尤为重要，以规范性提升专业性，一份基于现场调研实际形成的用工风险诊断报告能使企业客户充分意识到劳动法律顾问的必要性，增加对服务律师专业水平及工作规范的信任感。

风险诊断报告写作没有固定模式，可以采用表格式一目了然，也可以采用纯文本格式，均须做到将风险点归纳提示企业，向企业申明下一步的法律服务工作可以在哪些制度或环节进行修正与完善。

附：表格式风险诊断报告范例

××科技公司用工风险诊断调查报告一览表

调研律师： 调研日期：

风险项目	具体分类	表现形式	法律风险	风险等级	对策
员工录用过程中的法律风险	入职人员通知	采用录取通知书方式	采用邮件形式发送录用通知书又反悔的情况下可能产生纠纷，引起一定的民事赔偿责任。	低	注意录用通知书内容
	入职人员审查法律风险	未审查录用者情况	入职人员假简历、假学历解除风险，且增加单位招聘成本。	中	合同或入职表格中清晰界定"欺诈"条款；建议可对副主管级别以上员工进行背景调查
	新员工入职须知文件	1. 考勤规定与员工手册考勤管理中有冲突之处 2. 内部员工不允许恋爱条款 3. 提供银行工资账号信息	1.（如须知中强调下班不打卡视为旷工，而考勤制度中下班未刷卡视为迟到处理），如因考勤扣款，可能引发员工争议；2. 限制恋爱自由条款属无效条款；3. 因公司采用现金签字领取工资数与合同一致，因此提供银行账号信息宜改为口头通知，加入书面录用通知及员工手册中会引起不必要麻烦。	中	制度内容调整
	试用期风险	约定7天试工期	法律角度无免费试工期概念，试工期等同试用期。	中	此处约定可不必体现于书面，亦不必口头告知，员工7天内不合格依据试用期不符合录用条件直接解除即可，即使不发放7天工资引起法律纠纷的可能性也极小；告知员工反而可能引起风险，也易引发员工抵触情绪

风险项目	具体分类	表现形式	法律风险	风险等级	对策
员工录用过程中的法律风险	对新进员工的知情权	体检必检：乙肝对半检查	人力资源和社会保障部、教育部、卫生部2010年联合发文明确企业不得强制员工进行乙肝五项筛查；实践中由此产生的法律纠纷企业必败。	中	遵循法律规定
劳动合同签订过程中的法律风险	不订立书面合同	不及时订立书面合同	补签双倍经济赔偿风险、形成无固定期限合同。	高	及时签订合同
	合同必备条款约定不当	对工作报酬的约定条款不当	工资的变动涉及劳动者切身利益，变更前须经协商一致，单方变更容易引起争议。	中	完善条款
	专项技术培训服务期	为员工提供专项培训但未约定服务期	根据劳动合同法，为员工提供专项技术培训可约定服务期，且员工离职可要求违约金。此处未约定引起企业一定经济损失。	中	通过劳动合同中服务期条款或者签订专项服务期协议约束参加PMBA培训的员工；
	合同文本字体规范	合同内字体格式不一，有损规范性和严肃性	无	无	
员工管理过程中的法律风险	奖惩制度	缺乏对员工的违纪处理制度	奖惩制度是企业最基本的劳动纪律规范，如缺乏完整的奖惩制度作依据，无法对问题员工进行处分。	高	完善制度

续表

风险项目	具体分类	表现形式	法律风险	风险等级	对策
员工管理过程中的法律风险	休假制度	对法定节假日休假流程不明确	容易引发劳动争议，尤其年休假管理制度因涉及3倍赔偿，如流程不健全、证据保留不当，产生劳动争议时给企业带来不必要损失。	中	完善制度
	公章管理制度	公章使用流程	员工申请公章使用需规范流程，防止被盗用，给企业带来经济损失。	高	完善制度
规章制度制定	制度制定程序及公示程序	程序方面可更规范；不同制度之间保持统一性	可能涉嫌程序违法；劳动合同法规定用人单位在制定、修改直接涉及劳动者切身利益的规章制度或重大事项时，应经过一定民主程序。用人单位的规章制度能否作为法院定案的依据，实践中主要依据规章制度是否向劳动者公示作为要件。	低	企业可在制度出台过程中采取一定的征求意见的程序，如建立员工形式上的申诉制度等。规章制度文本需具备规范性与严谨性，制度之间不冲突。且有一定的稳定性，避免朝令夕改
	制度中无效条款	个别制度中的罚款条款无效	因国务院1982年发布的《企业职工奖惩条例》已于2008年废止，企业不得再根据此条例在规章制度中设计罚款条款，所以考勤制度中罚款制度的规定、工牌管理制度不带工牌罚款的规定、员工手册行为准则中对说脏话吵架罚款的规定需作变更，转而行使对员工的经济管理权。考勤制度中旷工两日扣除全部基本工资的规定为无效条款。	高	完善制度

续表

风险项目	具体分类	表现形式	法律风险	风险等级	对策
合同解除风险	用人单位单方解除合同中的法律风险	用人单位与员工解除时无依据	因缺乏奖惩制度，只主管以上有绩效考核制度，单位处理问题员工或不胜任员工解除时没有依据，发生争议极容易认定为违法解除。建议除奖惩制度外，建立针对普通员工的绩效考核制度，以把好员工"出口"，灵活运用考核制度"解除"员工，且最小限度减少经济补偿金损失。	高	完善制度

三、完成基础合同文本的修订

在完成风险诊断调研、并通过报告向企业释明相关法律风险点之后，服务律师可着手优先完成企业劳动合同文本修订及员工入职、离职流程等企业急需处理的单项事务。

四、人事用工管理规章制度的全面修订

用工制度体系的调整不是一蹴而就的，可根据实际安排两到三个月的时间，服务律师需要在与企业反复沟通的基础上根据实际修订完成。在考虑合法性的同时不能忽略适用性，比如保密制度体系中，为约束涉密技术人员，可在保密协议中设计竞业限制条款或签订专项的竞业限制合同，但并非所有人员都需要向企业履行竞业限制义务，此建议只能根据实际分析出具体涉密岗位，而不宜一刀切的应用。

五、将修订完成的制度初稿面向企业人员进行讲解与培训

在初步的制度体系调整稿完成后，服务律师需注意文本交接不意味着

制度修订环节工作结束。服务律师需再次到访企业进行详细讲解，释明为什么要进行这样的调整、法律依据何在？调整后的制度在哪些方面能起到风险防范或规避的作用？通过沟通讲解使企业了解制度修订的价值所在，从而认同法律顾问的工作。

六、根据企业反馈完成用工管理制度修改稿及定稿

在经过制度初稿阶段的讲解沟通后，服务律师根据企业反馈完成制度的修改稿及最终定稿，此过程可能需要企业人事负责人与服务律师共同配合完成。

七、定稿制度公示与实施

企业用工规章制度生效有三个要件，即内容本身合理合法、经过民主程序、经过公示程序。

司法实践中，众多劳动仲裁、诉讼案件企业败诉的主要原因归结为举证不利。比如作为证据提交的规章制度本身不合法，因侵害劳动者权益而无效；或者虽然有规章制度，内容科学、合理合法，但制度公示程序有瑕疵，劳动者当庭表示从来没有见过企业制度，最终导致制度证据真实性无法证明而败诉。

基于用人单位及劳动者不平等地位，国家立法机关出于保护弱者立场制定劳动合同法；劳动合同法开宗明义是一部保护劳动者权益的法律，但同时劳动合同法也赋予企业规章制度的制定权，劳动法律服务作用之一即是协助企业充分的、最大化的用好这项权利，以切实保护自身对的员工管理权。同时，企业实际是不断变化的，用工制度也是需要根据管理实际不断调整的，服务律师可以跟踪企业落实制度的情况，为未来一年续签法律服务合同打下基础。

八、年度服务期限内不限次的咨询、一定课时的劳动法内训及完成其他临时任务

劳动法顾问就是围绕满足客户多角度的需要，使客户体验到法律服务就在日常员工管理中，服务律师应在提供法律服务的工作中有意识的促进法律服务融入企业管理，成为企业管理中不可缺少的环节，做到这一点才有可能与企业客户建立良好长久关系。

九、劳动法律法规知识储备

1. 《中华人民共和国劳动合同法》

2. 《中华人民共和国劳动合同法实施条例》

3. 《中华人民共和国劳动争议调解仲裁法》

4. 《中华人民共和国社会保险法》

5. 《工伤保险条例》

6. 《劳动保障监察条例》

7. 《最高人民法院关于审理劳动争议案件适用法律若干问题的司法解释一、二、三、四》

8. 《工资支付暂行规定》

9. 《企业职工患病或非因工负伤医疗期的规定》

10. 《女职工劳动保护特别规定》

11. 《职工带薪年休假条例》

12. 为企业提供劳动法专项服务的律师除了要对上述法律、行政法规及部门规章关键法条熟记于心之外，也需对劳动法领域的地方性法规、地方政府规章及当地人保部门规定有所了解；因劳动法规是一个庞大的体系，地方性规定繁多，比如关于法定婚假、晚育假规定，关于社保待遇规格等各地均有区别，只有谙熟服务企业当地劳动相关各类政策规定，才能通过娴熟的专业知识应对企业客户的各类用工咨询。

第三节　劳动人事部分法律文书范本

一、员工应聘登记表

填表日期：　　　年　　月　　日

原用工单位		原工作岗位及本次应聘岗位			照片
合同期限		是否与原单位解除劳动关系			
姓名		性别		民族	
身份证号码			婚姻状况		
出生日期			工作时间		
政治面貌			技术职务		
户口所在地				户口性质	
现住址				邮编	
住宅电话			移动电话		
最高学历		学位		毕业时间	
毕业院校				所学专业	
工作经历	起止时间		工作单位名称		担任职务
家庭成员	姓名	与本人关系	年龄	工作单位及职务	
紧急情况联系办法	联系人		与本人关系		
	联系电话一		联系电话二		
	工作单位				

二、岗位录用条件告知书

_____岗位录用条件告知书

_____先生/女士：

你所应聘的　　　　　岗位的录用条件如下：

1.

2.

3.

4.

5.

公司将以上述条件作为对你转正考评的依据。特此告知。

×××公司
年　　月　　日

三、员工承诺书

致：××有限公司

兹确认收到《员工手册》（2015年第一版）壹份，本人明白该手册为公司与本人所签订的《劳动合同》之附件，与《劳动合同》具有同等法律效力。

我理解认真遵守《员工手册》是我与公司合作的前提，我已经详尽阅读且完全理解手册的各项内容并谨此声明愿意遵守《员工手册》的所有内容，特别是本人对公司价值观的承诺、对员工人事管理条例的承诺，并愿意承担违反相关内容的责任。

我明白公司有权根据法律法规的调整和公司管理发展的需要修改该手册上的有关条款，我愿意接受以书面形式或者电子形式公布的修改后的手册内容。

我深知良好的价值观是提高个人可雇佣能力的基石，《员工手册》未能尽述的情形，我将遵守公司的价值观并以之作为我在公司工作期间日常行为的准则。

我知晓本承诺书将存放在我在公司的内部员工档案中。如果我因故离开公司，我承诺将《员工手册》归还公司。

承诺人签名：
年　　月　　日

四、实习协议

甲方（实习基地）：

地址：

乙方（实习生）：＿＿＿＿＿＿＿＿ 学历：＿＿＿＿＿＿＿＿

所属（毕业）院校：＿＿＿＿＿＿＿ 专业：＿＿＿＿＿＿＿

毕业时间：＿＿＿＿＿＿＿＿＿ 联系电话：＿＿＿＿＿＿＿

身份证号码：＿＿＿＿＿＿＿＿＿＿＿＿＿＿＿＿＿

现住地址：＿＿＿＿＿＿＿＿＿＿＿＿＿＿＿＿＿＿＿

邮寄地址：＿＿＿＿＿＿＿＿＿＿＿＿＿＿＿＿＿＿＿

紧急联系人：＿＿＿＿＿＿＿＿＿＿＿＿＿

紧急联系人电话：＿＿＿＿＿＿＿＿＿

紧急联系人邮寄地址：＿＿＿＿＿＿＿＿＿＿＿＿＿＿＿

乙方为＿＿＿＿＿＿＿＿学校学生，在学校推荐或乙方自主申请的前提下，甲方同意并接收乙方到本单位实习。为确保双方在实习期间的权利和义务，经甲乙双方协商，达成如下实习协议：

第一条 实习期限和工作时间：

1. 经双方协商一致，期限：自＿＿＿＿＿＿年＿＿＿＿＿＿月＿＿＿＿＿＿日至＿＿＿＿＿＿年＿＿＿＿＿＿月＿＿＿＿＿＿日止。

2. 乙方实习期间的出勤考核及休假，参照甲方规章制度执行；乙方休假期间，甲方不承担对乙方的教育和管理义务。

第二条 实习内容及实习地点

1. 甲方在实习期间，根据乙方的个人情况及自身的管理需要，负责乙方的工作安排、劳动安全、劳动纪律教育、考勤记录和必要的技术指导工作。

2. 甲方安排乙方的实习地点：＿＿＿＿＿＿＿＿＿＿＿＿＿。

第三条 实习期待遇：

1. 甲方依其规章制度对乙方的实习进行考核评价，乙方按照实习计划或甲方规定完成实习内容的，甲方给予乙方实习补贴，补贴标准为＿＿＿＿＿＿＿＿，补贴在实习结束时发放。

2. 乙方实习期间因从事实习范围内的工作发生的正常费用，经甲方认可后，可凭票据实报销。

3. 在实习期间，乙方不享受甲方员工依据《劳动合同》和甲方规章制度所享受的福利待遇。考虑到实习生的实际经济状况，解决实习生的生活困难，甲方根据具体情况和现有资源，给予实习生住宿和生活方面的补贴。

第四条　甲方的权利和义务：

1. 甲方对乙方进行劳动安全培训，包括但不限于工作纪律、安全责任、工作注意事项等。

2. 甲方为乙方购买人身意外伤害保险，作为乙方受到意外伤害时甲方对乙方的赔偿。

3. 甲方可以根据需要，适当调整乙方的实习岗位。

4. 结合实际情况，为乙方提供学习专业知识、从事专业实践活动的机会，并委派有关人员进行指导。

5. 实习期结束时，根据需要和现实表现，为乙方提供一份客观公正的实习鉴定。

第五条　乙方的权利和义务：

1. 在允许的范围内，学习与实习岗位相关的知识，参与实践活动。

2. 乙方应遵守国家的法律法规，服从甲方的安排及管理，遵守甲方的劳动纪律、各项规章制度及管理规定，并爱护甲方的财产；在实习结束后，及时移交工作资料和工具，未经允许的情况下，不得带走任何与工作相关的文件资料。否则，甲方有权要求乙方承担赔偿责任。

3. 乙方在实习期间，应遵纪守法、严格自律，爱护身体、端正行为。

4. 乙方不得擅自离开实习岗位，如有正当原因确需离开甲方公司的，需提前十天提交书面申请，经甲方批准后方可离开，并做好工作交接，乙方离开后，甲方不再承担任何责任。

5. 乙方擅自离开甲方公司的，甲方有权扣除应付而未付部分的实习补贴。

6. 乙方承诺其在实习过程中本着诚实信用的原则，认真实习，对自己填列的信息或提供的资料真实性负责。

7. 乙方对于在实习期间内所接触到和知悉的所有涉及甲方的业务运作、生产经营方面的事实情况、资料和信息，均应严格保密，未经甲方事先书面同意不得披露给任何第三方，并应尽此保密义务至本合同解除或终止后的二年。若双方另行签订有保密协议的，则乙方将根据该等保密协议的规定严格履行保密义务。

第六条　协议的解除及终止

1. 甲乙双方协商一致可以解除本协议。

2. 乙方如有违法行为、严重违反甲方劳动纪律、规章制度、影响甲方工作开展的，甲方有权解除本协议。给甲方造成损失的，乙方应承担赔偿责任。

3. 实习期间，甲方发现乙方不符合实习要求或者不能胜任实习工作的，甲方有权提出解除本协议，乙方应积极配合甲方履行工作交接手续，手续交接完毕后，甲方应向乙方支付应付而未付的实习补贴。

4. 其他根据法律规定和本协议约定可以解除的。

5. 实习期满，协议即行终止。

第七条　其他事项

1. 甲乙双方充分理解本协议下所建立的实习关系不构成劳动合同关系。

2. 实习期间，乙方在履行工作职责中或利用甲方的资源所取得的知识产权成果，权益归甲方所有。

3. 根据本协议约定乙方承担的责任，并不免除乙方根据法律应向甲方承担的责任。

4. 本协议未尽事宜由甲乙双方另行协商。因本协议而引起的纠纷，双方友好协商解决，协商不能的，任何一方可向甲方所在地人民法院提起诉讼。

**第八条　**本协议一式两份，甲乙双方各执一份，经甲乙双方盖章或签字后生效。

五、培训与服务期合同

甲方：＿＿＿＿＿＿＿＿＿＿（以下简称甲方）

住所地：

法定代表人：

电话：＿＿＿＿＿＿＿＿＿＿

乙方：＿＿＿＿＿＿＿＿＿＿（以下简称乙方）

身份证号：＿＿＿＿＿＿＿＿＿＿

电话：＿＿＿＿＿＿＿＿＿＿

甲、乙双方遵循合法、平等、公平、自愿、协商一致、诚实信用的原则，就乙方在甲方工作期间，参加旨在提高乙方基本素质、工作技能以及专业知识水平的培训，达成如下协议，以保障甲乙双方的利益：

一、甲方同意乙方参加下列培训：

1. 培训举办单位：＿＿＿＿＿＿＿＿＿＿

2. 培训内容：＿＿＿＿＿＿＿＿＿＿

3. 培训时间：自＿＿＿＿＿年＿＿＿＿＿月＿＿＿＿＿日起至＿＿＿＿＿年＿＿＿＿＿月＿＿＿＿＿日共计＿＿＿＿＿天。

4. 培训地点：＿＿＿＿＿＿＿＿＿＿

5. 乙方的培训费用共计＿＿＿＿＿元（其中：培训费＿＿＿＿＿元，食宿费＿＿＿＿＿元，差旅交通费＿＿＿＿＿元，学习资料及工本费＿＿＿＿＿元）

二、乙方参加培训期间工资照常支付，但应扣除相应奖励。

三、乙方培训费用由甲方承担。乙方把所学到的知识和技能应用于工作当中并给甲方创造效益。如乙方完成按本协议确定的培训服务期限，则不承担赔偿责任；如乙方不能按协议规定的培训服务期限完成服务，则需按未服务的期限应承担的培训费用赔偿甲方损失。

四、乙方须自培训结束之日起，在甲方工作服务年限为五年，即自＿＿＿＿＿年＿＿＿＿＿月＿＿＿＿＿日起至＿＿＿＿＿年＿＿＿＿＿月＿＿＿＿＿日止。该培训服务期的到期日长于双方劳动合同到期日的，乙方的劳动合同期限自动顺延至培训期限终止之日。乙方在劳动合同到期后要求离职的，应当承担赔偿责任。

五、乙方在培训期间应遵守社会公德，遵守培训单位的规定，认真学习，详细记录，并确保考试合格，取得相关证书。且乙方在服务期内应当将证书交单位保存，否则一切费用由乙方自行承担。

六、乙方因违反法律或培训单位的规定而中止培训的，或因乙方本人原因而无法完成培训的，则培训费由乙方自行承担，甲方可以从乙方工资中扣除。

七、乙方在培训服务期内提出辞职，应向甲方赔偿培训费用，赔偿标准为按总服务期采用平均分摊方法计算得出的未服务期的全部费用，服务期满后则可免交培训费用；乙方因违纪被甲方辞退亦照此办理。

八、本协议中服务期规定如与劳动合同的时间不一致时，须以较长的期限为准。

九、本协议是根据公司员工手册制订而成，共同构成公司培训管理框架，有关培训管理的详细内容在本协议中未涉及的，依照公司员工手册执行，与本协议具同等效力。

十、本协议一式两份，双方各持一份，并作为双方劳动合同之附件，自签字之日起生效。

六、续签劳动合同通知书

姓名		员工编号	
部门		职务	
您与公司签署的劳动合同于_____年_____月_____日到期，公司正式征询您是否同意续签新的劳动合同，请您在回执中填写意见。借此机会感谢您的辛勤工作，并向您表示最诚挚的祝愿！ 　　　　　　　　　　　　　　　　　　　　　　　　　人力资源部 　　　　日期：_____年_____月_____日			
本人意见： 　　　　　　　　　　　　　　　　　签字：_____ 　　　　日期：_____年_____月_____日			
主管意见： 　　　　　　　　　　　　　　　　　签字：_____ 　　　　日期：_____年_____月_____日			
公司领导意见： 　　　　　　　　　　　　　　　　　签字：_____ 　　　　日期：_____年_____月_____日			

七、竞业限制合同

甲方：_____（以下简称甲方）

住所地：

法定代表人：

电话：_____

乙方：_____（以下简称乙方）

身份证号：_____

电话：_____

鉴于：乙方受聘甲方，其可能充分接触甲方的经营信息、技术信息、商业秘密等，并且熟悉甲方的经营、业务和前景及与甲方的客户、供应商和其他与甲方有业务关系的人有广泛的往来；乙方愿意根据本合同规定的条款和条件对保密信息保密并不与甲方及其关联企业相竞争。因此，双方经平等协商，达成合同内容如下：

第一条　定义

1. "竞争业务"：指甲方从事或计划从事的业务；和与甲方所经营的业务相同、相近或相竞争的其他业务。

2. "竞争对手"：指除甲方外从事竞争业务的任何个人、甲方、合伙、合资甲方、独资甲方或其他实体。

3. "区域"：指甲方从事或计划从事其业务的地理范围。

4. "期限"：指乙方受聘于甲方的期限和该期限终止后两年的时间。

第二条　乙方义务

1. 在限制期限和区域内不直接或间接地以个人名义或以一个甲方的所有者、许可人、被许可人、本人、代理人、乙方、独立承包商、业主、合伙人、出租人、股东或董事或管理人员的身份或以其他任何名义：

（1）投资或从事甲方业务之外的竞争业务，或成立从事竞争业务的组织；

（2）向竞争对手提供任何服务或披露任何保密信息。

2. 在限制期限内不直接或间接地劝说、引诱、鼓励或以其他方式促使甲方的：

（1）任何管理人员与甲方的聘用人员；

（2）任何客户、供应商、被许可人、许可人或与甲方有实际或潜在业务关系的其他人或实体（包括任何潜在的客户、供应商或被许可人等）终止或以其他方式改变与甲方的业务关系。

3. 乙方承诺，其未签订过且不会签订任何与本合同条款相冲突的书面或口头合同。

4. 乙方不论因何种原因从甲方离职，离职后两年内不得到与甲方有竞争关系的单位就职。

5. 乙方不论因何种原因从甲方离职，离职后两年内不自办与甲方有竞争关系的企业或者从事与甲方商业秘密有关的产品的生产。

第三条　甲方义务

1. 从双方劳动合同约定的合同履行期限到期后第二天起，甲方应当按照竞业限制期限向乙方支付一定数额的竞业限制补偿费。

2. 竞业限制补偿费为乙方离开甲方单位前一年的工资收入的 1/3；不满一年的按月平均工资推算。补偿费按季支付，由甲方通过银行支付至乙方银行卡上。如乙方拒绝领取，甲方可以将补偿费向有关方面提存。

3. 如甲方不需要乙方遵守竞业限制义务，可以随时书面通知乙方，自甲方通知发出之日，本协议对双方再不发生任何约束力。

第四条　执行

双方同意在法律允许的范围内最大限度地执行本合同，本合同任何部分的无效、非法或不可执行均不影响或削弱本合同其余部分的有效、合法与可执行性。

第五条　公平承诺

双方同意，本合同第二、三条中所作约定的范围和性质是公平合理的，在此约定的时间、地理区域和范围是为保护甲方充分使用其商誉开展经营所必需的。

第六条　违约责任

乙方不履行规定的义务，应当承担违约责任，一次性向甲方支付违约金，金额为乙方离开甲方单位前一年的基本工资和岗位津贴总和的 10 倍。同时，乙方因违约行为所获得的收益应当支付给甲方。

甲方不履行义务，拒绝支付乙方的竞业限制补偿费的，甲方应当一次性支付乙方违约金人民币＿＿＿＿＿＿＿＿万元。

第七条　法律适用与争议解决

1. 本合同受中华人民共和国法律管辖，并应根据其进行解释。

2. 双方应努力通过友好协商解决由本合同产生的或与本合同有关的所有争议。如协商未果，可以向××仲裁委员会提起仲裁，通过仲裁程序解决。仲裁过程中，双方应尽可能地继续履行本合同除争议事项以外的其余部分。

第八条　合同的修改与转让

1. 本合同自双方签章之日起生效。非经双方书面同意，本合同不得被修改、补充或变更。

2. 乙方不得转让本合同或由本合同产生的任何义务或权益。

3. 双方确认，已经仔细审阅过合同的内容，并完全了解合同各条款的法律含义。

第九条　文本及效力

1. 本协议一式两份，双方各执一份，自双方签字盖章之日起生效。

2. 双方签订的劳动合同或其他协议与本协议的约定不符的，执行本协议的约定。

甲方：（盖章）   乙方：（签名）

法定代表人（委托代理人）：

签章日期：××年×月×日   签名日期：××年×月×日

八、员工离职审批表

姓名		年龄		入职日期	
部门		岗位		离职日期	
员工离职类别	A. 辞职☐ B. 辞退☐ C. 双方协商解除☐				
离职原因					
所属部门意见					
人力资源部意见					
总经理意见					
备注：					

九、劳动合同终止通知书

劳动合同终止通知书（存根）

第（　　）号

员工姓名：　　　　所在单位：　　　　通知发出时间：××年×月×日

通知送达方式：直接送达□、留置送达□、邮寄□、媒体公告□、其他

公司经办人：

本人已收到单位于＿＿＿＿＿＿年＿＿＿＿＿＿月＿＿＿＿＿＿日发出的《终止劳动合同通知书》。已完全阅读并理解其内容。

员工签收：　　　　日期：

（送达凭证粘贴处）

——骑——缝——章——

劳动合同终止通知书

第（　　）号

＿＿＿＿＿＿＿＿＿＿：

你与我公司＿＿＿＿＿＿年＿＿＿＿＿＿月＿＿＿＿＿＿日签订的为期＿＿＿＿＿＿年的劳动合同于＿＿＿＿＿＿年＿＿＿＿＿＿月＿＿＿＿＿＿日到期，因（＿＿＿＿＿＿）的原因双方未再续订。

1. 合同期限届满，公司不同意续订；

2. 合同期限届满，员工不同意续订；

3. 员工已办理退休手续；

4. 其他原因：＿＿＿＿＿＿。

现依据《劳动合同法》第44条的规定正式与你终止劳动合同。如对终止决定有疑义的，在收到本通知三日内书面告知公司，经核实确实有误的本通知可以撤销。如无疑义，请于收到本通知之日起＿＿＿＿＿＿日内办理如下手续，逾期未办手续责任自担。

1. ＿＿＿＿＿＿月＿＿＿＿＿＿日前办理完成工作及业务交接等事宜；

2. ＿＿＿＿＿＿月＿＿＿＿＿＿日前结算工资、经济补偿等相关费用；

3. 其他：＿＿＿＿＿＿。

特此通知

×××公司

年　月　日

十、离职证明

离职证明（存根）

第（　　）号

员工姓名：　　　　所在单位：　　　　证明开具时间：××年×月×日

　　通知送达方式：直接送达（　　）、留置送达（　　）、邮寄（　　）、媒体公告（　　）、其他（　　）

　　公司经办人：

　　本人已收到单位于＿＿＿＿＿＿年＿＿＿＿＿＿月＿＿＿＿＿＿日发出的《离职证明》。同意离职证明所列内容。

员工签收：＿＿＿＿＿＿

————骑——缝——章————

离职证明

　　＿＿＿＿＿＿，已于＿＿＿＿＿＿年＿＿＿＿＿＿月＿＿＿＿＿＿日离职，该员工已与我司办理完工作交接手续，双方基于劳动关系再无任何纠纷。

　　特此证明

×××公司
年　月　日

第四章　公司并购重组操作实务

第一节　并购重组的概念及分类

一、企业并购的概念

企业并购即兼并与收购的统称，是一种通过转移公司所有权或控制权的方式实现企业资本扩张和业务发展的经营手段，是企业资本运作的重要方式。

1. 并购从法律层面上讲实质是一个企业取得另一个企业的资产、股权、经营权或控制权，使一个企业直接或间接对另一个企业发生支配性的影响。

2. 企业并购从商业以及财务角度讲是企业利用自身的各种有利条件，比如品牌、市场、资金、管理、文化等优势，让存量资产变成增量资产，使呆滞的资本运动起来，实现资本的增值。

3. 企业并购对并购对象采用兼并、收购、合并、托管、租赁、产权重组、产权交易、企业联合、企业拍卖等方式对企业的资产、股权与控制权进行收购或兼并。

4. 兼并与收购概念

（1）兼并通常是指一家企业以现金、证券或其他形式取得其他企业的产权，并使其丧失法人资格或改变法人实体的行为。

（2）收购是指企业用现金、债券、股权或者股票购买另一家企业的部分或全部资产或股权，以获得企业的控制权。

二、并购分类

（一）按被并购对象所在行业分

1. 横向并购，是指为了提高规模效益和市场占有率而在同一类产品的产销部门之间发生的并购行为。

2. 纵向并购，是指为了业务的前向或后向的扩展而在生产或经营的各个相互衔接和密切联系的公司之间发生的并购行为。

3. 混合并购，是指为了经营多元化和市场份额而发生的横向与纵向相结合的并购行为。

（二）按并购的动因分

1. 规模型并购，通过并购扩大规模，减少生产成本和销售费用，提高市场占有率，扩大市场份额。

2. 功能型并购，通过并购实现生产经营一体化，完善企业产业结构，扩大整体利润。

3. 成就型并购，通过并购满足企业家的成就欲望。

（三）按并购双方意愿分

1. 协商型，又称善意型，即通过协商并达成协议的手段取得并购意思的一致。

2. 强迫型，又称为敌意型或恶意型，即一方通过非协商性的手段强行收购另一方。通常是在目标公司董事会、管理层反对或不情愿的情况下，某些投资者用高价强行说服多数股东出售其拥有的股份，以达到控制公司的目的。

（四）按并购程序分

1. 协议并购，指并购公司不通过证券交易所，直接与目标公司取得联系，通过谈判、协商达成共同协议，据以实现目标公司股权转移的收购方式。

2. 要约并购，指并购公司通过证券交易所的证券交易，持有一个上市公司已发行在外的股份的30%时，依法向该公司所有股东发出公开收购要约，按符合法律的价格以货币付款方式购买股票，获取目标公司股权的收购方式。"收购要约"是指收购人向被收购公司股东公开发出的、愿意按照要约条件购买其所持有的被收购公司股份的意思表示。

（五）按并购后被并一方的法律状态分

1. 新设法人型，即并购双方都解散后成立一个新的法人。

2. 吸收型，即其中一个法人解散而为另一个法人所吸收。

3. 控股型，即并购双方都不解散，但一方为另一方所控股。

（六）按并购支付方式分

1. 现金支付型：自有资金、发行债券、银行借款。

2. 换股并购型。

3. 行政划拨型。

4. 承债型。

（七）按并购手段分

1. 特许经营型。

2. 托管型。

3. 租赁经营型。

（八）其他分类

1. 杠杆收购：是指收购者通过举债（有时可以以被收购公司的资产和未来的收益作为抵押）筹集资金用于收购的一种行为。

2. 管理层收购 MBO。律师根据目标企业或所服务的企业的意愿，对并购业务进行综合分析，按照以上并购方式的分类，根据具体项目的特点，依据法律法规的相关规定进行具体操作。

三、企业重组概念

企业重组是指涉及一个或一个以上企业的实质性或重大的法律或经济结构改变的交易，包括企业法律形式的改变、资本结构调整、整体资产转让、整体资产置换、合并、分立等。

1. 资本结构调整，是指企业融资结构的改变，包括企业股东持有的股份的金额和比例发生变更、增资扩股等股本结构的变化或负债结构的变化以及债务重组等。

2. 企业整体资产转让，是指企业将实质上的全部经营性资产转让给另一家企业，由此取得对该另一家企业的股权。

3. 企业整体资产置换，是指企业将实质上的全部经营性资产与另一家企业的全部经营性资产进行整体交换。

4. 企业合并，是指被合并企业将其全部资产和负债转让给另一家现存或新设企业其股东由此取得合并方的所有者权益份额或除合并企业所有者权益份额以外的现金、有价证券和其他资产实现两个或两个以上企业的依法合并。

5. 企业分立，是指被分立企业将其部分或全部营业分离转让给两个或两个以上现存或新设的企业，其股东由此取得分立方的股权支付额或非股权支付额。

6. 并购重组的方式。并购重组的方式主要有股权收购、资产收购、增资、注销、资产剥离等方式。

（1）股权收购：股权收购即主体公司通过以现金或股权对价的方式购买目标公司的股权，从而使目标公司成为主体的子公司，同时将目标公司的财务数据纳入到合并报表范围。股权收购又可以分为现金收购股权和股权置换股权两种方式。

（2）资产收购：资产收购即主体公司通过现金方式收购目标公司的资产，资产收购完成以后，目标公司可以继续存留也可以注销。

（3）增资：重组方股东以其持有的重组方的资产、股权向被重组方增资。

（4）资产剥离：将与主营业务不相关资产通过分立、资产出售等方式剥离出去。

企业并购与重组无论从法律概念还是从实践的操作上均是互不可分的。所以两者之间既有相同又有不同。企业并购一般是企业与企业之间的法律行为。企业重组即包括企业与企业之间的法律行为，又包括企业内部的法律行为，比如企业内部主辅分离等。

第二节 并购重组的业务流程

一、律师开展并购重组业务的基本流程

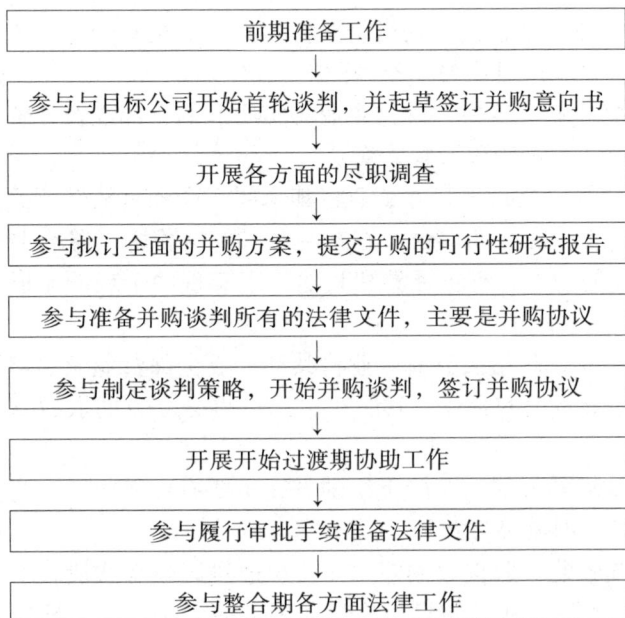

```
┌─────────────────────────────────────┐
│           前期准备工作               │
└─────────────────────────────────────┘
                 ↓
┌─────────────────────────────────────┐
│ 参与与目标公司开始首轮谈判，并起草签订并购意向书 │
└─────────────────────────────────────┘
                 ↓
┌─────────────────────────────────────┐
│         开展各方面的尽职调查         │
└─────────────────────────────────────┘
                 ↓
┌─────────────────────────────────────┐
│ 参与拟订全面的并购方案，提交并购的可行性研究报告 │
└─────────────────────────────────────┘
                 ↓
┌─────────────────────────────────────┐
│ 参与准备并购谈判所有的法律文件，主要是并购协议 │
└─────────────────────────────────────┘
                 ↓
┌─────────────────────────────────────┐
│ 参与制定谈判策略，开始并购谈判，签订并购协议 │
└─────────────────────────────────────┘
                 ↓
┌─────────────────────────────────────┐
│       开展开始过渡期协助工作         │
└─────────────────────────────────────┘
                 ↓
┌─────────────────────────────────────┐
│     参与履行审批手续准备法律文件     │
└─────────────────────────────────────┘
                 ↓
┌─────────────────────────────────────┐
│     参与整合期各方面法律工作         │
└─────────────────────────────────────┘
```

二、律师参与并购重组业务流程的具体工作

（一）前期准备工作

1. 组织专业律师团队。根据所并购的企业的性质挑选有专业特长的律师包括劳动人事方面的、税务方面的、并购重组方面的专业律师组成专业的律师团，负责并购重组的尽职调查、谈判法律文件起草和整合等全部事宜。

2. 律师团队进入项目了解目标公司的动机、基本情况和存在的法律障碍：

（1）了解目标公司为什么要出售股权或变卖企业，分析出被并购方的真实动机是什么。

（2）了解目标公司谁全权负责出售事宜，相关人员的分工及权限，确定项目具体对接人，为以后实施并购重组进行一一对接做准备。

（3）协助收购方收集目标公司的基本情况，包括股东、高级管理人员的相关资料，公司资产、负债及经营情况等在此基础上进行信息整理和分析，从公司经营的市场风险方面考查有无重大障碍影响收购活动的进行。

（4）了解目标公司的法律状况。即了解目标公司所涉及的政策和法律以便在并购重组时有章可循。

（5）分析购买该目标企业能带来什么好处，根据并购方的并购目的，结合目标公司的性质和各项条件来分析是否能够达到并购方并购的目的。

（6）分析目标公司的价值大概是多少，并购方是否具有支付能力。防止蛇吞象的悲剧发生。

3. 针对目标公司根据公司法、证券法、税法及外商投资等法律、法规，对并购重组的可行性进行法律论证，寻求收购项目的法律依据。

4. 就并购重组可能涉及的具体行政程序进行调查，例如并购重组行为是否违背我国并购重组的政策和法律，可能产生怎样的法律后果，并购重组行为是否需要经当地政府批准或进行事先报告，地方政策对同类并购重组有无倾向性态度等。

（二）律师团队参与并购重组项目的首轮谈判，并起草签订并购重组意向书

意向书是一种并购双方预先约定的书面文件，用于说明双方进行合约谈判的初步意见，其一般不具备法律约束力，但也可根据需要在某些条款上具备法律约束力。意向书的主要内容：

（1）收购标的。

（2）收购方式及收购合同主体。是资产收购、股权转让还是其他，并根据收购方式的不同确定收购合同签订的主体。

（3）收购项目是否需要收购双方股东会决议通过。

（4）双方约定的进行收购所需满足的条件。

（5）谈判双方的保密条款；保密条款适用的对象。除了收购双方之外，还包括参与收购事务的顾问等中介服务人员。保密事项除了会谈、资料保密的要求外，还包括禁止投资条款，即收到目标公司保密资料的第三方在一段时间内不得购买目标公司的股权。收购活动中双方相互披露的各种资料的保密，通常约定所披露的信息和资料仅用于评估收购项目的可行性和收购对价，不得用于其他目的。资料的返还或销毁。保密条款应约定如收购项目未能完成，收购双方负有相互返还或销毁对方提供的信息资料的义务。

（6）谈判代表及相关授权。

（7）谈判程序及日程的安排。

（8）排他协商条款。此条款规定，未经收购方同意，目标公司不得与第三方以任何方式再行协商出让或出售目标公司股权或资产，否则视为违约并要求其承担违约责任。

（9）提供资料及信息条款。该条款要求目标公司向收购方提供其所需的企业信息和资料，尤其是目标公司尚未向公众公开的相关信息和资料，以利于收购方更全面地了解目标公司。

（10）不公开条款。该条款要求收购的任何一方在共同公开宣告收购事项前，未经对方同意不得向任何特定或不特定的第三人披露有关收购事项的信息或资料，但有权机关根据法律强制要求公开的除外。

（11）锁定条款。该条款要求，在意向书有效期内，收购方可依约定价格购买目标公司的部分或全部资产或股权，进而排除目标公司拒绝收购的可能。

（12）费用分摊条款。该条款规定无论收购是否成功，因收购事项发生的费用应由收购双方分摊。

（13）尽职调查的范围、方式和权利。

（14）无对价的交易形式、交易的支付方式。

（15）约定收购重组的终止条款。该条款明确如收购双方在某一规定期限内无法签订收购协议，则意向书丧失效力。

（三）律师团队亲自或配合相关机构开展法律、商务、财务、尽职调查

1. 尽职调查的作用。尽职调查作为企业并购重组过程中的关键环节，尽职调查是为有效评价目标公司各项指标、是收购方是否实施收购决策、是收购方如何设计交易结构、如何防控和应对并购重组风险的重要依据。尽职调查中收购方发现的问题往往成为谈判桌上双方讨价还价的焦点，在并购重组过程中，双方处在信息不对称的地位，收购方承担较大的风险，彻底、细致的尽职调查才能使收购方的风险降到最低程度。所以说尽职调查应当贯彻到并购重组交易过程的始终。

2. 尽职调查过程分类。

（1）前期尽职调查：在签订意向书和交易前阶段的尽职调查主要是全面了解目标企业的情况，尽可能地了解哪些是影响目标企业正常运营的重要因素以及哪些因素可能会影响交易价值判断和交易结构安排；

（2）现场尽职调查：主要是尽可能地揭示所有与交易相关的信息，随着交易谈判的深入，并购方必须明白可能对交易整合决策产生影响的所有问题，目标企业随着谈判进程持续也会释放更多公司内部信息；

（3）递延尽职调查：主要是围绕交易交割和交割后整合开展持续调查，进一步降低交易风险。

3. 尽职调查进程如下图所示：

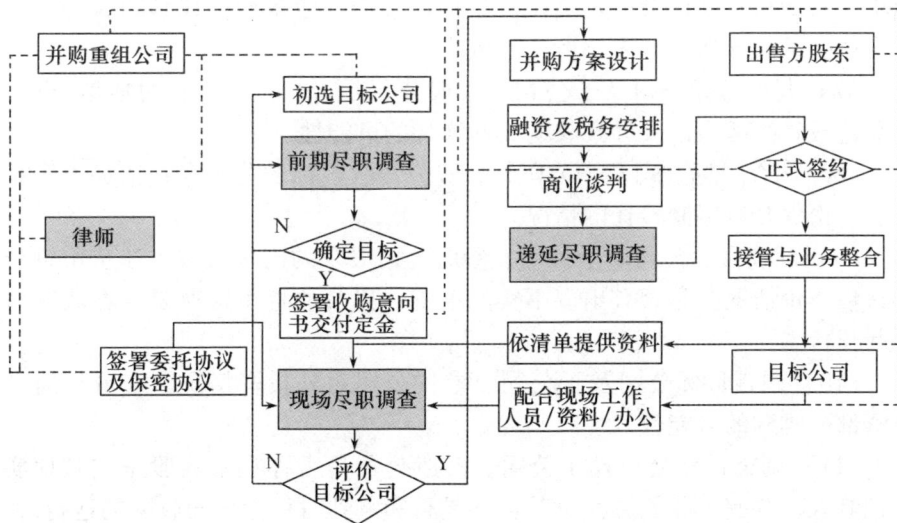

（四）企业并购重组中尽职调查重要调查点

1. 基本情况的重点调查：

（1）调查目标公司及子公司、参股公司的营业执照及专营许可证，包括自成立以来的所有变更的原因及相关情况；从而了解目标公司及其子公司、参股公司的经营范围。

（2）调查目标公司及子公司、参股公司的公司章程；主要审查公司章程中控制条款的内容，了解章程对收购的相关规定，有无设置包括超级多数条款在内的限制收购或反收购条款。

（3）调查目标公司及其子公司、参股公司设立及变更的有关文件，包括工商登记材料及相关主管机关的批准文件，注意了解目标公司股东出资缴付情况。

（4）调查目标公司及其子公司、参股公司的股东名册和持股情况，结合目标公司章程核实其股东认缴的出资份额和实际已缴出资额，以及出资期限和出资到位进度。

（以上内容可到目标公司的登记注册地工商局进行档案查询）

（5）调查目标公司及子公司、参股公司的规章制度；用来分析公司的内部管理以及规章制度的落实情况。

（6）调查目标公司及子公司、参股公司近五年（至少三年）的发文、董事会和股东会议记录以及决议。分析董事会和股东会决议是否合法，是否会产生可能导致股东内部诉讼的风险。

（7）调查目标公司及子公司、参股公司是否与他人签订过收购合同。以免造成货买两家以及导致收购成本增加的可能性。

（8）调查目标公司及子公司、参股公司收购标的是否存在诸如设置担保、诉讼保全等限制转让的情况。

（9）调查目标公司及子公司、参股公司股东的出资方式，非货币资产的评估作价情况。是否有出资不实的情况，以及非货币资产是否在收购时重新作价。

（10）调查目标公司及子公司、参股公司对外投资情况。来分析对外投资部分收购的可能性。

（11）调查目标公司及子公司、参股公司是否存在隐名股东或其他实际控制人，并提示收购方注意其存在是否影响到对目标公司收购的进行。

（12）调查目标公司是否涉及《公司法》禁止的一个自然人设立多个一人公司的规定。

2. 法律的重点调查：

（1）调查政府有关主管部门对目标公司及子公司、参股公司的批准文件。以及调查目标公司及子公司、参股公司的出售方所出售股权以及资产的合法性；

（2）调查目标公司及子公司、参股公司无形资产主要包括专利、商标、工业产权、著作权、许可和批准等本身的合法性；需让目标公司及其子公司提交其拥有的专利、商标、著作权和其他知识产权证明文件和正在研制的可能获得知识产权的智力成果报告。以及正在申请的知识产权清单；

（3）调查目标公司及子公司、参股公司的房屋、建筑物、设备、车辆等是否抵押，其法律状况如何。土地、房屋产权及租赁文件的合法性；

（4）调查目标公司及子公司、参股公司的合同主要包括供应和销售合同、劳动合同、咨询合同、租赁合同、许可合同、经销权合同、贷款合同、赞助合同等；

（5）调查目标公司及子公司、参股公司的诉讼事项。已胜诉未执行的诉讼和仲裁、已败诉未执行的诉讼和仲裁、正在诉讼过程的诉讼和仲裁、潜在的诉讼事项、诉讼或仲裁中权利的主张和放弃情况、生效法律文书的执行情况等；

（6）调查目标公司及子公司、参股公司对外未履行完的担保责任事项；

（7）调查目标公司及子公司、参股公司约定的对外重大性支出；

（8）调查目标公司及子公司、参股公司是否有完善的内控制度，内控制度是否有效执行，是否有明显的控制缺陷，高级管理人员的诚信、能力体现；

（9）调查目标公司及子公司、参股公司与职工签订的劳动合同以及人力资源和劳资关系。来确定其用工的合法性及在并购重组后在整合过程中需要怎样处理劳资关系。调查范围包括但不限于管理人员、技术人员、职工的雇佣条件、福利待遇；主要技术人员对公司商业秘密掌握情况及其与公司签订的保密协议、不竞争协议等；特别岗位职工的保险情况。

3. 商务的重点调查：

（1）调查目标公司及子公司、参股公司的经营项目的立项、批准情况；

（2）调查目标公司及子公司、参股公司行业现状及前景目标，搜集企业所处行业的产业结构、产业增长等资料并进行分析；

（3）调查目标公司及子公司、参股公司在行业中的地位以及竞争对手的情况并进行分析；

（4）调查目标公司及子公司、参股公司的技术的主要优势和核心竞争力并进行分析；

（5）调查目标公司及子公司、参股公司的生产能力和市场调查并进行分析；

（6）调查目标公司及子公司、参股公司的行业中的主要客户和供应商；

（7）调查目标公司及子公司、参股公司的产品及营销情况，生产过程、工艺流程的情况及地位，研究与开发情况；

（8）调查目标公司及子公司、参股公司的公共关系比如目标公司产品与环境保护协调问题；

（9）调查目标公司及子公司、参股公司产品的消费者投诉及处理情况；

（10）调查目标公司及子公司、参股公司的广告协议和广告品的拷贝；

（11）调查目标公司及子公司、参股公司的产品责任险保险情况；

（12）调查目标公司及子公司、参股公司的目标公司的特许经营情况；

（13）调查目标公司及子公司、参股公司的其他信息，包括期刊、报纸、行业协会公告、企业有关文件、证券研究报告、政府统计资料中获取的各种信息。

4. 财务的重点调查：

（1）对目标公司及子公司、参股公司进行财务报告审计。主要确认资产负债表中各项资产、负债和所有者权益，所以损益的真实性，基于利润表、现金流量表等确定利润以及现金流量的真实性和流量渠道等对公司的财务运作情况作出评价；

（2）对调查目标公司及子公司、参股公司经营管理审计。评价财务报告的可靠性和质量，并获悉财务报告之外的相关信息。主要内容包括会计政策、财务管理体制、内部控制制度、税收管理、营销策略的评价等；

（3）对调查目标公司及子公司、参股公司合法性审计。主要让律师对企业的有形资产、无形资产、债权债务、合同以及以往经营而可能引发的潜在的法律问题进行调查和评价；

（4）对目标及子公司、参股公司文件、资料的审查。主要包括会计报表，公司的招股说明书和注册登记表、验资报告、资产评估报告、不动产证明文件、动产清单及其保险情况债权、债务清单及其证明文件等；

（5）对目标公司及子公司、参股公司纳税情况证明进行调查；

（6）对目标公司及子公司、参股公司的资产包括有形资产、无形资产以及市场价值的评估进行调查；

（7）对目标公司及子公司、参股公司提供的盈利预测进行审核；

（8）如目标公司为一人公司，应注意目标公司财务是否严格独立于股东个人财务并对其进行调查，以便准确确定目标公司的资产范围；

（9）对目标公司及子公司、参股公司进行估值分析；

（10）对目标公司及子公司、参股公司投资回收期、内部回报率、投资利润率等财务指标测算，以及财务风险分析。

（五）参与准备并购谈判所有的法律文件主要是重组并购协议；收购合同的起草较为完整的收购合同包括主合同和附件两部分

主合同应包括的内容：

1. 并购重组项目合法性的法律依据。

2. 并购重组项目实施的前置条件。

（1）并购重组行为已取得相关的审批手续，如当并购重组项目涉及金融、建筑、房地产、医药、新闻、电讯、通信等特殊行业时，并购重组项目需要报请有关行业主管部门批准。

（2）并购重组各方当事人已取得收购项目所需的第三方必要的同意。

（3）至并购重组标的交接日止并购重组各方因并购重组项目所作的声明及保证均应实际履行。

3. 并购重组各方的声明、保证与承诺条款。包括：

（1）目标公司向收购方保证没有隐瞒影响收购事项的重大问题。

（2）并购方向目标公司保证具有实施收购行为的资格和财务能力。

（3）目标公司履行收购义务的承诺以及其董事责任函。

4. 收购标的资产评估。

5. 约定股权转让或资产转让的总价款。

6. 约定股权转让或资产转让条件。

7. 约定股权转让或资产转让股权的数量（股比）及交割日。

8. 约定拟转让股权或资产的当前价值。

9. 约定付款方式与时间，必要时可以考虑在金融机构设立双方共管或第三方监管账户，并设定共管或监管程序和条件，以尽可能地降低信用风险，以保障并购重组合同的顺利履行。

10. 约定股权转让或资产转让过程中产生的税费及其他费用的承担。

11. 约定股权转让或资产转让限制竞争条款。

12. 约定违约责任和损害赔偿条款。

13. 约定或有损害赔偿条款。即并购方如因目标公司在收购完成之前的经营行为导致的税务、环保等纠纷受到损害，被收购方应承担相应的赔偿责任。

14. 约定不可抗力条款。

15. 约定有关合同终止、收购标的交付、收购行为完成条件、保密、法律适用、争议解决等其他条款。

16. 并购重组合同的附件。一般包括：

（1）目标公司的财务审计报告；

（2）目标公司的资产评估报告；

（3）目标公司土地转让协议；

（4）政府批准转让的文件；

（5）目标公司无形资产权利证书；

（6）目标公司的固定资产与机器设备清单；

（7）目标公司的流动资产清单；

（8）目标公司的债权债务清单；

（9）目标公司对外提供担保的清单；

（10）双方谈判记录。

（六）律师参与并购重组整合工作

整合是指重组或并购协议生效后，收购方通过调整企业的组成要素，使其融为一体的过程。具体讲就是当一方获得另一方的资产所有权、股权或经营控制权之后进行的资产、市场、技术、人力资源等企业要素的整体性、系统性安排，从而使并购后的企业按照既定的并购战略目标、方针和组织营运。并购的后期整合很关键，许多并购失败都是源于后期整合的失败。企业控制权的更替，如果大量的高级管理人员调整岗位，必然涉及利益和权利格局的再分配，这种调整是有风险的，所以应当根据实际情况进行调整，而不应有所谓的统一的模式。

1. 人力资源整合：律师需运用法律和掌握的相应政策进行全方位的劳动人事处理。起草和规范公司劳动人事各项规章制度等。

（1）整合原则：必要的人事调整。稳定人心，留住人才。薪酬制度的改革或调整；

（2）管理层的整合：重点岗位一般是总经理、财务总监、人力资源部经理等；

（3）企业员工的整合：恰当的人事安排、合理的职工安置计划、适当的激励措施，可以调动生产经营人员的积极性和创造性，稳定员工情绪，提高劳动生产率。但大量事实表明，并购双方的制度文化冲突，会导致初期的抵触、对抗情绪，破坏企业的正常运转；

（4）薪酬计划与薪酬制度，工资体制、绩效考核、福利待遇、员工持股计划等方面的改革。

2. 经营环境整合：律师可就该并购或重组的公司所涉及的各个政府及相关管理部门提示给收购方，让收购方组织相关人员与政府及相关管理部门进行联络处理与相关政府及政府部门的业务关系。

3. 管理体制与制度整合：律师应根据并购重组后企业的具体情况参与组织机构的重新设置、参与内部控制制度的重新起草，和各项规章制度的完善。

（1）组织机构整合：机构设置与定岗定编；

（2）内部控制制度的整合；

（3）规章制度的整合：公章使用管理办法、内部文件审核会签制度、物资管理制度、固定资产管理制度、投资管理制度、经济合同管理制度。

4. 经营管理整合：律师可以参与起草财务管理、资产整合、市场资源管理等并购重组后企业的各项法律文件和各项体系的完善。

（1）财务管理整合。全面预算管理体制的整合、资金的整合、成本管理与费用控制的整合；

（2）资产整合。设备、厂房、土地等有形资产和专利权、专有技术、土地使用权等无形资产整合；

（3）市场资源整合。客户资源整合与销售渠道、销售体系、应收账款管理、采购体系、应付账款的管理、企业品牌及价格体系的整合；

（4）生产技术管理的整合。

三、律师在企业并购重组过程中涉及到的和应当起草的法律文件

1. 对目标企业进行各方面调查的《律师尽职调查报告》。

2. 以资产为标的物的并购重组的《资产收购合同》。

3. 以股权为标的的并购重组中的《股权转让合同》。

4. 按收购或重组的方式进行的《增资合同》和《股权回购合同》。

5. 在并购过程中为了相互制约而签订的《对赌协议》以及《债转股协议》和《债务承担协议》、《股权质押协议》。

6. 其他法律性文件。

第三节 并购重组中的税务筹划

一、税务筹划

在并购重组中，怎样降低并购重组成本，而其中的重要内容之一就是税收成本，但这一问题往往被并购重组各方忽视。受并购标的不同，收购股权或收购资产时会产生不同的税收后果。一般而言，股权收购涉及的税收种类比较少，主要涉及所得税和印花税，特定情况下还会涉及土地增值税；资产收购涉及的则相对较多，不仅涉及所得税和印花税，还会涉及增值税、营业税、契税、土地增值税等。如果在方案设计阶段不做好税收筹划，将会给重组项目带来较重的税收负担。

通常情况下，收购股份会比收购资产节省税收。但受《关于纳税人资产重组有关营业税问题的公告》、《关于纳税人资产重组有关增值税问题的公告》、《关于纳税人资产重组增值税留抵税额处理有关问题的公告》等税收政策的影响，在特定情况之下，资产收购的税负将会少于股份收购，这需要律师在参与并购重组时仔细加以衡量，综合平衡并购重组目的、标的情况等加以确定。

在所得税方面，情况稍显复杂。并购重组中所得税的征收大体分为两种情形，一种是股东为法人，另一种是股东为自然人。对于第一种股东是法人的情形，在进行并购重组所得税筹划时一个重要的纲领性文件就是国税总局的 59 号文，律师要帮助企业在股权收购比例、股份支付方式及比例上进行充分的谋划，尽可能地适用特殊性重组。对于第二种情形，由于现行的政策并无明确的优惠措施，在上市公司收购自然人持有的资产或股权时，由于资产增值的原因，个人投资者会面临较重的税收压力，尤其是以发行股份收购资产时，自然人获得的是股份，并没有充分的纳税必要现金，如果不缴纳个人所得税，将会面临产生很大的税收隐患，因此，做好税收筹划对自然人而言意义更大。可以考虑的方式是提前做好谋划，自然人不要直接持有标的资产，而是通过中间层公司实现间接持有，必要时，可以设计两层中间层公司。

一个值得关注的变化是，近期财政部和国税总局拟对 59 号文进行修订，修订的亮点之一是将适用范围从法人扩充到了自然人。如果这一思路最终得以明确，无疑对自然人参与上市公司并购重组的积极性产生重要的促进作用。

在实际运作中，一个复杂的企业并购重组交易通常由好几方面内容交叉构成。因而需要对现有的法律规则体系有一个全面的了解并能融会贯通。能在现有制度框架内设计并完成一个完美的，能为参与者、监管者、投资者共同认可的交易方案，是项目律师智慧和水平的体现。

二、律师税务方面的尽职调查

（一）税务尽职调查的目的

根据《中华人民共和国税收征收管理法》第 52 条之规定，因税务机关的责任，致使纳税人、扣缴义务人未缴或者少缴税款的，税务机关在三年内可以要求纳税人、扣缴义务人补缴税款，但是不得加收滞纳金；因纳税人、扣缴义务人计算错误等失误，未缴或者少缴税款的，税务机关在三年内可以追征税款、滞纳金，有特殊情况的，追征期可以延长到五年；对偷税、抗税、骗税的，税务机关追征其未缴或者少缴的税款、滞纳金或者所骗取的税款，不受前款规定期限的限制。因此，对偷税、抗税、骗税的追征没有时效限制，这将使潜在的税务风险具有放大效应。尽职调查的目的就在于尽可能发现潜在的税务风险对交易本身以及交易后的经营产生的影响。

（二）律师在税务方面尽职调查的重点范围

1. 目标企业的财务会计制度及账务处理政策、财务账册明细（包括发票领用簿），每月编制之资产负债表、损益表、现金流量表等报表。

2. 目标企业历年度汇算清缴的情况，包括经审计的各年度的资产负债表、损益表、利润分配和亏损弥补方案等财务会计报表；是否存在着隐匿收入或者不列、少列收入，虚列成本或者多列成本的情况，即有无税务隐患。

3. 目标企业的税收优惠等政策：

（1）目标企业涉及的税收种类及其税率等基本情况；

（2）目标企业适用的所得税政策，即定期定额、核定应税所得率、带征还是查账征收；

（3）目标企业是否享受税收优惠、财政补贴等政府给予的优惠政策，若有，则请提供批准文件及优惠依据；

（4）目标企业是否存在逾期未缴的税款，如果有，请提供具体金额与罚金；

（5）目标企业每月或者依法提交税务部门之纳税申报表及其缴税或完税凭证，包括营业税纳税申报表、增值税纳税申报表（若有）、房地产纳税申报表（若有）、城镇土地使用税纳税申报表（若有）、印花税纳税申报表、所得税纳税申报表；同时一并提供公司历年度所得税年度纳税申报表；

（6）目标企业银行开户资料及账户明细；

（7）目标企业种类印鉴样式明细；

（8）目标企业及其分支机构税务登记资料；

（9）目标企业的财务人员构成及其会计资质。

三、法律政策依据

法规

1. 《中华人民共和国税收征收管理法》（2001 年 5 月 1 日施行）

2. 《中华人民共和国税收征收管理法实施细则》（2002 年 10 月 15 日施行）

规定

1. 《税务登记管理办法》（国家税务总局）（2004 年 2 月 1 日施行）

所得税法

1. 《股权转让所得个人所得税管理办法（试行)》（2015 年 1 月 1 日施行）

2. 《中华人民共和国企业所得税法》（2008 年 1 月 1 日施行）

3. 《中华人民共和国企业所得税法实施条例》（2008 年 1 月 1 日施行）

4. 《国务院关于实施企业所得税过渡优惠政策的通知》国发〔2007〕39 号（2008 年 1 月 1 日施行）

5. 国务院《关于经济特区和上海浦东新区新设立高新技术企业实行过渡性税收优惠的通知》国发［2007］40 号（2008 年 1 月 1 日施行）

6. 《财政部、国家税务总局关于企业所得税若干优惠政策的通知》（财税［2008］1 号）（2008 年 2 月 22 日施行）

流转税法

1.《中华人民共和国增值税暂行条例实施细则》（1994 年 1 月 1 日施行）

2.《国家税务总局关于以不动产或无形资产投资入股收取固定利润征收营业税问题的批复》（1997 年 9 月 1 日发布）

3.《财政部、国家税务总局关于股权转让有关营业税问题的通知》（2002 年 12 月 10 日发布）

其他税种

1.《国家税务总局关于印花税若干具体问题的解释和规定的通知》（1991 年 9 月 18 日发布）

2.《财政部、国家税务总局关于企业改制过程中有关印花税政策的通知》（2003 年 12 月 11 日发布）

第四节　企业并购重组部分法律文书范本

一、律师尽职调查报告

导言

尽职调查范围与宗旨

有关××公司的律师尽职调查，是由本所根据××有限公司的委托，基于××和××的股东于××年××月×× 日签订的《股权转让意向书》第××条和第××条的安排，在本所尽职调查律师提交给××公司的尽职调查清单中所列问题的基础上进行的。

简称与定义

在本报告中，除非根据上下文应另做解释，否则下列简称和术语具有以下含义（为方便阅读，下列简称和术语按其第一个字拼音字母的先后顺序排列）：

"本报告"指由××律师事务所于××年××月×× 日出具的关于××公司之律师尽职调查报告。

"本所"指××律师事务所。

"本所律师"或"我们"指××律师事务所法律尽职调查律师。

"××公司"指××公司，一家在××省××市工商行政管理局登记成立的公司，注册号为：

本报告所使用的简称、定义、目录以及各部分的标题仅供查阅方便之用；除非根据上下文应另做解释，所有关于参见某部分的提示均指本报告中的某一部分。

方法与限制

本次尽职调查所采用的基本方法如下：

审阅文件、资料与信息；

与××公司有关公司人员会面和交谈；

向××公司询证；

参阅其他中介机构尽职调查小组的信息；

考虑相关法律、政策、程序及实际操作；

本报告基于下述假设：

所有××公司提交给我们的文件均是真实的，所有提交文件的复印件与其原件均是一致的；

所有××公司提交给我们的文件均由相关当事方合法授权、签署和递交；

所有××公司提交给我们的文件上的签字、印章均是真实的；

所有××公司对我们做出的有关事实的阐述、声明、保证（无论是书面的还是口头做出的）均为真实、准确和可靠的；

所有××公司提交给我们的文件当中若明确表示其受中国法律以外其他法律管辖的，则其在该管辖法律下有效并被约束；

描述或引用法律问题时涉及的事实、信息和数据是截至××年××月××日××公司提供给我们的受限于前述规定的有效的事实和数据；及我们会在尽职调查之后，根据本所与贵公司签署之委托合同的约定，按照贵公司的指示，根据具体情况对某些事项进行跟踪核实和确认，但不保证在尽职调查之后某些情况是否会发生变化。

本报告所给出的法律意见与建议，是以截至报告日所适用的中国法律为依据的。

本报告的结构

本报告分为导言、正文和附件三个部分。报告的导言部分主要介绍尽职调查的范围与宗旨、简称与定义、调查的方法以及对关键问题的摘要；在报告的主体部分，我们将就九个方面的具体问题逐项进行评论与分析，并给出相关的法律意见；报告的附件包括本报告所依据的由××公司提供的资料及文本。

（一）××公司的设立与存续

1.1　××公司的设立

1.1.1　××公司设立时的股权结构

××公司于××年××月××日设立时，其申请的注册资本为×××万元人民币，各股东认缴的出资额及出资比例如下：

股东名称	出资额	出资形式	出资比例
×××	×××万	货币	××%
×××	×××万	货币	××%
×××	×××万	货币	××%
合计	×××万		100%

1.1.2　××公司的出资和验资

根据××公司最新营业执照，其注册资本为××万元人民币（实缴××万元）。

（1）根据（　）有限责任会计师事务所于××年××月××日出具的（　）所验字（2015）第××号《验资报告》，××公司第一期出资×××万元人民币已在××年××月××日之前由上述三位股东以货币的形式缴足。

（2）根据××有限责任会计师事务所于××年××月××日出具的××所验字（2015）第××号《验资报告》，××公司第二期出资××万元人民币已在××年××月××日之前由上述三位股东以货币的形式缴足。

1.1.3　对××公司出资的法律评价

根据《中华人民共和国公司法》的规定，内资的有限责任公司注册资本必须在公司成立之日起两年内缴足，根据××公司的章程，其××万元人民币的注册资本是在两年内分两次到位，通过查验，××会计师事务所出具的验资报告，得知××公司已经履行了出资义务。

1.2　××公司的股权演变

1.2.1　××年股权转让

根据××年××月××日××市工商行政管理局提供的企业变更情况表，××年××月××日，××公司的股东×××先生将其持有的××%股权全部转让给×××先生，××年××月××日，上述股东变更已在××市工商行政管理局完成了变更登记。

本次股权转让之后，××公司的股权结构为：

股东名称	出资额（万元）	所占比例

×××	×××	××%
×××	×××	××%
合计	×××	100%

1.2.2 本次股东变更的法律评价

××公司本次股权转让行为符合当时法律、法规和规范性文件的规定，并已履行了必要的法律手续。

1.2.3 ××公司现有股东的基本情况

经本所律师核查，××公司现有股东为以下 2 名自然人：

（1）股东×××，男，身份证号为×××××××××××××××××。

（2）股东×××，男，身份证号为×××××××××××××××××。

1.3 ××公司的存续

1.3.1 ××公司的存续

（1）××公司现持有××市工商行政管理局于××年××月××日核发的注册号为××××××××××号的企业法人营业执照，注册资本为×××万元人民币（实缴××万元），法定代表人为×××，住所位于×××，经营范围为××生产、销售。

（2）根据其营业执照上记载的年检情况，该公司已于××年××月××日通过了××市工商行政管理局××年度的年检。

1.3.2 ××公司存续的法律评价

根据××公司的章程及其年检资料，其目前合法存续；其营业执照上的营业期限为××年××月××日至××年××月××日

（二）××公司的组织架构及法人治理结构

2.1 ××公司章程的制定及修改

××公司章程是在××年××月××日由××公司最初设立时的三位股东制定的；根据到目前为止××公司提供的资料，××年××月××日，由于二期出资××万元的到位，××公司股东会对章程第 7 条进行过修改；此后于××年××月××日，由于股东间的股权转让，××公司股东会对章程进行了第二次修改。

2.2 ××公司的法人治理结构

根据××公司公司章程，该公司设有股东会、执行董事一名和监事一名。

2.3 ××公司的董事、经理和其他高级管理人员

××公司现有执行董事 名，监事 名，经理 名。其中，×××为执

行董事，×××为公司监事，×××为公司经理。

（三）××公司的生产设备和知识产权

3.1　××公司的生产设备

根据××评估师事务所出具的××评报字［2015］第××号《评估报告书》，××公司的生产设备的评估价值为××元人民币。

3.2　××公司的知识产权

根据××公司的陈述，其目前未拥有任何商标、专利和专有技术，也未提出任何商标、专利申请。

本所律师未得到任何有关××公司《企业保密协议》或保密制度的材料。

（四）××公司的土地及房产

4.1　土地使用权

4.1.1　土地使用权　根据（　　）公司提供的（　　）公司名下的一万平方米的土地使用权证（证号为＿＿＿＿＿＿＿国用＿＿＿＿＿＿＿号），土地性质为出让用地，用途工业用地。

4.1.2　土地法律评价

本所律师认为，（　　）公司对（证号为＿＿＿＿国用＿＿＿＿号）的土地拥有使用权，但经核实＿＿＿＿＿公司厂区的土地使用面积共计3万平方米，据公司工作人员介绍多余的土地是市政府无偿划拨的，但无任何证件及政府批文。所以对于2万平方米的土地使用权，没有法律依据，其合法性存在疑问。

4.2　房屋所有权

4.2.1　房屋状况

根据××评估师事务所出具的××评报字［2015］第××号《评估报告书》，××公司共拥有房屋建筑物××幢，建筑面积××平方米；构筑物及其他辅助设施××项；评估价值为××元人民币。

根据××公司的陈述及本所律师的核查，××公司所有房产均未办理《房地产权证》。

4.2.2　房屋状况的法律评价

本所律师认为，××公司的房屋由于未按规定办理建房手续，其办理权证存在法律障碍。

（五）××公司的业务

5.1　××公司的经营范围

根据××公司目前持有的××市工商行政管理局于××年××月××日核发的注册号为××××××××××号的企业法人营业执照，其经营范围为××生产、销售。

5.2　××公司持有的许可证和证书

5.2.1　有关生产经营的许可证

经本所律师审查，××年××月××日，××公司取得肉类加工许可证，证明××公司有肉类加工经营范围。

5.2.2　有关的环保验收

××公司×××吨/年××生产项目于××年××月××日得到了当地环保部门关于同意通过验收的意见。

（六）××公司的贷款合同与担保

6.1　正在履行的贷款合同

经本所律师核查，至本报告出具日，××公司无正在履行的贷款合同。

6.2　担保合同

经本所律师核查，至本报告出具日，××公司无正在履行的担保合同。

（七）××公司的税务问题

根据××公司提供的书面说明，其目前主要执行的税种和税率为：

（1）增值税

按　　％计缴。

（2）所得税

按　　％计缴。

（3）城市维护建设税

按增值税的　　％计缴。

（4）教育附加费

按增值税的　　％计缴。

（八）××公司的重大诉讼、仲裁与行政措施

××公司未提供其他有关诉讼、仲裁或行政处罚的资料。根据××公司的陈述，其将于正式股权转让协议签订前出具关于重大诉讼、仲裁、纠纷或其他司法或行政程序的书面状况说明或承诺。

（九）××公司的保险事项

经本所律师核查，××公司为其以下财产设置了保险：

（1）××年××月××日，××公司为其固定资产和流动资产（存货）向中国人民财产保险股份有限公司××市××支公司投保了财产保险综合险，保险金额为××元人民币，保险期限为××年××月××日至××年××月××日。保单的第一受益人为中国农业银行××市分行。

（2）车牌号为××和××的运输工具已分别向中国人民财产保险股份有限公司××市××支公司和中国太平洋财产保险股份有限公司××支公司投保。

（十）××公司的劳动用工

根据××公司的书面说明，其目前签订有劳动合同的职工为××名。如果本次收购为股权收购，收购完成后，贵公司将接收××公司原有的所有签订劳动合同的职工，继续履行合同期未满的劳动合同。

本所律师要求：

本报告系基于贵公司委托，由本所律师依据调查结果及现行有效的中国法律及××公司提供的相关文件和实际情况拟就并出具。

本报告谨供贵公司及授权相关单位/人士审阅。未经本所律师书面同意，不得将本报告外传及用于佐证、说明与题述事宜无关的其他事务及行为。

谨致

商祺！

××律师事务所

承办律师

××年××月××日

二、股权并购的法律意见书

致：××公司

××律师事务所（以下简称本所）接受企业（以下简称公司）的委托，依据本所与贵司签订的《股权并购法律事务委托合同》，指派我们（以下简称本所律师）担任特聘专项法律顾问，就其股权并购事宜出具法律意见书。

本所律师出具本法律意见书的法律依据：

本所律师为出具本法律意见书所审阅的相关文件资料，包括（但不限于）：

（1）《企业法人营业执照》；

（2）公司股东会（董事会）关于股权并购的决议；

（3）会计师事务所关于目标公司的《审计报告》；

（4）资产评估公司关于目标公司的《资产评估报告》；

（5）《公司股权并购方案》；

（6）《公司股权并购合同（草案）》；

（7）转让方的企业法人营业执照。

为出具本法律意见书，本所律师特做如下声明：

（1）关于法律意见书出具的法律依据的声明；

（2）对本法律意见书真实性的声明；

（3）对本法律意见书出具证据材料的声明；

（4）对委托方保证提供资料属实的声明；

（5）对本法律意见书使用目的的声明。

本所律师根据国家法律、法规的有关规定，按照律师行业公认的业务标准、道德规范和勤勉尽责的精神，对提供的文件和相关事实进行了核查和验证，现发表法律意见如下：

一、关于转让方和受让方的主体资格

1. 转让股权的目标公司

成立于××年××月××日，注册资金××万元，经营范围为：×××，目标公司持有工商行政管理局核发的《企业法人营业执照》，注册号××，××年、××年、××年（连续三年）均通过工商年度检验。

2. 股权的转让方（为公司时）

成立于年月日，注册资金万元，经营范围为：持有工商行政管理局核发的《企业法人营业执照》，注册号，年、年、年（连续三年）均通过工商年度检验。

3. 股权的受让方（为企业时）

成立于××年××月××日，注册资金××万元，经营范围为：×××，持有工商行政管理局核发的《企业法人营业执照》，注册号××，××年、××年、××年（连续三年）均通过工商年度检验。

本所律师认为：（就各方主体的合法存续发表意见）

二、关于公司的股权

本所律师查证：

转让方（为公司时）持有目标公司签发的出资证明，该证核发日期为××年××月××日，核定的股权为××万元。

本所律师认为：（就并购标的的合法有效发表意见）

三、公司股权并购的授权或批准

本所律师查证：

公司作为有限公司，公司董事会于××年××月××日召开了第×届董事会第×次会议，会议应到会董事×人，实到董事×人，符合该公司《公司章程》的规定，会议审议通过了《关于公司股权并购的可行性分析报告》及《关于公司股权并购的方案》。

本所律师认为：（就股权并购的程序和批准程序发表意见）

四、《公司股权并购方案》的合法性

本所律师审查了目标公司的《公司股权并购方案》，该方案的内容主要包括：

（1）（转让标的公司）股权的基本情况；

（2）公司股权并购行为的有关论证情况；

（3）转让标的公司涉及的、经公司所在地劳动保障行政部门审核的职工安置方案；

（4）转让标的公司涉及的债权、债务，包括拖欠职工债务的处理方案。

经查，本所律师认为：（就方案的合法性发表意见）

五、律师认为需要说明的事项

结论（综合发表意见）

本法律意见书正本一式××份，副本××份。

××律师事务所

×××律师

年　月　日

三、股权转让协议范本

转让方：（以下简称甲方）

受让方：（以下简称乙方）

鉴于甲方在××××公司（以下简称公司）合法拥有××%股权，现甲方有意转让其在公司拥有的全部股权，并且甲方转让其股权的要求已获得公司股东会的批准。

鉴于乙方同意受让甲方在公司拥有××%股权。

鉴于公司股东会也同意由乙方受让甲方在该公司拥有的××%股权。

甲、乙双方经友好协商，本着平等互利、协商一致的原则，就股权转让事宜达成如下协议：

第一条　股权转让

1. 甲方同意将其在公司所持股权，即公司注册资本的××%转让给乙方，乙方同意受让。

2. 甲方同意出售而乙方同意购买的股权，包括该股权项下所有的附带权益及权利，且上述股权未设定任何（包括但不限于）留置权、抵押权及其他第三者权益或主张。

3. 协议生效之后，甲方将对公司的经营管理及债权债务不承担任何责任、义务。

第二条　股权转让价格及价款的支付方式

1. 甲方同意根据本合同所规定的条件，以××××××元将其在公司拥有的××%股权转让给乙方，乙方同意以此价格受让该股权。

2. 乙方同意按下列方式将合同价款支付给甲方：

乙方同意在本合同双方签字之日向甲方支付×××元；在甲乙双方办理完工商变更登记后，乙方向甲方支付剩余的价款××元。

第三条　甲方声明

1. 甲方为本协议第一条所转让股权的唯一所有权人。

2. 甲方作为公司股东已完全履行了公司注册资本的出资义务。

3. 自本协议生效之日起，甲方完全退出公司的经营，不再参与公司财产、利润的分配。

第四条　乙方声明

1. 乙方以出资额为限对公司承担责任。

2. 乙方承认并履行公司修改后的章程。

3. 乙方保证按本合同第二条所规定的方式支付价款。

第五条　股权转让有关费用的负担

双方同意办理与本合同约定的股权转让手续所产生的有关费用，由X方承担。

第六条　有关股东权利义务包括公司盈亏（含债权债务）的承受

1. 从本协议生效之日起，乙方实际行使作为公司股东的权利，并履行相应的股东义务。必要时，甲方应协助乙方行使股东权利、履行股东义务，包括以甲方名义签署相关文件。

2. 从本协议生效之日起，乙方按其所持股权比例依法分享利润和分担风险及亏损。

第七条 协议的变更和解除

发生下列情况之一时，可变更或解除本协议，但甲乙双方需签订变更或解除协议书。

1. 由于不可抗力或由于一方当事人虽无过失但无法防止的外因，致使本协议无法履行；

2. 一方当事人丧失实际履约能力；

3. 由于一方违约，严重影响了另一方的经济利益，使合同履行成为不必要；

4. 因情况发生变化，当事人双方经过协商同意；

5. 合同中约定的其他变更或解除协议的情况出现。

第八条 违约责任

1. 如协议一方不履行或严重违反本协议的任何条款，违约方须赔偿守约方的一切经济损失。除协议另有规定外，守约方亦有权要求解除本协议及向违约方索取赔偿守约方因此蒙受的一切经济损失。

2. 如果乙方未能按本合同第二条的规定按时支付股权价款，每延迟一天，应按延迟部分价款的××‰支付滞纳金。乙方向甲方支付滞纳金后，如果乙方的违约给甲方造成的损失超过滞纳金数额，或因乙方违约给甲方造成其他损害的，不影响甲方就超过部分或其他损害要求赔偿的权利。

第九条 保密条款

1. 未经对方书面同意，任何一方均不得向其他第三人泄漏在协议履行过程中知悉的商业秘密或相关信息，也不得将本协议内容及相关档案材料泄漏给任何第三方。但法律、法规规定必须披露的除外。

2. 保密条款为独立条款，不论本协议是否签署、变更、解除或终止等，本条款均有效。

第十条 争议解决条款

甲乙双方因履行本协议所发生的或与本协议有关的一切争议，应当友好协商解决。如协商不成，任何一方均有权按下列第 X 种方式解决：

1. 将争议提交武汉仲裁委员会仲裁，按照提交仲裁时该会现行有效的仲裁规则进行仲裁。仲裁裁决是终局的，对甲乙双方均有约束力。

2. 各自向所在地人民法院起诉。

第十一条 生效条款及其他

1. 本协议经甲、乙双方签字盖章之日起生效。

2. 本协议执行过程中的未尽事宜，甲乙双方应本着实事求是的友好协商态度加以解决。双方协商一致的，签订补充协议。补充协议与本协议具有同等效力。

3. 本协议之订立、效力、解释、终止及争议之解决均适用中华人民共和国法律之相关规定。

4. 甲、乙双方应配合公司尽快办理有关股东变更的审批手续，并办理相应的工商变更登记手续。

5. 本协议正本一式四份，甲乙双方各执一份，公司存档一份，工商登记机关一份，具有同等法律效力。

转让方：　　　　　　受让方：

　　　　　　　　　　　　　年　　月　　日

四、增资合同

当事人：

G公司：

（住址、法定代表人、电话、传真、邮政编码）

甲方：A公司

（住址、法定代表人、电话、传真、邮政编码）

乙方：B公司

（住址、法定代表人、电话、传真、邮政编码）

丙方：自然人

（住所、电话、传真、邮政编码、身份证号码）

丁方：战略投资人

（住址、法定代表人、电话、传真、邮政编码）

鉴于

（1）G公司系一家于××年××月××日在××注册成立的公司，经营范围为××，注册资本为××人民币。为增强公司实力，尽快将公司做大做强，经年度公司第××次股东会决议，通过了增资扩股决议。

（2）甲方及乙方为G公司本次增资扩股前的股东。增资扩股前，G公司出资结构为：甲方出资××万元，占注册资本的××%，乙方出资××万元，占注册资本的××%。

（3）拟将G公司注册资本由××增加至××。丙方、丁方同意按照本合同规定的条款和条件投资入股。各方本着自愿、公平、公正的原则，经友好协商，就对G公司增资扩股事宜达成协议如下：

合同正文

第一条　释义

1. 在本合同内（包括"鉴于"中的内容），除为了配合文义所需而要另做解释或有其他定义外，下列的字句应做以下解释：

增资扩股，指在原公司股东之外，吸收新的股东投资入股，并增加公司注册资本。

溢价，指在本次增资扩股中，投资方实际出资额高出授予其资本额的部分。

原 G 公司，指本次增资扩股前的 G 公司。

新 G 公司，指本次增资扩股后的 G 公司。

违约方，指没有履行或没有完全履行其按照本合同所应承担的义务以及违反了其在本合同所做的承诺或保证的任何一方。

非违约方，指根据本合同所规定的责任和义务以及各方所做的承诺与保证，发生了一方没有履行或没有完全履行合同义务，以及违反了其在本合同所做的承诺或保证事件时，本合同其余各方。

中国，指中华人民共和国。

书面及书面形式，指信件和数据电文（包括电报、电传、传真和电子邮件）。

本合同，指本合同或对本合同进行协商修订、补充或更新的合同或文件，同时包括对本合同或任何其他相关合同的任何条款进行修订、予以放弃、进行补充或更改的任何文件，或根据本合同或任何其他相关合同或文件的条款而签订的任何文件。

2. 本合同中的标题是为方便阅读而加入的，解释本合同时应不予理会。

第二条　增资扩股方案

1. 方案内容

（1）对原 G 公司进行增资扩股。将公司注册资本增加至人民币××万元，新增注册资本××万元。

（2）甲方、乙方以 G 公司现有净资产转增资本（或以现金、实物等法定形式），甲方新出资××万元，占新 G 公司注册资本的××%。乙方新出资××万元，占新 G 公司注册资本的××%，甲方、乙方在新 G 公司中的出资比例变为××%和××%。

（3）丙方、丁方投资入股 G 公司，丙方、丁方分别以现金出资××万元和××万元，其出资分别占新 G 公司注册资本的××%和××%。

（4）增资扩股完成后，新 G 公司股东由甲方、乙方、丙方、丁方四方组成。修改原 G 公司章程，重组新 G 公司董事会。

2. 对方案的说明

（1）各方确认，原 G 公司的整体资产、负债全部转归新 G 公司；各方确认，原 G 公司净资产为××万元。关于原 G 公司净资产现值的界定详见《资产评估报告》。

（2）各方一致认同新 G 公司仍承继原 G 公司的业务，以经营为主业。

（3）各方同意，共同促使增资扩股后的新 G 公司符合法律的要求，取得相应的资质。

3. 新 G 公司股权结构

本次增资扩股后的新 G 公司股权结构如下表所示：

股东的姓名或名称，出资额（万元），出资比例（%）：甲方、乙方、丙方、丁方，合计

第三条　重组后的新 G 公司董事会组成

（1）重组后的新 G 公司董事会由××人组成，其中，甲方提名××人，乙方提名××人，丙方提名××人，丁方提名××人，为促进公司治理结构的完善，设立独立董事名，由本合同各方共同选定。

（2）董事长由××方提名并由董事会选举产生，副董事长由××方提名并由董事会选举产生，总经理由××方提名并由董事会聘任，财务总监由××方提名并由董事会聘任。

第四条　各方的责任与义务

（1）甲方、乙方将经评估后各方认可的原 G 公司净资产××万元投入到新 G 公司。

甲方、乙方保证原 G 公司除本合同及其附件已披露的债务负担外，不会因新 G 公司对其权利和义务的承继而增加任何运营成本，如有该等事项，则甲方、乙方应对新 G 公司、丙方、丁方以等额补偿。

（2）丙方、丁方保证按本合同确定的时间及数额投资到位，汇入原 G 公司账户或相应的工商验资账户。

第五条　投资到位期限

本合同签署前，由甲方、乙方作为原 G 公司的股东召开股东会审议通过了本合同所述增资事项，并批准同意 G 公司增资改制，丙方、丁方保证在本合同签署之日起日内将增资全部汇入 G 公司账户。

第六条　陈述、承诺及保证

1. 本合同任何一方向本合同其他各方陈述如下：

（1）其有完全的民事权利能力和民事行为能力参与、订立及执行本合同，或具有签署与履行本合同所需的一切必要权力与授权，并且直至本合同所述增资扩股完成，仍将持续具有充分履行其在本合同项下各项义务的一切必要权力与授权；

（2）签署本合同并履行本合同项下的各项义务并不会侵犯任何第三方的权利。

2. 本合同任何一方向本合同其他各方做出承诺和保证如下：

（1）本合同一经签署即对其构成合法、有效、具有约束力的合同；

（2）其在合同内的陈述以及承诺的内容均是真实、完整且无误导性的；

（3）其根据本合同进行的合作具有排他性，在未经各方一致同意的情况下，任何一方均不能与任何第三方签订类似的合作合同或进行类似的合作，否则，违约方所得利益和权利由新 G 公司无偿取得或享有。

第七条　违约事项

（1）各方均有义务诚信、全面遵守本合同。

（2）任何一方如果没有全面履行其按照本合同应承担的责任与义务，应当赔偿由此而给非违约方造成的一切经济损失。

第八条　合同生效

本合同于各方盖章或授权代表签字之日起生效。

第九条　保密

（1）自各方就本合同所述与原 G 公司增资扩股进行沟通和商务谈判始，包括（但不限于）财务审计、现场考察、制度审查等工作过程，以及本合同的签订和履行，完成工商行政管理部门的变更登记手续等，在增资扩股全部完成的整个期间内，各方均负有保密的义务。未经各方事先书面同意，任何一方不得将他方披露或提供的保密资料以及本增资扩股方案披露或泄露给任何第三方或用做其他用途，但通过正常途径已经为公众获知的信息不在此列。

（2）保密资料的范围涵盖与本次增资有关的、由各方以书面、实物、电子方式或其他可能的方式向他方（或其代理人、咨询人、顾问或其他代表）提供或披露的涉及各方的信息资料，包括但不限于各方的财务报表、人事情报、公司组织结构及决策程序、业务计划、与其他公司协作业务的有关情报、与关联公司有关的信息资料以及本合同等。

（3）本合同终止后本条保密义务仍然继续有效。

第十条　通知

（1）任何与本合同有关的需要送达或给予的通知、合同、同意或其他通讯，必须以书面发出，并可用亲自递交、邮资付讫之邮件、传真或电子邮件等方式发至收件人在本合同中留有的通讯地址、传真号码或电子邮件地址，或有关方面为达到本合同的目的而通知对方的其他联系地址。

（2）各方须于本合同签署当日将通信地址、电话号码、传真号码及电子邮件地址在 G 公司登记备案。如有变动，须书面通知各方及相关人员。

第十一条　合同的效力

本合同作为解释新 G 公司股东之间权利和义务的依据，长期有效，除非各方达成书面合同修改；本合同在不与新 G 公司章程明文冲突的情况下，视为对新 G 公司股东权利和义务的解释，并具有最高效力。

第十二条　其他事项

1. 转让

除法律另有规定外，本合同任何一方的权利和义务不得转让。

2. 更改

除非各方书面同意，本合同不能做任何修改、补充或更改。

3. 独立性

如果本合同任何条款被法院裁定属于非法或无法执行，该条款将与本合同其他条款分割，并应被视作无效，该条款并不改变其他条款的运作。

4. 不可抗力

由于发生地震、台风、火灾、战争等在订立本合同时不能预见、对其发生和后果不能避免并不能克服的事件，使本合同规定的条款无法履行或受到严重影响时，或由于国家政策的调整改变，致使本合同无法履行时，遇有上述不可抗力事件的一方，应在该事件发生后 15 天内，将经由当地公证机关出具的证明文件或有关政府批文通知对方。由于发生上述事件，需要延期或解除（全部或部分）本合同时，由本合同各方协商解决。

5. 适用法律

本合同的订立、效力、解释、执行、修改、终止及争议的解决，均应适用中国法律。

6. 争议解决

凡是因本合同引起的或与本合同有关的任何争议应通过友好协商解

决。在无法达成互谅的争议解决方案的情况下，任何一方均可将争议提交仲裁委员会仲裁，根据该仲裁委员会现行有效的仲裁规则通过仲裁解决。仲裁委员会做出的裁决是终局的，对各方均具有法律约束力。

7. 正本

本合同一式四份，每份文本经签署并交付后即为正本。所有文本应为同一内容及样式，各方各执一份。

G 公司：（盖章）

授权代表：（签字）

甲方：（盖章）

授权代表：（签字）

乙方：（盖章）

授权代表：（签字）

丙方：（签字）

丁方：（盖章）

授权代表：（签字）

签署地点：

签署时间：××年×月×日

五、债务承担协议

协议编号：

当事人：

债务转让方：（以下简称甲方）

（住所、法定代表人、电话、传真、邮政编码）

债务受让方：（以下简称乙方）

（住所、法定代表人、电话、传真、邮政编码）

债权人：（以下简称丙方）

（住所、法定代表人、电话、传真、邮政编码）

鉴于

（1）根据《中华人民共和国合同法》以及其他有关法律、法规的规定，缔约三方本着平等互利、等价有偿的原则，就乙方债务承担中的相关问题，通过友好协商，订立本协议。

（2）甲方丙方之间原债权、债务关系真实有效，乙方受让甲方债务，业经丙方同意。

合同正文

第一条 三方同意,由乙方承担下列甲方对丙方所负债务,共计××元

(1)××年××月××日订立的编号为××的借款合同,借款到期日为××年××月××日,甲方尚欠丙方××元;

(2)其他甲方未向丙方清偿的债务(如应付货款、应付劳务费等)××元。

第二条 甲方承诺

如按照我国法律规定,本协议被法院或仲裁机构确定为无效或被撤销,则甲方仍继续向丙方承担原债务。

第三条 乙方承诺

(1)乙方通过审查甲方、丙方债权债务发生的相关文件,已确知甲方对丙方所负债务真实,并自愿接受本合同第一条中甲方对丙方所负债务,接替甲方成为丙方债务人。

(2)乙方与甲方或任何第三方的其他任何协议或债权债务均与本协议无关。本协议生效后,乙方不以其与甲方、任何第三方之间的任何其他协议或债权债务的无效、撤销或解除为由,拒绝本协议的履行。

(3)乙方不以甲方的任何过错为由,拒绝履行本协议约定的义务。

(4)或有事项:如甲方对丙方的原有债务上设有担保,则乙方承诺已办理完毕由于承担甲方债务而发生的有关担保合同重新确认手续或提供了经丙方认可的新的担保。

第四条 丙方承诺

本协议生效后,丙方不再向甲方主张本协议中已被转让的债务的履行。

第五条 其他事项

(1)本合同订立、效力、解释、履行及争议的解决均适用中华人民共和国法律。

(2)因履行本合同发生的争议,由争议双方协商解决,协商不成的,按本款第×项规定的方式解决:

①提交仲裁委员会仲裁;

②依法向人民法院起诉。

(3)本协议经甲、乙、丙三方加盖公章并由三方法定代表人或由法定代表人授权的代理人签字后生效。

（4）本协议未尽事宜，遵照国家有关法律、法规和规章办理，另行达成的补充协议与本协议具有同等法律效力。

（5）本协议一式三份，甲、乙、丙三方各执一份。

（6）本合同于××年××月××日在中华人民共和国××省（自治区、直辖市）××市（县）签订。

甲方：（盖章）

法定代表人（或委托代理人）：（签字）

乙方：（盖章）

法定代表人（或委托代理人）：（签字）

丙方：（盖章）

法定代表人（或委托代理人）（签字）

六、债转股协议

合同编号：

当事人双方：

甲方：

（住所、法定代表人、电话、传真、邮政编码）

乙方：

（住所、法定代表人、电话、传真、邮政编码）

鉴于

（1）根据《中华人民共和国合同法》、《中华人民共和国公司法》以及其他有关法律、法规的规定，缔约双方本着平等互利、等价有偿的原则，就甲方对乙方的债权转为甲方对乙方的股权问题，通过友好协商，订立本协议。

（2）甲方乙方之间原债权、债务关系真实有效，债权转为股权后，甲方成为乙方的股东，不再享有债权人权益，转而享有股东权益。

合同正文

第一条　债权的确认

甲乙双方确认：

（1）截至××年××月××日，甲方对乙方的待转股债权总额为××元；

（2）如甲方债权在债转股完成日之前到期，乙方确认其诉讼时效自动延期2年，各方无须另行签订延期文件。

第二条　债转股后乙方的股权构成

（1）甲方将转股债权投入乙方，成为乙方的股东之一，乙方负责完成变更工商登记等必要的法律手续。

（2）债转股完成后，乙方的股权构成为：

①甲方以××元的债转股资产向乙方出资，占乙方注册资本的××%；

②以××元的资产向乙方出资，占乙方注册资本的××%。

第三条　费用承担

因签订、履行本协议所发生的聘请中介机构费用及其他必要费用，均由乙方负担。

第四条　违约责任

（1）任何一方违反本协议规定义务给其他方造成经济损失，应负责赔偿受损方所蒙受的全部损失；

（2）若在债转股完成日前本协议被解除，甲方的待转股债权、担保权益及其时效将自动恢复至本债转股协议签订前的状态。

第五条　争议解决

因签订、履行本协议发生的一切争议，由争议双方协商解决，协商不成的，依法向人民法院起诉。

第六条　其他约定

（1）本协议经甲、乙双方签订后，并经乙方股东会决议通过后生效；

（2）本协议正本一式两份，各方各执一份，具有同等法律效力；

（3）本协议于年月日签订。

甲方：（盖章）　　　　　　　乙方：（盖章）

法定代表人：（签字）　　　　法定代表人：（签字）

七、资产置换协议

本合同包括首部、主文和附件三部分。

（一）首部

合同当事人的基本情况：

甲方名称（姓名）：

住所：

法定代表人姓名：

职务：

乙方名称（姓名）：

住所：

法定代表人姓名：

职务：

（二）主文

鉴于：

（1）甲方在××省工商行政管理局登记注册成立的股份有限公司，甲方主要从事××业务。乙方是经省工商行政管理局批准注册成立的有限责任公司，主要从事开发、生产业务。

（2）为了调整甲方产业结构，增强持续发展能力，使甲方经营向科技行业转化，甲乙双方经慎重研究决定，进行部分资产置换。

（3）甲乙双方本着诚实信用、互利互惠、公平自愿的原则，经友好协商，签署本协议，以资双方共同遵守。

第一条 资产置换的方式及标的

1.1 甲乙双方同意按照本协议所确定的条件和方式，甲方将其拥有的从事经营的部分资产（即置出资产）与乙方拥有的从事及开发、生产经营的部分资产（即置入资产）进行等值置换，差额部分以现金补足。

1.2 拟置换资产的价值

（1）置出资产价值：根据甲方的财务会计资料，截至××年××月××日，其置出资产的账面价值为××元（以会计师事务所有限责任公司出具的《审计报告》为准），评估值为××元（以北京评估公司出具的《资产评估报告》为准）。

（2）置入资产价值：根据乙方的财务会计资料，截止××年××月××日，其置入资产的账面价值为××元（以会计师事务所有限责任公司出具的《审计报告》为准），评估值为××元（以北京资产评估公司出具的《资产评估报告》为准）。

第二条 置出资产与置入资产的内容

2.1 置出资产：指甲方拥有的并正在营运中的资产及相关负债。

2.2 置入资产：指乙方拥有的从事业务的相关资产及负债。

2.3 置出资产、置入资产的范围详见《资产评估报告》及置出资产和置入资产明细。

第三条 资产置换的交割日

双方约定资产置换交割日为甲方股东大会批准资产置换事项后的第

2 日。

第四条 甲方保证

4.1 至本协议签署日,甲方没有获悉任何第三人就全部或部分置出资产行使或声称将行使任何对置出资产有重大不利影响的权利,亦不存在任何与置出资产有关的争议、诉讼或仲裁。

4.2 甲方未签署任何与本协议的内容相冲突的合同或协议。

4.3 本协议签署后至资产置换手续完成前,甲方承诺不就其所拥有的置出资产的转让、租赁、承包、托管等事宜与其他任何第三方进行交易性的接触或签订意向书、合同书、谅解备忘录等各种形式的法律文件。

4.4 甲方应就本次资产置换提交董事会、股东大会决议及依据我国法律法规履行必要的批准手续。

4.5 甲方向乙方提供其有关财务、资产等方面的真实、全面、准确的资料。

第五条 乙方保证

5.1 乙方未签署任何与本协议的内容相冲突的合同或协议。

5.2 本协议签署后至资产置换手续完成前,乙方承诺不就其所拥有的置入资产的转让、租赁、承包、托管等事宜与其他任何第三方进行交易性的接触或签订意向书、合同书、谅解备忘录等各种形式的法律文件。

5.3 乙方应就本次资产置换提交董事会、股东会决议及依法履行必要的批准手续。

5.4 乙方向甲方提供有关资产等方面的真实的、全面的、准确的资料。

第六条 置换资产的产权变更

资产置换交割后,甲乙双方应及时依法办理置换资产的产权变更登记手续。

第七条 不可抗力

7.1 "不可抗力"是指双方不能控制、不可预见或即使预见亦无法避免的事件,该等事件将妨碍、影响或延误任何一方根据本协议履行其全部或部分义务。该等事件包括但不限于地震、台风、洪水、火灾或其他灾害、战争、骚乱、罢工或类似事件。

7.2 若因不可抗力的原因或并非由于甲乙任何一方的原因(包括国家政策调整),导致本次资产置换工作失败,则双方于彼此间不承担任何违约责任。

第八条　违约责任

本协议正式生效后，任何一方不履行或不完全履行本协议约定条款的，即构成违约。违约方应当负责赔偿因其违约行为而给守约方造成的实际经济损失。

第九条　争议的解决

9.1　凡因本协议发生的一切争议或与本协议有关的一切争议，双方应友好协商解决。如果协商解决不成，任何一方均可向有管辖权的人民法院提起诉讼。

9.2　诉讼进行期间，除涉讼的争议事项或义务外，双方均应继续履行本协议规定的其他各项义务。

第十条　附则

10.1　本协议未尽事宜及需要调整事项，由双方签订补充协议，补充协议是本协议的组成部分，与本协议具有同等法律效力。双方根据本协议订立的与资产置换有关的附件、资产明细交接单、确认书、承诺书等，作为本协议的组成部分，与本协议具有同等法律效力。

10.2　本协议经甲方股东大会批准资产置换方案后正式生效实施。

10.3　本协议一式××份，均具有同等法律效力，甲乙双方各持一份，另××份分报有关部门备案。

（三）附件主要包括

财务审计报告；

资产评估报告；

政府批准文件；

财产清单；

会议纪要；

谈判笔录。

甲方：

法定代表人（或授权代表）签字

乙方：

法定代表人（或授权代表）签字

签订日期：　　　年　　月　　日

八、资产重组协议书

甲方：股份有限公司

营业地址：

法定代表人：

乙方：有限责任公司

营业地址：

法定代表人：

鉴于：

（1）甲乙双方以强化企业竞争力、追求规模发展为目的，提出资产重组要求，并就此分别向各自董事会申报，且已得到批准。

（2）甲方股东合法享有其资产的处置权。经股东大会批准，同意甲方在全部净资产基础上，以双方经国有资产管理部门审核确认的资产评估数进行比价确定的价格接受乙方投入部分净资产（部分资产和相关负债）而增资扩股。

（3）乙方股东合法享有其资产的处置权。经股东大会批准，同意乙方以其部分净资产（双方经国有资产管理部门审核确认的资产评估数值进行比价确定）对甲方进行增资扩股。甲乙双方经友好协商达成如下条件、条款、声明、保证、附件；双方同意，本协议中的所有条件、条款、声明、保证、附件均有法律上的约束力。

第一章　释义

除非文义另有所指，本协议及附件中的下列词语具有下述含义：

新公司：指甲方依据本协议的规定增资扩股后的股份有限公司。

签署日：指本协议中载明的甲乙双方签署本协议的时间。

基准日：指依据本协议规定对甲方和乙方投入资产评估所确定的评估基准日，即×年×月×日。

相关期间：指基准日至增资扩股完成经过的期间。

评估报告：指由甲乙双方协商确定的资产中介评估机构对依照本协议进行重组的甲方全部净资产、乙方拟投入的部分净资产进行评估后出具的评估报告连同国有资产管理部门的审核确认文件。

本协议所称的条件、条款、声明、保证、附件，乃指本协议的条件、条款、声明、保证、附件，本协议的附件一经各方签字盖章确认，即构成本协议不可分割的组成部分，具有相应的法律约束力和证明力。

第二章　资产重组方案

甲乙双方同意按照下列方式进行资产重组：

（1）乙方作为甲方的唯一新增股东，在甲方原股本××万元人民币的基础上入股××万元人民币对新公司进行扩股。新公司的股本规模为××万元人民币。甲方原股东的出资额和出资方式不变，乙方按甲方经国有资产管理部门审核确认的资产评估净值的折股价计算其出资额。

（2）乙方以其在石家庄肉类连锁超市的业务、人员、资产、债务投入新公司。

（3）乙方以其经评估的石家庄所有的生产、养殖分公司的净资产作为出资。

（4）除国家法律、法规另有规定外，在本次重组增资完成日后1年内，乙方将石家庄以外超市另签协议转让给新公司。在转让工作完成前，乙方同意由新公司托管，托管协议由新公司与乙方另行签订。

（5）甲方同意，在本协议签署日后1年内（即上市辅导期满前），依据国家有关法律办理A股份有限公司职工持股会的处置事宜。

（6）甲方应当根据乙方的出资变更其注册资金，并将甲方的现名称变更为北京超市发天地股份有限公司（即本协议所称新公司名称）。在增资完成后，新公司的股权结构为：

股东	股本（万元）	股份比例
商贸公司	××	××％
有责任限公司	××	××％
股份有限公司	××	××％
自然人	××	××％
合计	××	100.00％

（7）甲乙双方在本协议签订后30日内召开新的股东大会，决定新的董事会。新的董事会将由5名董事组成。其中，a和b各派2名董事，其他股东共同推荐1名董事。董事长、副董事长和董事的任期为3年，可连选连任，除国家法律、法规规定外，董事在任期届满前，股东大会不得无故解除其职务。

（8）甲乙双方同时约定，甲方的原公司章程（指在国家工商行政管理部门备案生效的章程）在新公司第一次股东大会上按本协议的相关条款进行修改，新公司的公司章程不得与本协议书的相关条款相抵触。

第三章　声明和保证

甲乙双方分别做如下声明和保证：

1. 设立和章程

（1）甲乙双方分别为依法设立、有效存续的公司制企业，最近3年内未有任何严重违反国家法律、法规和政策的行为；

（2）在签署日前，双方提交的所有营业执照、公司章程或主管部门有效批件均为合法有效。

2. 投入的资产

（1）甲乙双方对进入新公司的资产，包括但不限于土地、房屋、机器设备等，拥有合法的所有权或使用权，且为合法地占有和使用上述资产所需的任何证照及其他法律文件均已取得。其中，新公司将按国家有关政策有偿使用土地。

（2）甲乙双方确保其上述资产未承担任何保证、抵押、质押、留置或其他法律上的担保负担，除了：①在签署日前已经向对方做了真实、完整的披露；②在签署日前提供给对方或中介机构的会计报表中做了真实、完整的披露；③上述担保形式或其他法律上的负担并不实际减损上述任何财产的价值，或影响新设公司在正常的业务活动中对其进行使用。

（3）就甲乙双方所知，或其应该知道的情况而言，除已向对方如实披露的情况外，不存在任何针对上述财产的未决诉讼，或是将要提起的任何诉讼、调查和其他法律行为。

（4）对固定资产已按一般会计原则计提折旧。

（5）从整体而言，上述财产①状况良好，并获得适当的维护和修理；②除正常耗损外，不会发生任何非正常的损耗；③能够按照其现有的用途，继续在正常的业务活动中使用；

（6）除非征得对方书面同意，甲乙双方保证从签署日起至重组增资完成日前，将不就任何资产新设定担保或给予其他第三者不当权利。

（7）除了在正常业务活动中所发生的损失外，甲乙双方应各自对上述资产在相关期间内所遭受的损失负完全责任。

3. 诉讼

除了在签署日前，甲乙双方已经向对方披露的情况外，不存在任何会对新公司的财务状况、业务活动产生严重不良影响的诉讼、仲裁或司法调查，无论上述诉讼、仲裁或司法调查是正在进行的，还是甲乙双方已知或应知可能发生的。

4. 财务报表

甲乙双方应依照本协议的规定，或在中介机构提出合理要求时，向对方、或双方商定的中介机构提供财务报表，包括但不限于资产负债表、现金流量表、损益表。

甲乙双方保证其财务报表符合如下要求：

（1）按照相关会计凭证编制。

（2）真实和公允地反映了在各自的编制日的财务状况以及资产、负债（包括或有负债、未确定数额负债或争议负债），并概不受财务报表中没有披露之任何特殊项目或非经常项目之影响。

（3）根据国家规定的会计准则编制，并在相关的会计期间内保持编制基础的一致性。

（4）在所有重大方面均属完整及准确，尤其对财务报表包含的每个有关账目截止期间所有已发生之负债余额做出记载，并就所有递延资产、或有负债做出适当备注（或根据国家有关规定加载备注）。

（5）在资产负债表中反映的应收款项均代表了在诉讼时效内的有效债权；

（6）不存在任何在其相关资产负债表中未予披露和反映的，但却需要按照前述国家规定的会计准则反映在资产负债表中的任何负债、责任或诉讼（无论是结清的，还是未结清的；无论是有担保的，还是无担保的；无论是已发生的，还是或有的负债）。

（7）除了已在签署日前①通过正常的财务报表或其他途径向对方或中介机构做了披露的事项；②在签署日之后，在正常的营业活动中发生的正常负债；③依照本协议的规定和条款所发生的负债之外，没有任何其他的负债、诉讼、责任。

5. 税务事项

（1）甲乙双方若有违背税收法律、法规的行为，由此而造成的损失一慨由各自承担。

（2）在签署日前，甲乙双方向对方和中介机构披露其所享有的所有税收优惠政策，并争取取得有关政府部门的同意，使新公司在成立日之后能够继续享有上述税收优惠政策，且该税收优惠政策不因新公司的股权结构、组织机构的任何变化而发生不利于新公司的改变。

6. 合同

（1）甲乙双方正在履行的合同，包括但不限于购销合同、贷款合同（增量部分）、租赁协议、许可协议、担保合同、保单。如果①合同标的达到或超过 1000 万元人民币，或②对甲乙双方从事目前的正常经营活动具有重要的影响，或③其签署或履行按合理的判断可能给甲乙双方带来 100 万元以上的损失，则上述合同 为甲乙双方的重要合同。在签署日后 10 日内，甲乙双方应就上述重要合同和协议的内容和履行情况向对方或中介机构作如实的和完整的披露。

（2）在签署日前，不存在任何对上述重要合同和协议的违约行为；就甲乙双方所了解的情况而言，也不存在任何可能导致上述违约行为的情况；甲乙双方也未收到任何中止或解除上述重要合同和许可的通知；甲乙双方履行本协议的义务也不会导致任何对上述重要合同的违约行为。

7. 特许经营权

（1）甲乙双方声明，进入新公司的业务拥有能够继续从事目前业务所需要的所有特许、许可和授权。上述特许、许可和授权在签署日后将继续有效，且不因新设公司的股权结构、组织机构的任何变化而发生改变。

（2）甲乙双方保证，上述特许、许可和授权在签署日后继续由新公司享有。

8. 保险

甲乙双方拥有为进行正常的业务活动所必需的正式保单或临时保单，包括但不限于：财产险、产品责任险、汽车险；所有这些保单均为合法生效；甲乙双方保证上述保单在签署日后将继续有效，并可以按照其条款获得执行；甲乙双方未收到保险公司任何有关取消或将取消上述保单或减少承保范围和承保金额的通知。

9. 知识产权

在签署日后 10 日内，甲乙双方应向对方披露其所拥有的全部知识产权，包括但不限于：商标、商号、专利、专有技术、商业秘密。甲乙双方保证对其所拥有的上述无形资产享有合法的权利，在签署日之后新公司可以继续无偿占有或使用上述无形资产。甲乙双方保证其对上述无形资产的使用没有也不会侵害他方的任何专利权、商标权、专有技术或其他权利。

10. 劳动用工

（1）甲乙双方遵守任何有关劳动用工的法律、法规，并不存在任何影响正常经营活动的劳动争议或劳动纠纷。

（2）甲方改制（××年××月）前离退休人员费用，按有关政策规定执行。

11. 必要的财产和权利在签署日之后，甲乙双方保证新公司继续拥有所有从事目前业务活动所必要财产和权利，无论是不动产、动产、有形财产还是无形资产。

12. 相关期间内的变化

甲乙双方保证在相关期间内：

（1）按照原有的正常方式从事业务活动，所有的资产应按照正常的经营方式加以使用和维护；

（2）没有变更其营业执照或任何其他文件，如公司章程、重要的合同；

（3）在其财务状况、资产、负债方面没有发生任何不利的变化，或是对甲乙双方的正常营业产生不利影响的劳动纠纷，或是遭受任何意外损失（无论是否投保）；

（4）在正常营业活动外，没有发生任何其他负债和责任（无论是已发生的，还是或有的；也无论是已到期的，还是将要到期的）；

（5）与关联公司的交易没有发生任何不正常的变化，包括但不限于对关联交易协议的变更、签订新的关联交易协议或是关联交易的金额有显著的增长；

（6）没有将其任何财产（无论不动产、动产、有形财产和无形财产）进行抵押、质押或受制于其他法律义务，除非是在正常的业务活动中发生、依据法律规定而产生或是取得了对方的书面同意；

（7）没有取消或放弃任何债权或其他请求权，或放弃任何有价值的权利，或是出售和转让任何资产（无论不动产、动产、有形财产和无形财产），但在正常的营业活动中所发生的上述取消、放弃、出售和转让行为除外；

（8）没有处置、同意终止任何专利、商标或著作权，或是对任何重要的专利、商标的申请权，或是任何特许经营权；没有处置、向任何人披露任何商业秘密、专有技术，除非上述行为是发生在正常的业务活动中；

（9）给予企业员工的工资、奖金、福利等没有出现不正常增长的情况；

（10）没有对其在会计核算时所遵循的具体原则以及所采纳的具体会计处理方法进行变更。

（11）相关期间的未分配利润由双方依据国家相关法律法规协商解决。

13. 信息真实性

甲乙双方在本协议，或按照本协议提交或将要提交的任何附件、声明和文件中，所做声明或保证不存在也不将发生任何不实陈述，不存在也不将发生任何遗漏（该遗漏的存在和发生将使他人对披露的信息发生误解）。

第四章　信息的查阅和公开声明

1. 信息的查阅

在成立日之前，甲乙双方将允许双方共同指定的中介机构的人员查阅账本、原始凭证和其他有关文件、资料，以完成相关报告和材料。

2. 公开声明

甲乙双方同意，除非法律另有规定，在成立日前，发布任何与本协议和本次资产重组有关的公开声明或其他公开信息，在发布前应经双方一致同意和确认。经双方一致同意和确认后发布的公开声明或其他公开信息，除非双方均同意，否则不能被撤回和撤销。

第五章　保密义务

在成立日前，任何由双方或本协议涉及的其他方提供的信息（在此之前，上述信息没有向社会公众做过公开披露，属于保密性质的信息），不能披露给除了双方各自的员工和财务、法律顾问、双方指定的中介机构、本协议或法律（国家政策）允许或要求的人员之外的任何其他人员；如果本协议未能最终履行完成，上述信息如果是以书面形式提供，则应向信息提供方返还其所提供的信息的书面材料，或是应信息提供方的要求销毁其所提供的信息材料，包括所有的原件、复印件、任何派生材料；任何一方在此后不得向第三方披露任何他方的上述信息，或是为自身的利益而直接或间接地使用任何他方的上述信息。

第六章　资产重组实施的前提条件

甲乙双方一致同意，资产重组完成应以满足下述条件为前提：

1. 声明和保证的持续真实

在本协议及其相关的文件、附件中，甲乙双方所做的声明和保证在所有重大方面均为真实的，不存在不实陈述或引人误解的重大遗漏，无论上述声明和保证是否为协议的条款，对方书面同意做出的变更则不在此限。

2. 遵守协议

甲乙双方履行了本协议的所有条款、附件、限制所要求的义务。

3. 政府批准

依据任何适用的法律、法规、政策、行政命令的要求，为签订和履行本协议或新设公司今后经营现有业务所必需的、所有的政府机构的批准、同意、授权均已经取得，包括但不限于北京市人民政府各部门在对新公司资产重组方案进行审查后，依据有关批复规定批准实施。

第七章　费用

甲乙双方在平等、自愿和友好协商的基础上同意，因本次资产重组工作而发生的一切合理支出，包括但不限于中介评估机构提供相关服务的费用、办理全部相关手续而发生的费用（如工商变更、财产权变更、相关税项、人员费用等），由双方自行支付，新设公司成立后，记入新公司的开办费。

第八章　不可抗力

如遇地震、台风、水灾、火灾、战争、国家政策调整等在订立本协议时各方所无法预见、无法避免和无法克服的事件，致使本协议规定的条款无法履行和履行已背离甲乙双方订立协议的初衷时，遇有上述不可抗力事件的一方，应在该事件发生后15天内，将经由当地公证机关出具的证明文件或有关政府批文通知对方，书面通知解除合同，否则要承担相应的违约责任。如上述不可抗力事件导致一方履行延迟时，该方不承担责任，但应在该事件发生后15天内，将经由当地公证机关出具的证明文件通知对方，并在不可抗力事件消除后立即恢复履行，否则要承担相应的违约责任。

第九章　违约责任

（1）若一方做出错误的声明、违反了其声明和保证、未能履行本协议项下的任何义务（统称违约行为），其同意赔偿对方因其违约行为所直接或间接遭受的一切损失、费用和承担的责任。

（2）若一方有上述之外的其他违约行为，守约方有权要求违约方赔偿相应的经济损失。

第十章　争议的解决

凡与本协议有关的或是在履行本协议的过程中甲乙双方所发生的一切争议，都应通过双方友好协商解决，当通过友好协商未能解决争议时，双方同意将上述争议提交石家庄仲裁委员会仲裁。

第十一章　协议的调整和解除

甲乙双方均理解本协议，依据本协议制定的资产重组方案需经本协议双方的同意，且双方同意依据有关部门的批复对本协议进行修改。

第十二章　协议的生效、中止和终止

（1）本协议自甲乙双方法定代表人签字、加盖公章，并经法定程序批准后生效。

（2）经甲乙双方协商一致，本协议可通过书面协议中止执行。本协议中止后，双方经协商一致后可通过协议恢复履行。

（3）如依据本协议制定的资产重组方案未获得国家有关部门批准，则自收到该批复之日起，本协议及其所有附件均告终止。

第十三章　其他

（1）本协议的解释、履行及争议的解决均适用中华人民共和国法律。

（2）本协议为本次资产重组的原则方案，双方根据本协议签订增资协议，增资协议作为本协议附件，以最终完成重组工作。

（3）本协议未经甲乙双方协商一致并以书面形式做出同意，任何一方不得单方面擅自变更、修改或解除本协议中的任何条款。

（4）本协议的附件为本协议不可分割的组成部分，具有同本协议同等的法律效力。

（5）本协议在订立和执行过程中出现的其他未尽事宜，由各方本着友好合作的精神协商解决。

（6）本协议正本一式××份，本协议各方各执一份，具有同等法律效力，其余报国家有关部门。

甲方：股份有限公司　　　乙方：有限责任公司

法定代表人：　　　　　　法定代表人：

签订日期：　　年　　月　　日

九、股权回购协议

本股权回购协议（以下简称"本协议"）由下列双方于_____年____月____日签署。

股权回购方（下称"回购方"）：

地址：

电话：

股权被回购方（下称"被回购方"）：

地址：

电话：

以上两方中任何一方以下简称"一方"，统称为"双方"。

鉴于：

1. 回购方系一家在中国成立的企业（营业执照注册号：　　　　　）

其注册地址为：_____

注册资本为：_____万元；实收资本为：_____万元。

2. 目前，回购方的股权结构如下：

3. 回购方有意将被回购方所持有的_____股份，以_____人民币_____的金额回购；

4. 被回购方有意转让上述股权。

因此，考虑到上述前提以及双方的互相承诺，双方达成如下协议：

第一条　定义

1.1　定义。

为本协议之目的，除非文义另有要求，以下词语具有如下规定的含义：

"工作日"系指星期一至星期五，但法定休息日和节假日除外。

"中国"系指中华人民共和国，仅为本协议之目的不包括香港特别行政区、澳门特别行政区和台湾地区。

"股权回购"系指被回购方_____的股权根据本协议的规定从被回购方转让给回购方。

"登记机关"系指负责回购方登记的_____工商行政管理局。

"回购的股权"系指被回购方在本协议签署时持有的回购方_____的股权，包括该百分之（　　%）的股权所代表的被回购方对回购方注册资本、资本公积、任意公积、未分配利润以及本协议签署后成交之前宣布或批准的利润的全部的权利、利益及相对应的股东义务。

"回购价"系指协议约定之转让价。

"人民币"系指中国的法定货币。

"成交日"具有本协议第 6.1 条规定的含义。

第二条 股权回购

2.1 回购

根据本协议条款，股权回购方向股权被回购方支付第 3.1 条中所规定之回购价款作为对价，按照本协议第 4 条中规定的条件回购股权，回购股权为被回购方所持有回购方百分之（ ％）的股权。

2.2 股权变更

在股权回购完成后，回购方持有被回购方原持有的百分之（ ％）的股权。回购方作为_____的股东，应向登记机关申请股权变更登记。

2.3 递交申请文件

本协议经双方签署并且完成了股权回购所必要的所有其他公司程序后，被回购方应促使目标公司向审批机关提交修改后的目标公司的合同与章程，并向工商行政管理机关提交目标公司股权变更所需的各项文件，完成股权变更手续。

第三条 转让价格及支付

3.1 回购价格

a. 在本协议签署之日起____个工作日内，回购方应向被回购方支付该等回购价款。逾期支付回购款的，按照每日_____支付违约金。回购价指回购股权的购买价，包括回购股权所包含的各种股东权益。双方约定，回购价格为被回购方为购买该股权所支付的_____万元人民币，以及被回购方从购买股权之日起至回购时的利息，该利息按年息____％计算。

b. 双方确认并同意，该股权回购价格是回购方向被回购方支付的全部价款，回购方没有义务就本协议项下的股权回购向被回购方支付任何额外的款项，回购方亦无权因任何未披露债务要求被回购方承担偿还责任。

3.2 税收

回购方和被回购方各自负责缴付有关法律要求该方缴纳的与本协议项下股权回购有关的税款和政府收费。

第四条 陈述与保证

4.1 陈述与保证

本协议一方现向对方陈述并保证如下：

每一方陈述和保证的事项均真实、完成和准确；

具有签订本协议所需的所有权利、授权和批准，并且具有充分履行其在本协议项下每项义务所需的所有权利、授权和批准；

双方签署本协议后，本协议的有关规定构成其合法、有效及具有约束力的义务；

至本协议生效日止，不存在可能会构成违反有关法律或可能会妨碍其履行在本协议项下义务的情况；

据其所知，不存在与本协议规定事项有关或可能对其签署本协议或履行其在本协议项下义务产生不利影响的悬而未决或威胁要提起的诉讼、仲裁或其他法律、行政或其他程序或政府调查；

其已向另一方披露其拥有的与本协议拟订的交易有关的任何政府部门的所有文件，并且其先前向他方提供的文件均不包含对重要事实的任何不真实陈述或忽略陈述而使该文件任何内容存在任何不准确的重要事实。

4.2　被回购方进一步保证和承诺

除于本协议签署日前以书面方式向股权回购方披露者外，并无与股权被回购方所持目标公司股权有关的任何重大诉讼、仲裁或行政程序正在进行、尚未了结或有其他人威胁进行；

除本协议签订日前书面向股权回购方披露者外，股权被回购方所持目标公司股权并未向任何第三者提供任何担保、抵押、质押、保证，且股权出让方为该股权的合法的、完全的所有权人；

目标公司于本协议签署日及股权回购完成日，均不欠付股权出让方任何债务、利润或其他任何名义之金额。

第五条　成交和保密

5.1　股权回购完成日期

本协议经签署即生效，在股权回购所要求的各种变更和登记等法律手续完成时，股权回购方即取得回购股权的所有权。

5.2　保密

双方同意对了解或接触到的机密资料和信息（以下简称"保密信息"），尽力采取各种合理的保密措施予以保密；非经另一方的事先书面同意，任何一方不得向任何第三方泄露、给予或转让该等保密信息。双方应当采取必要措施将保密信息仅披露给有必要知悉的代理人或专业顾问，并促使该等代理人或专业顾问遵守本协议项下的保密义务。

上述限制不适用于：

a. 在披露时已成为公众一般可取得的资料；

b. 并非因任何一方的过错在披露后已成为公众一般可取得的资料；

c. 任何一方可以证明在披露前其已经掌握，并且不是从其他第三方直接或间接取得的资料；

d. 任何一方依照法律要求，有义务向有关政府部门、股票交易机构等披露，或任何一方因其正常经营所需，向其直接法律顾问和财务顾问披露上述保密信息。

双方同意，不论本协议是否变更、解除或终止，本第 6.2 条将持续有效。

第六条　违约与救济

6.1　双方应严格履行本协议规定的义务。任何一方（在本条中以下称为"违约方"）不履行或不完全或不适当履行其在本协议项下的义务，或其在本协议中的陈述与保证被证明为不真实、不准确或有重大遗漏或误导，即构成违约；在这种情况下，本协议另一方（在本条中以下称为"守约方"）有权独自决定采取以下一种或多种救济措施：

a. 暂时停止履行其在本协议项下的义务，待违约方将违约情势消除后恢复履行；

b. 如果违约方的违约行为导致股权转让无法完成，或严重影响了守约方签署本协议的商业目的而且无法弥补，或者虽然可以弥补但违约方未能在合理的时间内予以弥补，则守约方有权向违约方发出书面通知单方面解除本协议，该解除通知自发出之日起生效；

c. 要求违约方赔偿其所有的损失，包括因本协议发生的所有成本和费用。

6.2　本协议规定的权利和救济是累积的，且不排斥法律规定的其他权利或救济。

6.3　本条规定的守约方的权利和救济在本协议或本协议的任何其他条款因任何原因而无效或终止的情况下仍然有效。

第七条　法律适用

7.1　本协议的签署、有效性、解释、履行、执行及争议解决，均适用中国法律并受其管辖。

第八条　争议解决

8.1　协商

双方如就本协议的解释或履行发生争议时，首先应努力通过友好协商解决。

8.2　诉讼

如果在　　日内双方经协商对争议仍然无法达成一致意见，任何一方均有权向　　　人民法院提起诉讼。

第九条　生效和变更

9.1　生效日

本协议在双方签署本协议之日起生效。

9.2　变更

对本协议的任何变更除非经双方书面签署，否则不应生效。

第十条　通知

10.1　本协议条款之下所允许或被要求发出的所有通知以航空挂号邮递、快递或传真等书面通知方式发送至另一方如下地址（或另一方书面通知的其他地址），则应视为通知发出方已经适当履行了通知义务。本协议下收到通知的日期或通讯往来的日期为信件寄出后的　　　天（如果以快递等邮递方式递交的信件），或者是发出后的　　　个工作日（如果以传真方式发送）。

送至：＿＿＿＿＿＿回购方

股权回购方：

地址：

联系电话：

送至：＿＿＿＿＿＿被回购方

股权被回购方：

地址：

联系电话：

第十一条　其他

11.1　本协议构成双方之间有关本协议事项的完整协议，取代此前与本协议相关的任何意向或谅解，并且只有经双方授权代表签署书面文件方可修改或变更。

11.2　本协议条款可分割，即如果任何条款被认定为不合法或不可执行，该条款应当从本协议中取消，且不影响本协议其他条款的效力。

11.3　任何一方不行使或迟延行使本协议项下或与本协议有关的任何其他合同或协议项下任何权利、权力或特权不应视为对该权利、权力或特权的放弃，并且任何个别或部分地不行使任何权利、权力或特权不应妨碍任何将来的对该权利、权力或特权的任何行使。

11.4　本协议以中文写成并签署一式六（6）份，其中回购方和被回购方各执二（2）份、回购方留存二（2）份备档或用于登记之用；各份文本具有同等有效性和效力。

回购方　　　　　　　　　　被回购方

签署：＿＿＿＿＿＿＿　　　签署：＿＿＿＿＿＿＿

日期：　　　　　　　　　　日期：

第二篇 公共资源交易

第一章 公共资源交易概述

第一节 公共资源交易概念及意义

一、公共资源交易平台的概念

公共资源是指政府和政府授权的部门所控制或掌握的以及主要为社会公众使用或提供服务的社会资源、自然资源和行政资源。

公共资源交易平台是指包括国家直接或间接投资以及利用国际组织或国外贷款建设的工程建设项目招投标、政府采购、国有土地使用权和矿业权出让、国有（集体）产权（股权、经营权）交易以及其他涉及国家投资、公共利益、公共安全等相关事项的集中交易活动而建立的交易平台体系。

二、公共资源交易平台的意义

1. 建立公共资源交易平台是推动区域政府经济跨越式发展的需要。建立公共资源交易管理与监督体制，有利于强化对各行政主管部门的监督，规范公共资源交易工作，实现建设工程、国有土地、城镇市政基础设施及其他资产营运在阳光下进行，进一步优化投资发展环境，争取项目和资金，促进政府经济的推动工作。

2. 建立公共资源交易平台是建立科学有效监管体系的需要。在目前分散管理的体制下，各部门在履行职责过程中存在相互扯皮、各自为政、互不通气、资源浪费等问题，既形不成合力，又影响政府形象。改革现行管理与监督体制，建立统一管理与监督机构，有利于创 新监管机制，凝聚合力，形成统管机构统一指导、协调。

3. 建立公共资源交易平台是从源头上预防和惩治腐败的需要。建立公共资源交易统一平台，归并集中各类公共资源交易活动，形成统一的有形市场。公共资源交易领域，特别是工程建设领域，一直是腐败的易发、多发领域。建立统一管理与监督机构，能够实现立项授予权、工程发包权和监督执法权的分离，有利于加大查处力度，从源头上预防和惩治腐败；有利于推进市场经济体制改革，强化监督管理，维护市场秩序，健全统一、开放、竞争、有序的现代市场体系，实现资源共享和市场化配置。建立公共资源交易服务中心，有利于进一步转变政府职能，使其转移到经济调节、市场监管、社会管理和公共服务上来；有利于创新政府管理体制，落实反腐倡廉防范体系，从体制机制上预防和惩治腐败，保证权力的正确行使，营造公开、公平、公正的市场交易环境，吸引市场投资，保持市场活力。

第二节　公共资源交易具体方式

根据法律法规以及部门规章和相关的政策性规定，公共资源交易的具体方式主要有招投标方式、拍卖方式、挂牌方式。

一、以招投标的方式进行交易

1. 招投标概念。招投标是在市场经济条件下进行货物、工程建设项目发包、承包和服务的采购时，达成交易的一种方式。通常是由货物、工程建设和服务的采购方作为招标方，通过发布招标公告或者向一定数量的特定供应商、承包商发出投标邀请书等方式，发出招标采购信息，提出招标采购条件，由有意向的承包商、供货商、提供服务的一方，作为投标方，参加投标竞争，经过评标委员会的评审来确定中标人，然后招标人与中标人签订合同的交易方式。

2. 公共资源之招投标是指涉及国家直接或间接投资以及利用国际组织或国外贷款建设的工程建设项目招投标、政府采购、国有土地使用权和矿业权出让、国有（集体）产权（股权、经营权）交易以及其他涉及国家投资、公共利益、公共安全等相关事项的交易活动而进行的招投标交易方式。公共资源交易招投标是法定的，即公共资源交易必须以招投标等法定的公开的形式进行。

二、以拍卖的方式进行交易

以拍卖的方式进行公共资源交易是指出让人发布拍卖公告，由竞买人在指定的时间、地点进行公开竞价，根据出价结果来确定公共资源的使用人或所有人的行为。比如国有建设用地使用权、矿产权及其他国有资产均可以用拍卖的形式进行交易。

三、以挂牌的方式进行交易

以挂牌的方式进行交易是指出让人发布挂牌公告，按照规定的期限将拟出让的公共资源的交易条件在指定的交易场所（公共资源交易中心）挂牌公布，接收竞买人的报价申请并更新挂牌价格，根据挂牌期限截止时的出价结果确定公共资源的使用人或所有人的行为。如国有建设用地使用权、矿产权、国有企业产权转让等均可以用挂牌的方式进行交易。

第三节 公共资源交易监督体系以及律师服务于公共资源平台的内容

一、公共资源交易监督体系

公共资源交易应建立行业监督、行政监察、市场监管、审计监督相结合的监管体系。各行业行政主管部门、监察部门、公共资源交易管理委员会办公室，按照职责分工，对交易活动实施统一监管。

1. 发展改革部门负责指导和协调招投标工作，加强对重点建设项目建设过程中工程招投标的监督检查和能源项目招投标活动的监督执法。

2. 工业与信息、住房与城乡建设、水利、交通运输、民航、港口、电力、广电、通信等行政主管部门负责本行业工程建设项目招标投标活动的监督执法。

3. 商务部门负责进口机电设备采购招标投标活动的监督执法。

4. 财政部门负责政府采购活动的监督管理，依法对实行招标投标的政府采购工程建设项目的预算执行情况和政府采购政策执行情况实施监督。

5. 国土资源部门负责土地矿业权交易、土地整治等项目招标投标活动的监督执法。

6. 卫生部门负责医用药品器械集中采购活动的监督执法。

7. 国资委负责国有产权交易活动的监督执法。

8. 教育部门、环保部门、农业部门负责本行业部门集中采购活动的监督管理。

9. 林业部门负责林业权交易活动的监督执法。

10. 公共资源交易管理办公室负责交易市场的监督管理。

11. 公共资源交易中心负责对交易活动统一监控。

以上各行政监督部门按照职责分工，受理相关交易活动投诉、举报，调查处理交易活动中的违法违规问题。纪委监察部门负责对监察对象履行职责情况进行监督，受理交易活动中违纪违法问题的投诉、举报，依法依纪进行查处；审计部门负责公共资源交易项目资金的审计。

二、律师为公共资源交易提供法律服务的内容

1. 在管委会统筹建设和管理公共资源交易市场过程中提供全程的法律服务。

2. 在公共资源交易市场业务开展过程中提供全程法律服务。

3. 帮助拟定公共资源交易的具体规则和制度并提供法律意见。

4. 在管委会进行交易市场的监管过程中提供法律意见。

5. 为中介机构库的各中介机构进行法律知识培训，提高各中介机构的法律意识及责任意识。

6. 在交易中心的各类公共资源交易活动过程中维护公共资源交易市场交易秩序，协助有关部门核检交易项目相关手续，为市场主体资格核检工作提供法律意见。

7. 帮助交易中心为市场主体提供政策法规信息、企业信息、专业人员信息等信息咨询以及调查。

8. 帮助交易中心为市场交易各方提供见证服务，并出具法律意见。

9. 为交易中心提供与各业务有关的最新法律信息。

第二章 公共资源交易之工程建设

第一节 工程建设业务操作流程图

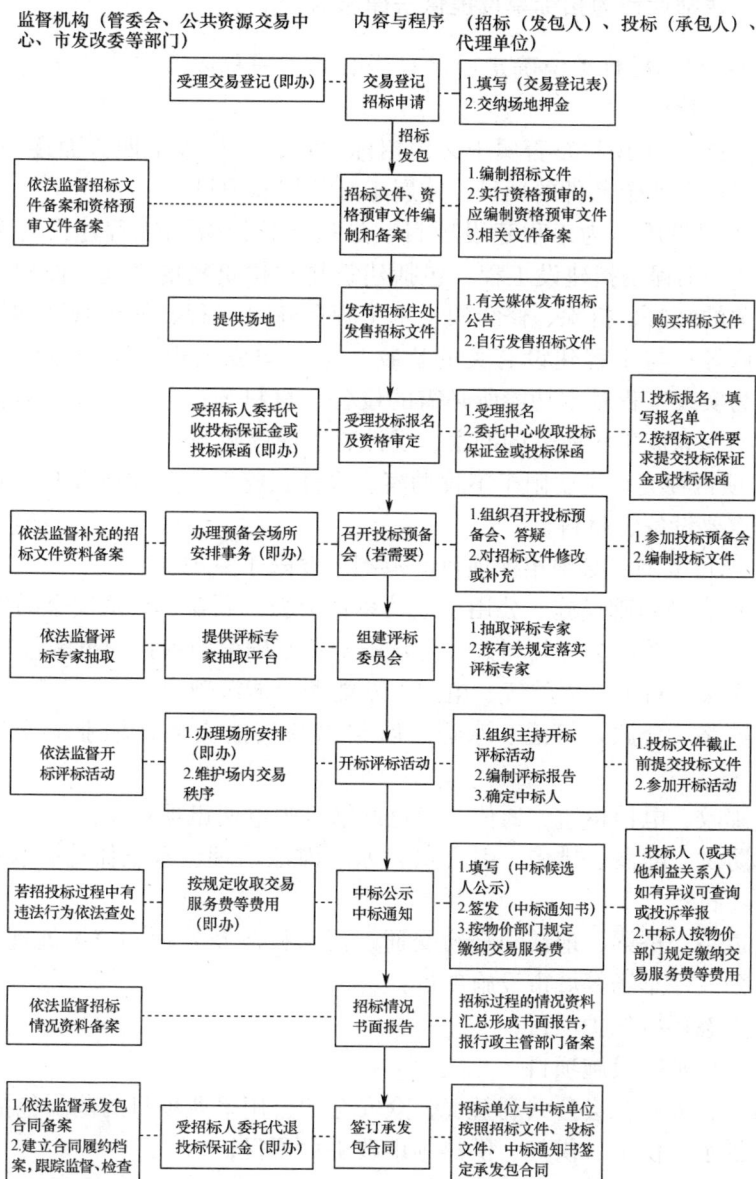

监督机构（管委会、公共资源交易中心、市发改委等部门）	内容与程序	（招标（发包人）、投标（承包人）、代理单位）
受理交易登记（即办）	交易登记招标申请	1.填写（交易登记表） 2.交纳场地押金
	↓ 招标发包	
依法监督招标文件备案和资格预审文件备案	招标文件、资格预审文件编制和备案	1.编制招标文件 2.实行资格预审的，应编制资格预审文件 3.相关文件备案
提供场地	发布招标住处发售招标文件	1.有关媒体发布招标公告 2.自行发售招标文件 → 购买招标文件
受招标人委托代收投标保证金或投标保函（即办）	受理投标报名及资格审定	1.受理报名 2.委托中心收取投标保证金或投标保函
		1.投标报名，填写报名单 2.按招标文件要求提交投标保证金或投标保函
依法监督补充的招标文件资料备案	办理预备会场所安排事务（即办）	召开投标预备会（若需要）
		1.组织召开投标预备会、答疑 2.对招标文件修改或补充 → 1.参加投标预备会 2.编制投标文件
依法监督评标专家抽取	提供评标专家抽取平台	组建评标委员会
		1.抽取评标专家 2.按有关规定落实评标专家
依法监督开标评标活动	1.办理场所安排（即办） 2.维护场内交易秩序	开标评标活动
		1.组织主持开标评标活动 2.编制评标报告 3.确定中标人 → 1.投标文件截止前提交投标文件 2.参加开标活动
若招投标过程中有违法行为依法查处	按规定收取交易服务费等费用（即办）	中标公示中标通知
		1.填写（中标候选人公示） 2.签发（中标通知书） 3.按物价部门规定缴纳交易服务费 → 1.投标人（或其他利益关系人）如有异议可查询或投诉举报 2.中标人按物价部门规定缴纳交易服务费等费用
依法监督招标情况资料备案	招标情况书面报告	招标过程的情况资料汇总形成书面报告，报行政主管部门备案
1.依法监督承发包合同备案 2.建立合同履约档案，跟踪监督、检查	受招标人委托代退投标保证金（即办）	签订承发包合同
		招标单位与中标单位按照招标文件、投标文件、中标通知书签定承发包合同

第二节　律师在工程建设招投标过程中的工作

一、律师如何为招标单位提供法律服务

（一）帮助招标单位确定项目是否必须招投标以及是应当公开招标还是可以邀请招标

◆ 判断一个项目是否属于必须招标项目，应从以下四方面逐一确定，同时满足以下四个条件的项目，才属于必须招标项目

1. 项目性质。为工程建设项目，是指工程以及与工程建设有关的货物、服务。工程是指建设工程，包括建筑物和构筑物的新建、改建、扩建及其相关的装修、拆除、修缮的土木工程、建筑工程、线路管道和设备安装及装修等；与工程建设有关的货物，是指构成工程不可分割的组成部分，且为实现工程基本功能所必需的设备、材料等；与工程建设有关的服务，是指为完成工程所需的勘察、设计、监理等服务。

2. 项目种类。主要限于工程勘察、设计、施工、监理以及与工程建设有关的重要设备、材料。

3. 项目范围。必须招标项目的范围主要限于三类：

（1）大型基础设施、公用事业关系社会公共利益、公众安全的项目；

第一，关系社会公共利益、公众安全的基础设施项目的范围包括：

①煤炭、石油、天然气、电力、新能源等能源项目；

②铁路、公路、管道、水运、航空以及其他交通运输业等交通运输项目；

③邮政、电信枢纽、通信、信息网络等邮电通讯项目；

④防洪、灌溉、排涝、引（供）水、滩涂治理、水土保持、水利枢纽等水利项目；

⑤道路、桥梁、地铁和轻轨交通、污水排放及处理、垃圾处理、地下管道、公共停车场等城市设施项目；

⑥生态环境保护项目；

⑦其他基础设施项目。

第二，关系社会公共利益、公众安全的公用事业项目的范围包括：

①供水、供电、供气、供热等市政工程项目；

②科技、教育、文化等项目；

③体育、旅游等项目；

④卫生、社会福利等项目；

⑤商品住宅，包括经济适用住房；

⑥其他公用事业项目。

（2）全部或者部分使用国有资金投资或者国家融资的项目；

第一，使用国有资金投资项目的范围包括：

①使用各级财政预算资金的项目；

②使用纳入财政管理的各种政府性专项建设基金的项目；

③使用国有企业事业单位自有资金，并且国有资产投资者实际拥有控制权的项目。

第二，国家融资项目的范围包括：

①使用国家发行债券所筹资金的项目；

②使用国家对外借款或者担保所筹资金的项目；

③使用国家政策性贷款的项目；

④国家授权投资主体融资的项目；

⑤国家特许的融资项目。

（3）使用国际组织或者外国政府贷款、援助资金的项目包括

①使用世界银行、亚洲开发银行等国际组织贷款资金的项目；

②使用外国政府及其机构贷款资金的项目；

③使用国际组织或者外国政府援助资金的项目。

4. 规模标准。以上规定范围内的各类工程建设项目，包括项目的勘察、设计、施工、监理以及与工程建设有关的重要设备、材料的采购，达到下列标准之一的，必须进行招标：

（1）施工单项合同估算价在 200 万元人民币以上的；

（2）重要设备、材料等货物的采购，单项合同估算价在 100 万元人民币以上的；

（3）勘察、设计、监理等服务的采购，单项合同估算价在 50 万元人民币以上的；

（4）单项合同估算价低于 A、B、C 项规定的标准，但项目总投资额在 3000 万元人民币以上的。

◆ 判断一个项目是可以邀请招标还是必须公开招标以及是否可以不招标的标准和依据如下：

1. 可以邀请招标的项目只要符合如下任一条件即可邀请招标，这种招标是指招标人以投标邀请书的方式邀请特定的法人或者其他组织投标。

（1）技术复杂、有特殊要求或者受自然环境限制，只有少量潜在投标人可供选择；

（2）采用公开招标方式的费用占项目合同金额的比例过大。

2. 必须公开招标的项目范围。公开招标是指招标人以招标公告的方式邀请不特定的法人或其他组织投标。必须公开招标的项目范围是具备邀请招标或者不招标条件的项目以外的，国有资金占控股或者主导地位的，依法必须进行招标的项目。

3. 项目可以不用招标的情况。

（1）涉及国家安全、国家秘密、抢险救灾或者属于利用扶贫资金实行以工代赈、需要使用农民工等不适宜进行招标的项目，按照国家有关规定可以不进行招标；

（2）需要采用不可替代的专利或者专有技术；

（3）采购人依法能够自行建设、生产或者提供；

（4）已通过招标方式选定的特许经营项目投资人依法能够自行建设、生产或者提供；

（5）需要向原中标人采购工程、货物或者服务，否则将影响施工或者功能配套要求；

（6）国家规定的其他特殊情形。

4. 邀请招标的认定。

（1）国有资金占控股或者主导地位的依法必须进行招标的项目应该公开招标，但技术复杂、有特殊要求或者受自然环境限制的项目，只有少量潜在投标人可供选择；或采用公开招标方式的费用占项目合同金额的比例过大的可以邀请招标。

国务院发展计划部门确定的国家重点项目和省、自治区、直辖市人民政府确定的地方重点项目不适宜公开招标的，经国务院发展计划部门和省、自治区、直辖市人民政府批准，可以进行邀请招标。并由以上部门对招标内容和招标方式和招标范围进行认定核准和审批。其他项目由招标人申请有关行政监督部门作出认定。

（2）国有资金不占控股地位或主导地位的依法必须招标的项目，其邀请招标的条件和邀请招标的认定部门招投标法及条例没有明确的规定。如果部门规章地方性法规或地方政府规章有规定的遵照规定。如果没有规定的该部分项目可以由招标人自行决定邀请招标。无须相关部门的认定，采用邀请招标时，也无需满足技术复杂、有特殊要求或者受自然环境限制，只有少量潜在投标人可供选择或采用公开招标方式的费用占项目合同金额的比例过大的条件。

（3）非必须招标的项目其邀请招标的条件和认定部门目前招投标法及条例没有明确的规定。非必须招标的项目既然招标不招标都可以由招标人决定。那么是公开招标还是邀请招标人更有权利决定。

（4）机电产品国际招标项目中，采用邀请招标方式的项目应当向商务部备案。

（二）帮助招标单位确定项目性质是否需要审批或核准

1. 项目审批。行政审批的一种，它是指对于使用政府性资金投资建设的项目，经主管部门审核批准后，才可开工建设。使用政府性资金的建设项目不论主体是政府还是企业，都必须采用审批制。政府性资金包括如下：

（1）使用各级财政预算资金的项目；

（2）使用纳入财政管理的各种政府性专项建设基金的项目；

（3）法律法规规定的其他政府性资金。

政府性资金的投资方式可分为直接投资、资本金注入、投资补助、转贷、贴息等。对于采用直接投资和资本金注入方式的政府投资项目，审批部门从投资决策角度只审批项目建议书和可行性研究报告，除特殊情况外不再审批开工报告，对于采用投资补助、转贷和贷款贴息方式的政府投资项目，审批部门只审批资金申请报告。

2. 项目核准。项目核准是指对企业不使用政府性资金投资建设的重大和限制类固定资产投资项目，按照投资规模大小分别由各级政府以及有关部门从维护社会公共利益角度进行审核批准的行政审批制度。

（1）核准项目范围以及核准部门：

核准项目范围包括企业投资项目、外商投资项目和境外投资项目

企业投资项目在确定核准项目范围以及核准部门时参见《政府核准的投资项目目录（2014年本）》

外商投资项目在确定核准项目范围以及核准部门时参见《外商投资项目核准和备案管理办法》以及《外商投资产业指导目录》（2011年修订）

境外投资项目核准部门：参见《境外投资项目核准和备案管理办法》（2014年）

（2）核准内容。企业投资建设实行核准制的项目及具体核准内容可参考《关于投资体制改革的决定》

3. 审批、核准的招标内容及项目范围。就招标项目而言，审批和核准的内容主要包括招标范围、招标方式和招标组织形式。

（1）招标范围。建设项目的勘察、设计、施工、监理以及重要设备、材料等采购活动是全部还是部分进行招标。

（2）招标方式。是公开招标还是邀请招标。招标项目通常采用公开招标的方式，对于需要履行审批手续的依法必须进行招标的项目不宜公开招标而需邀请招标的，必须满足邀请招标的条件，并通过相关部门的审批或核准。

（3）招标组织形式。是委托招标还是自行招标。一般情况下招标项目都需要委托招标代理机构进行代理招标。招标人具备编制招标文件和组织评标活动的能力的，可以自行招标。招标人办理自行招标事宜的，对于必须招标项目，应向有关行政监督部门备案，对于需要审批核准的必须招标项目，还应当在项目审批核准时按照《工程建设项目自行招标试行办法》向项目审批核准部门报送书面材料并通过审批核准。

（4）项目范围。需要履行项目审批核准手续的依法必须进行招标的项目才需要审批、核准招标内容。所以审批核准招标内容的项目范围，必须同时具备"需要履行项目审批核准手续"和"依法必须进行招标"两个条件。为此对于不属于必须招标的项目，即使需要履行审批核准手续的项目，也无须审批核准招标内容；对于不需要履行审批核准手续的项目，即使属于必须招标的项目也无须审批核准招标内容。对于不需要履行审批核准招标内容的必须招标的项目，由招标人根据招投标法以及实施条例和相关的配套规范性文件，自行确定招标范围、招标方式和招标组织形式。

（三）帮助招标单位起草和审查招标公告

招标人采用公开招标方式的应当发布招标公告。律师应当从以下方面为招标单位起草的招标公告进行审查和把关：

1. 拟发布的招标公告文本应当由招标人或其委托的招标代理机构的主要负责人签名并加盖公章。

2. 招标人或其委托的招标代理机构还应向指定媒介提供营业执照、组织机构代码证、项目批准文件的复印件等证明文件。

3. 依法必须招标项目的招标公告必须至少在一家指定媒介发布，在不同媒介发布的同一招标项目的资格预审公告或招标公告的内容应当一致。

且招标公告所占版面一般不超过整版的四十分之一，且字体不小于六号字。

（四）帮助招标单位审查资格预审文件

资格预审是资格审查的一种方式，是相对于资格后审而言的，指的是在招标文件发售前，招标人通过发布资格预审公告的方式邀请不特定的潜在投标人参加资格预审，并向有意向的潜在投标人发售资格预审文件，潜在投标人根据资格预审文件的要求提交资格预审申请文件，招标人组织审查人员对资格预审申请文件进行审查，通过资格预审的潜在投标人将取得投标资格，有权获得招标文件和参加投标。资格预审一般适用于潜在投标人数量较多或者大型、技术复杂的招标项目。

对潜在的投标人的资格审查，其目的是审查投标人是否具有承担招标项目的能力，以保证中标人中标后能够切实的履行合同义务。为此律师应帮助招标单位从以下方面进行审查：

1. 要求投标人提供与其资质能力相关的资料和情况，包括国家授予的相关资质证书、生产经营状况的说明及证明材料以及所做的项目的业绩情况。

2. 对投标人是否属依法成立的法人，是否有独立签约的能力，经营状况是否正常，是否处于停业，财产是否被冻结，是否有大的诉讼，是否有相应的资金、人员和机器设备等。

3. 提示资格预审人员在资格预审时不得改变或补充载明的资格预审标准和方法或者以没载明的标准或方法对潜在投标人进行资格预审。

4. 资格预审时招标人不得以不合理的条件限制、排斥潜在投标人，不得对潜在投标人实行歧视待遇。

5. 提示招标单位选择合适的资格预审方法。资格预审方法分两种：

（1）合格制即按照资格预审文件载明的审查标准对资格预审申请人的资格条件进行合格性审查，通过审查的申请人将取得投标资格，有权获得招标文件和参加投标。

（2）有限数量制是指首先按照资格预审文件中载明的审查标准对申请人的资格条件进行合格性审查，如果通过符合性审查的申请人不少于3个且没有超过资格预审文件规定数量的，均为合格申请人，不再进行评分。如果通过合格性审查的申请人超过资格预审文件规定数量的，应按照资格预审文件的规定对通过合格性审查的申请人进行评分，申请人的评分排名在资格预审文件规定的有限数量范围内的，才能取得投标资格，才有权获得招标文件和参加投标。

6. 提示招标人资格预审结束后，招标人应当及时向资格预审申请人发出资格预审结果通知书。对于通过资格预审的申请人向其发出的《资格预审结果通知书》应载明以下内容：

（1）通过资格预审的告知信息；

（2）其获取招标文件的时间、地点和方法；

（3）招标文件的发售费用；

（4）招标项目的名称、数量、技术规格、资金来源；

（5）招标项目的实施地点和进度要求；

（6）提交投标文件的地点和截止日期；

（7）提示招标人通过资格预审的申请人少于3个的应当重新招标。

7. 提示招标单位组织潜在投标人对项目现场进行踏勘时，不能单独或者分别组织任何一个或者部分投标人进行现场踏勘。

（五）帮助招标单位确定项目在招标时是采用资格预审还是资格后审

资格后审是指开标后对投标人的资格审查，资格后审其实是评标活动的重要组成部分，通常在初步评审中进行，审查内容与资格预审内容一致，资格后审的初步审查不合格的投标人，应当作为非标处理，不在进行详细的评审。资格后审的特点：

1. 资格后审的适用是以招标人发布招标公告或投标邀请书为前提，不需要发布单独的审查公告。

2. 资格后审的适用由投标人直接提交投标文件，并且是在开标后由评标委员会进行初步审查，审查通过后进行详细审查。

3. 资格后审一般适用于技术相对简单、规模较小、潜在投标人数量较少以及能够直观判断潜在投标人是否有能力承担招标的项目。资格预审一般适用于技术复杂、规模较大、潜在投标人数量较多以及不能够直观判断潜在投标人是否有能力承担招标的项目。

（六）帮助招标单位审查招标文件

招标人应当根据招标项目的特点和需要编制招标文件。且招标文件应当包括招标项目的技术要求，对招标人资格审查的标准、投标报价要求和评标标准等所有实质性要求和条件以及拟签订合同的主要条款。律师应当对招标单位的招标文件作出如下提示。

1. 在招标文件中不得要求或者标明特定的生产供应者。招标项目的技术规格除了有国家强制性标准外，一般应当采用国际或国内工人的标准，各项技术规格均不得要求或标明某一特定的生产厂家、供货商、施工单位或注明某一特定的商标、名称、专利、设计以及原产地。

2. 在招标文件中不得针对某一潜在的投标人或排斥某一潜在的投标人。

3. 招标单位在招标文件中必须载明投标有效期。且投标有效期从提交投标文件的截止之日起算。

4. 招标单位若在招标文件中要求投标人提交投标保证金的，投标保证金不得超过招标项目估算价的百分之二。且投标保证金有效期应当与投标有效期一致。

（七）帮助招标单位规范招标、开标、评标过程

1. 提示招标单位依法发售资格预审文件、提交资格预审申请文件或招标文件，并依法签收、拒收投标文件；

（1）提示招标人应当按照资格预审公告、招标公告或者投标邀请书规定的时间、地点发售资格预审文件或者招标文件。资格预审文件或者招标文件的发售期不得少于5日。建议招标人在发出的资格预审公告或招标公告、投标邀请书确定发售日期和地点。

（2）提示招标人应当合理确定提交资格预审申请文件的时间。依法必须进行招标的项目提交资格预审申请文件的时间，自资格预审文件停止发售之日起不得少于5日。建议招标人在发出资格预审文件或者招标文件中确定提交资格预审申请文件的具体截止日期。

（3）提示招标人应依法按照具体的时间对已发出的招标文件以及资格预审文件的内容进行澄清或者修改。招标人应当在提交资格预审申请文件截止时间至少3日前，或者投标截止时间至少15日前，以书面形式通知所有获取资格预审文件或者招标文件的潜在投标人；不足3日或者15日的，招标人应当顺延提交资格预审申请文件或者投标文件的截止时间。并且提示投标人最好在发出的资格预审文件以及招标文件中列明潜在投标人提出要求招标人澄清、修改要求的截止时间。避免招标人被迫顺延提交资格预审申请书文件或投标截止时间。

（4）提示招标人应在招标人自收到潜在的投标人以及利害关系人对资格预审文件或招标文件提出异议之日起3日内作出答复；作出答复前，应当暂停招标投标活动。提示招标人为了尽量避免潜在的投标人以及利害关系人的异议迫使招标人顺延截止时间，应当在发出的资格预审文件或招标文件中规定异议的截止日期。并建议招标人应规定提出异议的形式必须是

书面性的。

（5）提示招标单位对未通过资格预审的申请人提交的投标文件，以及逾期送达或者不按照招标文件要求密封的投标文件应当拒收。且招标单位应当如实记载投标文件的送达时间和密封情况，并存档备查。

（6）提示招标单位在投标人将符合法定接收条件的投标文件送达后，招标人应当签收。签收时应出具签收回执等书面证明，列明签收的时间、地点、具体签收人、招标项目编号、标段、密封状况等情况，直接送达投标文件的，送达人也应当签字确认。招标人签收前应当检查投标文件是否按照招标文件的要求进行了密封，如果没有按照要求密封，招标人的工作人员有权拒绝接收在资格预审的招标项目和两阶段招标项目中，招标人签收前还要核实投标人的身份是否为通过资格预审的潜在投标人或在两阶段招标中第一阶段递交了技术建议的潜在投标人。招标人签收招标文件后，应妥善保管，直至开标前不得启封投标文件。

2. 提示招标单位按规定时间、地点及程序开标。开标应当在招标文件确定的提交投标文件截止时间的同一时间公开进行；开标地点应当为招标文件中预先确定的地点。投标人少于 3 个的，不得开标，招标人应当重新招标；

（1）提示招标单位招标文件中确定的开标时间和地点必须清晰明确。开标时间即招标文件所载明的截止时间应当明确到分或秒。以整点或半点最好。开标地点应当选择交通便利的地点进行，表述最好是详细的地址，并明确房间号。

（2）提示招标单位如果开标时间和地点确定后，因故需要修改开标时间和地点的，应当作为对招标文件的澄清和修改文件，以书面的形式通知招标文件的接收人。并报工程所在地的县级以上地方政府建设行政主管部门备案。

3. 提示招标单位开标的程序应按照以下次序进行。

首先检查投标文件密封情况。可以由投标人或投标人的委托人检查投标文件的密封情况，也可由招标人委托的公证机关或律师检查并公证或见证。亦可以一同检查投标文件的密封情况。如经检查发现密封招标文件被破坏，不得对其拆封唱标，也不得进入下一阶段的评标，应交招标人根据具体情况处理。

其次对投标文件进行拆封。密封完好的投标文件，交由工作人员当众拆封。然后唱标投标文件经拆封后，交由唱标人员高声宣读投标人名称、投标价格和投标文件的其他内容。

最后记录存档。开标记录的内容包括开标时间、地点、人员组成、投标人的参加情况、唱标内容、开标过程是否经过公证等具体事项。

4. 提示招标单位选出的评标委员会组成及评标程序要合法。

（1）评标由招标人依法组建的评标委员会负责。依法必须进行招标的项目，其评标委员会由招标人的代表和有关技术、经济等方面的专家组成，成员人数为五人以上单数，其中技术、经济等方面的专家不得少于成员总数的 2/3。

（2）依法必须进行招标的项目，其评标委员会的专家成员应当从评标专家库内相关专业的专家名单中以随机抽取方式确定。任何单位和个人不得以明示、暗示等任何方式指定或者变相指定参加评标委员会的专家成员。但是 1/3 的专家成员可以由招标人指定。

（3）与投标人有利害关系的人不得进入相关项目的评标委员会；已经进入的应当更换，评标委员会成员的名单，在中标结果确定前应当保密。

（4）依法必须进行招标的项目的招标人非因招标投标法和本条例规定的事由，不得更换依法确定的评标委员会成员。更换评标委员会的专家成员应当依照前款规定进行。

（5）评标委员会成员与投标人有利害关系的，应当主动回避。

（八）对招标单位参与人员及领导提前法律培训

律师应当从以下方面对招标单位参与人员及领导提供法律知识的培训：

1. 法律责任：我国招投标法和政府采购法以及招投标法实施条例和各部门规章对招投标活动中当事人违法行为的法律责任作出了明确规定，依据性质不同，分为民事法律责任、行政法律责任和刑事法律责任。要让招标单位的参与人员及领导了解在什么情况下可能会承担怎样的责任。

2. 招标人在招标过程中的违法行为及法律责任。

（1）限制排斥潜在投标人的违法行为的表现形式及法律责任。

①违法行为表现形式。

其一，不按照规定在指定媒介发布资格预审公告或者招标公告。这将会导致潜在投标人无法获得招标信息，妨碍其参加投标活动，间接剥夺了潜在投标人的投标资格。

其二，在不同媒介发布的同一招标项目的资格预审公告或招标公告的内容不一致，影响潜在投标人申请资格预审或投标。

②法律责任。招标人发布资格预审公告或招标公告时限制或者排斥潜在投标人的，由行政监督部门责令改正，并可以进行 1 万 ~ 5 万元罚款。

（2）规避招标的违法行为表现形式及法律责任。

①违法行为。依法必须进行招标的项目的招标人不按照规定发布资格预审公告或招标公告，包括不发布公告，以及发布的公告不符合法律规定，构成规避招标的应承担相应法律责任。

②法律责任。构成规避招标的，由有关行政监督部门对招标人进行责令改正、罚款、暂停项目执行或者资金拨付、对直接负责的主管人员和其他直接责任人员给予处分。

（3）串通投标的违法行为的表现形式及法律责任。

①招标人与投标人串通投标的表现形式：

其一，招标人在开标前开启投标文件并将有关信息泄露给其他投标人；

其二，招标人直接或者间接向投标人泄露标底、评标委员会成员等信息；

其三，招标人明示或者暗示投标人压低或者抬高投标报价；

其四，招标人授意投标人撤换、修改投标文件；

其五，招标人明示或者暗示投标人为特定投标人中标提供方便；

其六，招标人与投标人为谋求特定投标人中标而采取的其他串通行为。

②投标人与投标人互相串通投标的表现形式：

其一，不同投标人的投标文件由同一单位或者个人编制；

其二，不同投标人委托同一单位或者个人办理投标事宜；

其三，不同投标人的投标文件载明的项目管理成员为同一人；

其四，不同投标人的投标文件异常一致或者投标报价呈规律性差异；

其五，不同投标人的投标文件相互混装；

其六，不同投标人的投标保证金从同一单位或者个人的账户转出；

其七，投标人之间协商投标报价等投标文件的实质性内容；

其八，投标人之间约定中标人；

其九，投标人之间约定部分投标人放弃投标或者中标；

其十，属于同一集团、协会、商会等组织成员的投标人按照该组织要求协同投标；

其十一，投标人之间为谋取中标或者排斥特定投标人而采取的其他联合行动。

③投标人向招标人或评标委员会成员行贿谋取中标的表现形式。投标人向招标人或评标委员会成员行贿谋取中标是指投标人以谋取中标为目的，给予招标人及工作人员、招标代理机构及工作人员或者评标委员会成员财物或者其他好处的行为。

投标人、招标人以及评标委员会之间的违法行为直接破坏了招投标活动的市场竞争机制，损害了其他投标人的合法权益，同时也损害了国家利益和社会公共利益，应当被严格禁止。

④法律责任。

其一，中标无效。投标人互相串通投标或者与招标人串通投标的，投标人向招标人或者评标委员会成员行贿谋取中标的，中标无效，而且是自始无效，投标文件对招标人不再具有约束力。因中标无效给他人造成损失的，涉及串通投标、行贿中标的投标人、招标人及工作人员、招标代理机构及工作人员、评标委员会成员应当承担赔偿责任。

其二，刑事责任。构成犯罪的依法追究刑事责任。其中会涉及到串通投标罪、行贿罪、受贿罪。

3.提示招标人应遵守保密义务。招标人不得向他人透露已获取招标文件的潜在投标人的名称、数量以及可能影响公平竞争的有关招标投标的其他情况。招标人设有标底的，标底必须保密。标底是指招标的底价。标底的编制一般应注意以下几点：

（1）根据设计图纸及有关资料，参照国家规定的技术、经济标准定额及规范，确定工程量和设定标底。

（2）标底价格应由成本、利润和税金组成，一般应控制在批准的建设项目总概算及投资包干的限额内。

（3）标底作为招标人的期望价，应力求与市场的实际变化相吻合，要有利于竞争和保证工程质量。

（4）标底价格应考虑人工、材料、机械台班等价格变动因素，还应包括施工不可预见费用、包干费用和措施费用等。工程要求优良的，还应增加相应费用。

（5）一个工程只能编制一个标底。招标人对标底的保密要从编制时开始，到开标结束。

（6）招标人设有最高投标限价的，应当在招标文件中明确最高投标限价或最高投标限价的计算方法。招标人不得规定最低投标限价。

二、律师如何为投标单位提供法律服务

1. 帮助投标人有效投标时律师需要提示如下：

（1）提示投标人应当在投标时考量是否具备承担招标项目的能力；是否符合国家对投标人资格条件或者招标文件对投标人资格条件有关规定。投标人应当根据项目的具体情况以及投标人自身的资格条件适当投标。

（2）提示投标人与招标人存在利害关系且可能影响招标公正性的法人、其他组织或者个人，不能参加投标。单位负责人为同一人或者存在控股、管理关系的不同单位，不得参加同一标段投标或者未划分标段的同一招标项目投标。违反以上规定的投标均无效。

（3）提示投标人应当按照招标文件的要求编制投标文件。投标文件应当对招标文件提出的实质性要求和条件作出响应。招标项目属于建设施工的，投标文件的内容应当包括拟派出的项目负责人与主要技术人员的简历、业绩和拟用于完成招标项目的机械设备等。

（4）提示投标人应审查资格预审公告、招标公告或投标邀请书中是否有载明接受联合体投标的条件。若有载明接受联合体投标并进行资格预审的联合体应当在提交资格预审申请文件前组成。资格预审后联合体增减、更换成员的，其投标无效。且联合体各方在同一招标项目中以自己名义单独投标或者参加其他联合体投标的，相关投标均无效。

（5）提示投标人应当在招标文件要求提交投标文件的截止时间前，将投标文件送达投标地点。投标人在招标文件要求提交投标文件的截止时间前，可以补充、修改或者撤回已提交的投标文件，并书面通知招标人。补充、修改的内容为投标文件的组成部分。

（6）提示投标人发生合并、分立、破产等重大变化的，应当及时书面告知招标人。投标人不再具备资格预审文件、招标文件规定的资格条件或者其投标影响招标公正性的，其投标无效。

2. 帮助招标单位区别撤回投标与撤销投标并提示撤回投标和撤销投标的法律后果。

（1）撤回投标即投标文件的撤回，是指投标人在递交投标文件截止时间前收回投标文件或放弃投标的行为。并且撤回投标必须以书面形式通知招标人。

撤回投标的法律后果：投标人撤回投标文件的，招标人已经收取投标保证金的，应当自收到投标人书面撤回通知之日起5日内退还投标人。

（2）撤销投标即投标文件的撤销，是指投标时间截止后，投标人撤销投标文件，使其效力溯及既往地归于消灭，不再对投标人产生约束力。

撤销投标的法律后果：从投标截止时间起算，投标文件对投标人开始产生约束力，在此期间，投标人不得补充、修改、替换或取消其投标文件，否则，将严重损害招标人的利益。投标人有以上行为的招标人不予接受。若投标人撤销投标文件的，招标人可以根据招标文件的规定，没收其投标保证金，用于弥补招标人的相应损失。

3. 告知投标人若以联合体的形式进行联合体投标的应注意如下事项：

（1）两个以上法人或者其他组织可以组成一个联合体，但应以一个投标人的身份共同投标。

（2）联合体各方均应当具备承担招标项目的相应能力；国家有关规定或者招标文件对投标人资格条件有规定的，联合体各方均应当具备规定的相应资格条件。由同一专业的单位组成的联合体，在开标时是按照资质等级较低的单位确定资质等级。

（3）联合体各方应当签订共同投标协议，明确约定各方拟承担的工作和责任，并将共同投标协议连同投标文件一并提交招标人。联合体中标的，联合体各方应当共同与招标人签订合同，就中标项目向招标人承担连带责任。

4. 提示投标人谨防被认定与其他投标人串通投标。有下列情形之一的，属于投标人相互串通投标：

（1）投标人之间协商投标报价等投标文件的实质性内容；

（2）投标人之间约定中标人；

（3）投标人之间约定部分投标人放弃投标或者中标；

（4）属于同一集团、协会、商会等组织成员的投标人按照该组织要求协同投标；

（5）投标人之间为谋取中标或者排斥特定投标人而采取的其他联合行动；

（6）不同投标人的投标文件由同一单位或者个人编制；

（7）不同投标人委托同一单位或者个人办理投标事宜；

（8）不同投标人的投标文件载明的项目管理成员为同一人；

（9）不同投标人的投标文件异常一致或者投标报价呈规律性差异；

（10）不同投标人的投标文件相互混装；

（11）不同投标人的投标保证金从同一单位或者个人的账户转出。

5. 提示投标人谨防被认定与招标人串通投标。有下列情形之一的，属于招标人与投标人串通投标：

（1）招标人在开标前开启投标文件并将有关信息泄露给其他投标人；

（2）招标人直接或者间接向投标人泄露标底、评标委员会成员等信息；

（3）招标人明示或者暗示投标人压低或者抬高投标报价；

（4）招标人授意投标人撤换、修改投标文件；

（5）招标人明示或者暗示投标人为特定投标人中标提供方便；

（6）招标人与投标人为谋求特定投标人中标而采取的其他串通行为。

6. 提示投标人谨防被认定"以他人名义投标"或虚假投标。

（1）以他人名义投标是指一些不具备法定的或者投标文件规定的资格条件的单位或者个人，采取挂靠甚至直接冒名顶替的方法，以其他具备资格条件的企业、事业单位的名义进行投标。

（2）虚假投标的表现使用伪造、变造的许可证件；提供虚假的财务状况或者业绩；提供虚假的项目负责人或者主要技术人员简历、劳动关系证明；提供虚假的信用状况；其他弄虚作假的行为。

7. 提示投标人谨防被否决投标。

（1）投标文件未经投标单位盖章和单位负责人签字；

（2）投标联合体没有提交共同投标协议；

（3）投标人不符合国家或者招标文件规定的资格条件；

（4）同一投标人提交两个以上不同的投标文件或者投标报价，但招标文件要求提交备选投标的除外；

（5）投标报价低于成本或者高于招标文件设定的最高投标限价；

（6）投标文件没有对招标文件的实质性要求和条件作出响应；

（7）投标人有串通投标、弄虚作假、行贿等违法行为。

8. 提示要求招标人及时签订合同，并不再和招标人再行订立背离合同实质性内容的其他协议。招标人和中标人应当自中标通知书发出之日起三十日内，签订书面合同，合同的标的、价款、质量、履行期限等主要条款应当与招标文件和中标人的投标文件的内容一致。招标人和中标人不得再行订立背离合同实质性内容的其他协议。

9. 提示投标人要求招标人依法退还投标保证金及同期银行存款利息。招标人最迟应当在书面合同签订后 5 日内向中标人和未中标的投标人退还投标保证金及银行同期存款利息。

10. 帮助投标人提出异议和投诉。

（1）潜在投标人或者其他利害关系人对资格预审文件有异议的，应当在提交资格预审申请文件截止时间 2 日前提出；对招标文件有异议的，应当在投标截止时间 10 日前提出。招标人应当自收到异议之日起 3 日内作出答复；作出答复前，应当暂停招标投标活动。

（2）投标人对开标有异议的，应当在开标现场提出，招标人应当当场作出答复，并制作记录。

依法必须进行招标的项目，招标人应当自收到评标报告之日起 3 日内公示中标候选人，公示期不得少于 3 日。

（3）投标人或者其他利害关系人对依法必须进行招标的项目的评标结果有异议的，应当在中标候选人公示期间提出。招标人应当自收到异议之日起 3 日内作出答复；作出答复前，应当暂停招标投标活动。

（4）投标人或者其他利害关系人认为招标投标活动不符合法律、行政法规规定的，可以自知道或者应当知道之日起 10 日内向有关行政监督部门投诉。投诉应当有明确的请求和必要的证明材料。但对于以上（1）（2）（3）的事项投诉的，应当先向招标人提出异议，异议答复期间不计算在前款规定的期限内。

第三节　建设工程合同签订过程中的法律风险防控

律师在办理工程建设项目过程中应当对工程建设的各个环节的法律风险进行把控和防范。

一、施工合同签订时合同的审查

1. 对发包方或承包方的资质等级以及信用状况进行全方位审查。

2. 建设工程合同的文本提示各方尽量使用规范的示范合同文本。

3. 提示项目承包单位对建设工程项目的具体行政审批手续进行审查，对工程范围、内容是不是清晰等进行审查。

4. 提示发包方或承包方需要审查对方的签订合同时以及签订合同后履行合同过程中授权委托的手续，委托权利范围等是否完备。

5. 对于建设工程施工合同的权利义务条款要审查己方义务的实现是否存在事实上的障碍，需要对方配合的情况是否已经列明。是否设置了不合理的或无法实现的权利及义务条款。

6. 关于工程计价条款要做到计价方式明确。

7. 关于工程量及工程量确认的条款应从工程量的确定以及确认方法入手，对工程量的调整依据是否有约定，工程量的计算方法是否科学，提交、确认等工程量的内容是否具有可操作性，对工程量的增量、超出设计范围、变更施工范围、返工等情况如何计算工程量是否有约定等进行审查。

8. 关于工程期限的约定是否完备。在什么情况下工期可以顺延，是否需要发包方以及监理的确认等。

9. 工程价款支付条款的审查。要审查工程价款的支付方式及是否科学可行，是否具有可操作性，是否存在不确定性等条款限制性因素。

10. 审查工程变更、设计变更、材料更换、其他临时性修改交换意见的程序、费用等内容的约定是否合理。

二、施工合同签订时黑白合同的法律风险防范

建设工程合同所说的黑白合同是指黑合同与白合同是相对而言的，两者是必然同时存在的。区分黑白合同应以是否"备案"为准，而不是看是否经过招标。黑白合同是指建设工程施工合同的当事人就同一建设工程项目、相同的施工范围所签订的两份或两份以上实质性内容不同的合同。通常将经政府有关部门备案的合同称为"白合同"，把对"白合同"中的实质性内容进行了重大变更的未备案的合同称为"黑合同"，且发包方和承包方双方均实际履行的是黑合同。往往我们很多企业均认为黑合同是双方真实意思表示，在出现纠纷时应当使用黑合同所约定的条款。但恰恰相反的是法律明确规定"当事人就同一建设工程另行订立的建设工程施工合同与经过备案的中标合同实质性内容不一致的，应当以备案的中标合同作为结算工程价款的根据"。在这里我们需要知道的是什么是合同实质内容的不一致性。在建设工程领域，工程价款、工程质量和工程期限三方面对当事人之间的利益影响甚大，合同对这三方面的变更为合同的实质性变更。所以针对建设单位而言，在签订合同时不能放松警惕，尤其是对工程款结算以及结算依据的有关约定及其变更，必须慎重。一旦被法院认定为黑合同，对建设单位是极为不利的。损失的不仅仅是工程款的问题。在实际履行合同过程中，如遇到特殊情况导致必须对中标合同主要条款做出变更时，应将变更原因以及与发包人协商一致的情况在变更合同中写明，并且将变更的合同即双方实际履行的合同送备案部门备案。以免发生纠纷后被法院认定为黑合同。

三、在施工合同签订时考虑建设工程合同无效的处理后果及法律风险防范

1. 下列几种情形所签订的建筑施工合同会导致无效的法律风险：

（1）承包人未取得建筑施工企业资质或者超越资质等级的建设工程施工合同无效；

（2）没有资质的实际施工人借用有资质的建筑施工企业名义签订的建设工程施工合同无效；

（3）建设工程必须进行招投标而未招标或者中标无效的建设工程施工合同无效；

（4）承包人非法转包、违法分包建设工程的建设工程施工合同无效。

2. 建设工程合同无效的处理原则。

（1）建设工程合同无效，但已经履行，且工程竣工验收合格的处理原则：承包人请求参照合同约定支付工程价款的，应予以支持。

（2）建设工程合同无效，建设工程经竣工验收不合格的处理原则：第一，修复后的建设工程经竣工验收合格，承包人要求支付工程款应予支持，发包人请求承包人承担修复费用的，应予支持。第二，修复后的建设工程经竣工验收不合格，承包人要求支付工程款应不予支持。但因工程不合格造成的损失，发包人有过错的，也应当承担相应民事责任。

（3）建设工程合同无效，建设工程尚未竣工验收的处理原则：承包人就已经完成工程部分尚未竣工验收的工程要求支付工程款的情况，法律和司法解释没有具体规定。但是法院一般按照"有价值有补偿，无价值无补偿"的原则来处理。即已经完成的建设工程质量合格的还是应当支付相应的工程款。如果质量不合格、质量低劣，该拆除的拆除，支付的工程款承包人应该返还。

（4）合同被确认无效的后果之一就是合同未履行完毕的部分终止履行。因此，承包人不会再继续履行建设工程的后续保修义务，但其不承担保修义务却往往是参照无效合同的约定获得了工程款，这对我们建设单位往往是显失公平的。对此建设单位在法院起诉时最好一并提出要求支付给承包人工程款的同时，其应该履行保修义务或者是扣除一定数额的保修款。对该费用的数额，双方从约定，无约定可参照行业标准。

3. 建设工程合同无效的法律风险防范。

（1）建设单位应当审查承包人是否取得建筑施工企业资质或者是否超

越资质等级签订承包合同；

（2）建设单位应当审查是否为没有资质的实际施工人借用有资质的建筑施工企业名义签订的建设工程施工合同；

（3）建设单位应当按照招投标法的具体规定对必须进行招投标的建设工程是否按照合法有效的招标程序来签订建设工程合同进行审查；

（4）建设单位应当监督承包人非法转包、违法分包建设工程。

第四节 建设工程履行过程中的法律风险控制

一、签证与反索赔的风险控制

1. 签证的概念。签证是指工程承、发包双方的授权代表或项目经理等在施工过程中及结算过程中对确认工程量、增加合同价款、支付各种费用、顺延工期、承担违约责任、赔偿损失所达成的双方意思表示一致的补充协议。双方互相书面确认的签证即成为工程结算或最终结算增减工程造价的凭证。签证包括但不限于以下情形：

（1）开工延期的签证；

（2）工期延误的签证；

（3）价款调整的签证；

（4）窝工停工损失的签证；

（5）工程量确认的签证。

签证适用于合同双方即发包方和承包方。由于建设单位特别是由于承包单位的原因导致工期延误或顺延、价款调整、窝工停工损失、工程量减少等应及时让承包方签证确认。

2. 签证与反索赔的风险控制。反索赔是指发包方依据合同及签证向承包方要求因工程而使发包方受到的损失。反索赔措施的内容主要包括两个方面，具体为：一是防止对方提出索赔；二是反击或反驳对方的索赔要求。

对承包商提出的索赔要求进行评审、反驳与修正的主要内容包括：

（1）此项索赔是否具有合同依据，索赔理由是否充分及索赔论证是否符合逻辑；

（2）索赔事件的发生是否为承包商责任，是否为承包商应承担的风险；

（3）在索赔事件初发时承包商是否采取了控制措施；

（4）承包商是否在合同规定的时限内向建设单位或业主和监理工程师报送索赔意向通知或是否进行了签证；

（5）认真核定索赔款额，肯定其合理的索赔要求，反驳修正其不合理的要求，使之更加可靠准确。

3. 对承包商履约中的违约责任进行索赔。

（1）因承包商的原因造成工期延误反索赔；

（2）工程缺陷反索赔；

（3）对超额利润的索赔；

（4）业主或建设单位合理终止合同或承包商不正当放弃合同的索赔；

（5）由于工伤事故给业主方人员和第三方人员造成的人身财产的损失的索赔，以及承包商运送建材、使用劳力而由建设单位偿付的部分的索赔；

（6）对指定分包商的付款索赔。在承包商未能提供已向指定分包商付款的合理证明时，业主或建设单位可据监理工程师的证明书将承包商未付给指定分包商的所有款项（扣留保留金）付给该分包商，并从应付给承包商的任何款项中扣除。

4. 在进行索赔与反索赔的过程中要注意索赔与反索赔材料的收集、保管。

（1）招标文件、投标报价文件；

（2）施工合同及附属文件；

（3）建设单位与承包商的来往文件；

（4）工地会议记录；

（5）施工现场记录；

（6）工程财务记录；

（7）工地现场记录；

（8）市场信息资料。

以上的资料最好在形成的当时有承包商的盖章或项目经理的签字以及有监理方的签字。

二、建设工程质量存在的风险及风险控制

（一）施工准备阶段的工程质量存在的法律风险

1. 盲目投资建设项目。很多建设项目没有经过资源论证、市场需求预测，盲目建设，重复建设，从根本上是社会资源的极大浪费，不具备质量的适用性特征。

2. 低于成本价投标。承包商为了揽到工程不惜一切代价，低于成本价投标。中标后又以粗制滥造、偷工减料、以次充好等手段不正当的降低建筑成本从而造成工程质量缺陷。

3. 项目勘察设计错误。由于勘察设计阶段勘察出现失误、设计方案不妥或欠妥，设计深度不够，设计漏项、设计变更过多或设计图纸错误等勘察设计原因而引起的质量事故需要重视。

4. 工程项目的施工方案不妥当。工程项目的施工方案包括施工技术方案和施工组织方案。前者指施工的技术、工艺、方法和机械、设备模具等施工手段的配置。显然如果施工技术落后，方法不当，机具有欠缺，都会影响工程质量。后者是指施工程序、工艺顺序、施工流向、劳动组织方面的决定和安排。通常的施工程序是先准备后施工，先场外后场内，先地下后地上，先深后浅，先主体后装修，先土建后安装等。这些都应在施工方案中明确，并编入相应的施工组织设计。上述因素都是对工程项目的质量形成产生影响的重要因素。

（二）施工阶段工程质量存在的法律风险

1. 建设单位方面的原因：第一，建设单位的招标行为不规范，另外一个普遍现象是建设单位故意压低标价；第二，不合理的工期要求使质量控制与进度控制之间出现矛盾；第三，建设单位不按合同约定按期支付工程进度款，间接地影响了施工质量。

2. 承包方方面的原因：第一，不少承包方素质很低，表现为履约意思不强，施工经验不足、技术力量薄弱、质量观念淡漠、机械设备老化陈旧、施工现场管理不力、供应和使用不合格材料、缺乏应有的施工常识等；第二，以最低标价中标后，承包方为挽回低价中标所蒙受的经济损失，在施工中不择手段偷工减料，牺牲工程质量；第三，工程转包，层层剥皮，使得原先就不高的项目造价一降再降，到了最低一级的承包方，其手中资金已不足以完成该项目施工。

3. 监理单位方面的原因：第一，一些监理单位职业水平低劣，职业道德败坏，甚至与被监理方串通一气。工程监理变成劣质工程的保护伞；第二，监理名存实亡，根本不履行监理职责；第三，未参加监理单位的招投标即进行监理工作，导致其丧失了竞争意识。

4. 设备、材料供应商方面的原因：设备材料供应商没有生产供应能力或供应的材料不合格导致项目工程质量问题。

5. 工程项目的施工环境会影响到工程质量。

（三）工程验收阶段工程质量存在的法律风险

建设工程未经竣工验收，发包人擅自使用后，又以使用部分质量不符合约定为由主张权利的，不予支持。但是承包人应当在建设工程使用寿命内对地基基础工程和主体结构质量承担民事责任。在实践中常常出现工程未竣工验收而发包人要求提前使用，作为我们建设单位在使用的时候就应当让承包人出具书面同意使用的资料。这样有了质量问题承包人还有承担责任的可能。

三、工程质量的风险控制方式

1. 严格履行施工合同。
2. 严格控制建筑材料、构配件和设备的质量。
3. 保证按图施工。
4. 重视中期计量支付。
5. 正确处理好质量和工期的关系。
6. 做好工程验收工作。
7. 做好工程质量维修工作。

四、公共资源交易所涉及的工程建设法律体系

1. 建筑法。
2. 物权法。
3. 合同法。
4. 招投标法及实施条例。
5. 最高人民法院关于审理建设工程施工合同纠纷案件适用法律问题的解释。
6. 最高人民法院关于建设工程价款优先受偿问题的批复。
7. 最高人民法院民事审判庭关于发包人收到承包人竣工结算文件后，在约定期限内不予答复，是否视为认可竣工结算文件的复函。

8. 建设工程质量管理条例。

9. 工程总承包企业资质管理暂行规定。

10. 建设工程质量保证金管理暂行办法。

11. 房屋建筑工程质量保修办法。

12. 建设工程价款结算暂行办法。

13. 工程建设项目招标代理机构资格认定办法。

14. 标准施工招标资格预审文件和标准施工招标文件暂行规定。

15. 工程建设项目施工招标投标办法。

16. 工程建设项目招标投标活动投诉处理办法。

17. 工程建设项目自行招标试行办法。

18. 工程建设项目勘察设计招投标办法。

19. 建筑工程设计招标投标管理办法。

20. 建筑工程方案设计招投标管理办法。

21. 工程建设项目招标范围和规模标准规定。

22. 工程建设项目申报材料增加招标内容和核准招标事项暂行规定。

23. 工程建设项目货物招投标办法。

24. 住房和城乡建设部关于进一步加强房屋建筑和市政工程项目招标投标监督管理工作的指导意见。

25. 住房和城乡建设部关于印发《建筑工程方案设计招标投标管理办法》的通知。

26. 房屋建筑和市政基础设施工程施工招投标管理办法。

27. 前期物业管理招投标管理办法。

28. 国家重大建设项目招投标监督暂行办法。

第三章　公共资源交易之国企改制和国有产权转让

第一节　国有企业改制和国有产权转让概述

一、国有企业改制概念

是指国有企业采用兼并、重组、收购、合并、转让国有产权和股份等多种方式，将国有独资企业改为国有独资公司以及将国有独资企业、国有独资公司改为国有资本控股公司或非国有资本控股公司和将国有资本控股公司改为非国有资本控股公司，以及将以上公司完全私有化。

二、国有产权转让概念

是指国有资产监督管理机构、持有国有资本的企业将所持有的企业国有产权有偿转让给境内外法人、自然人或其他组织的行为。

总之，国有资产产权转让通常是伴随着国有企业改制而进行的，但国有资产产权转让不仅限于国有企业改制。无论是国有企业改制还是其他形式的国有资产转让，从宏观上来讲，其属于一种制度变革，这种制度的变革主要是根据原企业或国有资产自身的特点和生产力水平来重新选择各种企业或国有资产的存在形式，比如有限责任公司、股份有限公司、产权私有化等，以法律所允许的各种重组方式，比如兼并、收购、分立、出售等，来调整和完善产权结构，以适应市场经济发展的需要，最终实现国有资本与民营资本的合理置换，以最终达到把国有资本变成为"产权清晰、权责明确、政企分开、科学管理"的产权多元化的市场主体，构建现代企业制度的目标。

三、国有企业改制的形式

非公司制国有企业改建为公司制企业，分为整体改建为公司制和部分改建为公司制两种情况。

1. 整体改建为公司制，是指将原国有企业的资产经评估后，把净资产折成股份或投资额，投入新公司中，设立有限责任公司或股份有限公司。

2. 企业部分改制为公司，是指原国有企业将剥离的部分财产和债务，通过转让部分产权，与其他投资者共同组建新公司。

3. 企业分立改制为两个公司，原公司系存在并设立一个以上的新公司即存续分立，原公司解散并设立两个以上的新公司即新设分立。

四、企业国有产权转让的方式

（一）拍卖转让

1. 拍卖转让是指两个以上意向受让人参加交易的情况下，以公开竞价的方式，将企业的国有产权转让给出价最高的应价人的买卖方式。

2. 拍卖的基本程序。

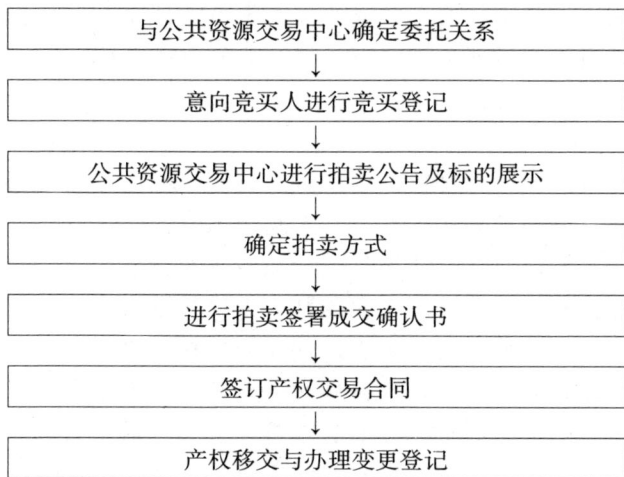

与公共资源交易中心确定委托关系
↓
意向竞买人进行竞买登记
↓
公共资源交易中心进行拍卖公告及标的展示
↓
确定拍卖方式
↓
进行拍卖签署成交确认书
↓
签订产权交易合同
↓
产权移交与办理变更登记

（二）招投标转让

1. 招标转让是指在由三名以上意向受让人申请受让企业产权的情况下，由转让方作为招标人，通过公共资源交易中心对拟转让的企业国有产权向意向人发出招标书，意向受让人按照招标书的要求编制投标文件进行投标，以公开竞价的方式表示受让拟转让企业产权，招标人或通过公共资源交易中心组成专门的评标委员会进行开标、评标并确定中标人的交易方式。

2. 招标转让程序。

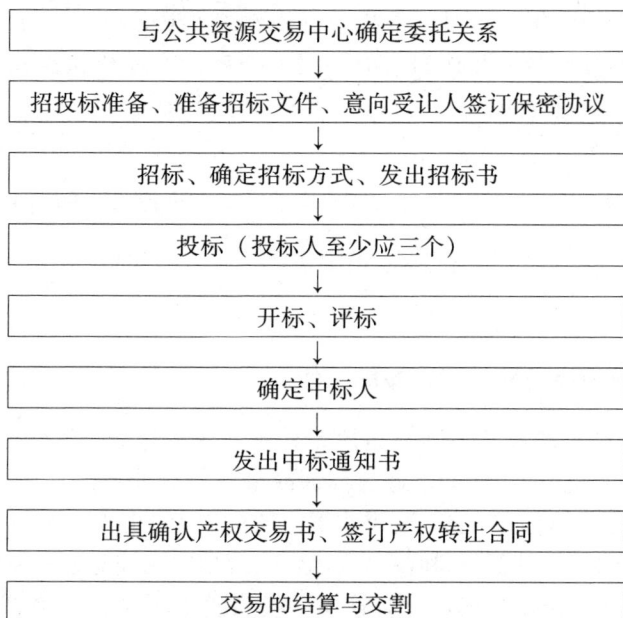

```
┌─────────────────────────────────────┐
│        与公共资源交易中心确定委托关系        │
└─────────────────────────────────────┘
                    ↓
┌─────────────────────────────────────┐
│   招投标准备、准备招标文件、意向受让人签订保密协议  │
└─────────────────────────────────────┘
                    ↓
┌─────────────────────────────────────┐
│        招标、确定招标方式、发出招标书         │
└─────────────────────────────────────┘
                    ↓
┌─────────────────────────────────────┐
│         投标（投标人至少应三个）          │
└─────────────────────────────────────┘
                    ↓
┌─────────────────────────────────────┐
│             开标、评标              │
└─────────────────────────────────────┘
                    ↓
┌─────────────────────────────────────┐
│              确定中标人             │
└─────────────────────────────────────┘
                    ↓
┌─────────────────────────────────────┐
│             发出中标通知书            │
└─────────────────────────────────────┘
                    ↓
┌─────────────────────────────────────┐
│    出具确认产权交易书、签订产权转让合同      │
└─────────────────────────────────────┘
                    ↓
┌─────────────────────────────────────┐
│            交易的结算与交割           │
└─────────────────────────────────────┘
```

（三）协议转让

1. 协议转让是指转让方和受让方就企业国有产权的转让方式协商谈判、达成一致协议所采用的交易方式。

2. 采用协议转让的条件。

（1）经过公开征集只产生一个受让方的。

（2）按照有关规定经过省级国有资产监督管理机构批准的。

（3）在草签产权转让合同后依据《产权转让办法》第11条规定的内部决策程序进行再次审议，并形成书面决议。

五、国企改制和国有产权转让的基本步骤

综合法律、法规的规定，国有企业改制和产权转让程序如下：

改制前准备→委托中介机构→清产核资产权界定→财务审计→资产评估→国有资产监督部门对资产评估结果进行核准和备案→编制《国有企业改制方案》→职工代表大会对改制方案决议的通过→律师事务所出具《国有企业改制法律意见书》→《企业改制方案》向国有资产监督部门申报和审批→发布改制公告→实施职工安置补偿手续→企业与债权人达成债务偿还协议→编制《企业国有产权转让方案》→律师事务所根据审查情况出具

《国有产权转让的法律意见书》→企业为进行国有产权转让而向国资委或同级人民政府的申报与审批→委托公共资源交易中心公示→通过招拍挂牌交易选择收购方→签订转让的各项协议书→产权交易机构出具产权交易凭证→办理工商变更登记。

第二节　律师在国企改制产权转让过程中的工作

一、改制前准备阶段律师做的工作

（一）律师在改制前的准备阶段帮助国有企业做如下工作

1. 协助目标企业组织职工通过培训或编制《企业改制宣传手册》，让其学习了解有关国企改制的法律法规政策。通过以上手段要让职工了解到企业改制中与自己有关的权利和利益的法律、政策规定及处理方式和标准。

2. 协助目标企业特别是针对管理层收购或企业的主要领导人及相关负责改制的人员进行国有企业改制的法律、法规、政策的培训。让其了解熟悉和掌握国家有关企业改制的法律、法规、政策及相关信息和经验。

3. 协助目标企业摸清企业的资产、人员等情况，初步测算职工人员分流安置的费用，结合企业的净资产以及处置收益情况计算出企业改制成本，并帮助企业草拟职工安置方案，落实改制成本的筹措渠道。

4. 协助目标企业对改制的模式进行初选，从改制企业的资产状况、生产能力、市场前景等因素来进行综合性分析。并收集同类企业改制的信息和投资主体合作意向。在充分考虑职工利益的前提下，对目标企业改制的模式进行初选。并进行可行性的论证。

5. 协助目标企业在提出改制申请前，征求主要债权人和相关部门的意见，尤其是金融部门债权人的意见。

（二）对企业普通职工及领导层讲解宣传的内容

1. 对企业普通职工讲解宣传的内容主要为：

（1）企业改制选择的基本方式；

（2）改制后新设公司的性质及与原国有企业的关系；

（3）职工身份的置换与转换；

（4）企业不同类型职工补偿安置的法律、法规及政策规定；

（5）职工原劳动合同的解除方式和程序；

（6）职工解除劳动合同的经济补偿金的资金来源、补偿标准及发放方式；

（7）职工与改制后新设公司劳动合同的变更与签订；

（8）职工实行内部退养的条件、标准和方式及法律、政策规定；

（9）企业所欠职工债务的处理方式；

（10）职工投资入股改制后新设公司的自决权；

（11）公司股东的权利和义务；

（12）公司股东会的职权、议事规则和方式；

（13）职工投资入股新设公司的利润分配与风险承担方式；

（14）职工退出新设公司的方式；

（15）企业改制与职工相关的其他规定。

2. 对企业经营管理层讲解宣传的主要内容：

（1）企业改制的有关法律、法规及政策规定；

（2）企业改制中国有资产的处置方式；

（3）企业改制中职工的补偿安置方式；

（4）企业改制中有关企业债权债务的处置方式；

（5）企业管理层收购的法律、法规及政策的规定；

（6）企业管理层持股公司的比例与方式选择；

（7）企业改制操作的基本程序；

（8）企业改制后公司形式的选择；

（9）企业国有产权的转让方式与程序；

（10）改制后公司法人治理结构的设置；

（11）改制后公司股权结构的设置；

（12）公司股东权利与义务；

（13）公司股东（大）会、董事会、监事会的职权及议事规则；

（14）改制企业职工代表大会关于企业改制的表决事项、程序与表决方式；

（15）改制企业职工代表大会关于企业改制的表决事项、程序和方式；

（16）企业改制所涉及的相关政府部门及其审批、审核、备案的事项与方式；

（17）企业改制后公司的设立；

（18）违法违规操作改制的法律责任和后果；

（19）企业改制其他相关的规定。

二、律师在目标企业清产核资和产权界定过程中的工作

律师首先应该了解并清楚清产核资以及产权界定程序和主要内容。

清产核资是指国有资产监督管理机构按照《国有企业清产核资办法》，在企业分立合并重组改制等经济行为涉及资产或产权结构重大变动等行为时，由目标企业申请按照具体的工作程序、方法和政策，组织企业进行财务清理，财产清查，并依法认定企业的各项资产损益。从而反映真实的企业的资产价值和重新核定企业国有资本金的活动。

清产核资的工作大部分是目标企业委托的社会中介机构中的会计师事务所或审计事务所对企业资产进行全方位的清查核资，但作为主协调方的律师事务所的律师，应当对清产核资的程序和法律、政策的具体规定进行全方位的了解。从而能够在企业清产核资方面起到主协调作用。为此我们律师应从以下方面了解和指导目标企业进行清产核资的工作。清产核资的内容主要包括资产核实和产权界定两个方面。

（一）资产核实

清产核资是国有企业改制的必要程序。根据《关于规范国有企业改制工作意见的通知》（国办发〔2003〕96号）及《关于进一步规范国有企业改制工作的实施意见》（国办发〔2005〕60号）的有关规定，国有企业改制前，首先应进行清产核资，在清产核资的基础上，再进行资产评估，了解资产状况，为改制和产权交易提供价值依据。

（二）产权界定

许多国有企业存在产权不明确的问题，企业实施改制就涉及企业资产处置的问题，企业资产处置的前提必须是产权清晰明确，产权界定是产权清晰的重要途径和手段。如果企业存在产权不清晰的问题，必须进行产权界定。

三、律师在财务审计和资产评估过程中的工作

律师作为主协调方应当从以下方面提示目标企业在财务审计和资产评估过程中的注意事项：

根据国家有关部门关于国有企业改制的有关规定和要求，审计是国有企业改制的必需程序，主要包括财务审计和离任审计两种。

（1）财务审计：负责企业实施改制财务审计的中介机构必须由改制方案的审批单位予以确定。

（2）离任审计：国有企业改制为非国有企业或存在管理层收购的问题时，必须在改制前由国有产权持有单位组织对国有企业的法定代表人进行离任审计。且离任审计和财务审计工作应由两家会计师事务所分别承担，分别出具审计报告。

（3）资产评估。清产核资和审计结束后，应委托资产评估机构对企业资产进行评估，以确定企业的总资产、负债及净资产的价值。但是该资产评估机构不得聘请参与该企业在上一次或在清产核资时的评估机构和注册资产会计师或评估师。也不得聘请同一中介机构开展财务审计与资产评估。

四、律师在编制《国有企业改制方案》中的工作

律师对于改制企业的目标公司的《国有企业改制方案》的制定起着总体的协调和指导的作用。改制方案中的改制的具体形式，改制后形成的法人治理结构，改制企业的债权债务的处理及落实，改制企业的职工安置等等都是通过律师的尽职调查后再结合改制企业的具体情况进行全方位的综合性考虑而出台的。为此律师事务所律师在企业改制过程中至少需要承担的工作有如下：

（1）为改制企业改制时进行尽职调查报告并出具《律师尽职调查报告》。在进行尽职调查的同时律师应当制作尽职调查清单。

（2）为企业改制出具《公司改制方案》以及《职工安置方案》。为改制企业进行改制时起草出具《解除劳动合同协议》、《职工安置补偿协议》并进行见证。

（3）为企业改制出具《国有企业改制法律意见书》。

五、律师在企业产权转让过程中的工作

1. 为国有企业产权转让出具《国有企业产权转让法律意见书》。

2. 为国有企业产权转让起草《产权转让申请书》、《产权交易委托合同》。

六、公共资源交易中国有企业改制国有产权转让的法律及政策体系

1. 公司法。

2. 公司法若干问题规定。

3. 企业国有资产产权登记管理办法。

4. 企业国有资产产权登记管理办法实施细则。

5. 企业国有产权转让管理暂行办法。

6. 企业国有产权向管理层转让暂行规定。

7. 关于国有大中型企业主辅分离辅业改制分流安置富余人员的实施办法。

8. 关于国有大中型企业主辅分离辅业改制分流安置富余人员的劳动关系处理办法。

9. 关于外国投资者并购境内企业的规定。

10. 最高人民法院关于审理与企业改制相关的民事纠纷案件若干问题的规定。

11. 关于企业兼并的暂行规定。

12. 关于出售国有小型企业产权的暂行办法。

13. 关于转发财政部、科技部国有控股高新技术企业开展股权激励试点工作指导意见的通知。

14. 关于深化转制科研机构产权制度改革若干意见。

15. 关于进一步规范国有企业改制工作的实施意见。

16. 关于规范国有企业改制工作意见的通知。

17. 国有企业清产核资办法。

18. 中央企业经济责任审计管理暂行办法。

19. 国有企业财产监督管理条例。

20. 国有资产产权界定和产权纠纷处理暂行办法。

21. 集体企业国有资产产权界定暂行办法。

22. 国有资产评估管理办法及实施细则。

23. 国有资产评估管理若干规定。

24. 企业国有资产评估管理暂行办法。

25. 企业公司制改建有关国有资本管理与财务处理的暂行规定。

第三节　企业改制产权转让部分法律文书范本

一、企业改制方案

××公司（以下简称"A公司"）是××公司（以下简称"××"）全资下属企业，为适应××公司整体重组改制的需要，根据《中华人民共和国公司法》（以下简称"《公司法》"）等有关法律、法规的规定，结合A公司的实际情况，特制定本方案。

一、改制公司基本情况

1. 企业简况

企业名称、企业住所、法定代表人、经营范围、注册资本、出资人等。

2. 企业资产、财务状况

截至改制基准日止（具体年月日），改制公司总资产、总负债、净资产。改制前上年度改制公司主营业务收入总额，净利润总额。

3. 人员构成

截至改制基准日止（具体年月日），改制公司本部在册正式员工总人数，其中包括在岗员工人数，内退/下岗人员人数，离退休人员人数。2015改制前上年度改制公司本部职工平均年收入为多少。

4. 生产经营情况

二、改制必要性、目标及原则

1. 改制必要性

2. 改制目标

3. 改制原则

三、改制实施方案

1. 改制形式

2. 改制后新公司的基本情况：

（1）名称：（以工商登记机关核定的为准）

（2）住址：

（3）经营范围：（以工商登记机关核定的为准）

（4）注册资本：

（5）股权结构：

四、业务重组

1. 资产重组

截至改制基准日止，改制公司账面资产总额为××，其中流动资产为××，固定资产为××，长期投资为××.（以改制公司实际资产额及评估机构的评估值为准）。

基于整体重组的原则，改制公司的资产（含股权/权益，下同）均全部进入新公司。部分资产由于特殊原因需剥离出 A 公司，该等资产详情如下××。

剥离方式为××。

2. 债务重组

截至改制基准日止（具体年月日），改制公司账面负债总额为××，其中流动负债为××，长期负债为××（以审计机构的审定数为准）。

（1）剥离的贷款和担保（如有）

根据"债务随资产走"原则，剥离出 A 公司的资产所相关的负债在征得相关债权人同意的前提下，一并随资产剥离出 A 公司，由【××××】承担。

（2）留在改制公司的贷款和担保

就改制公司改制应征得其尚在履行的贷款和担保合同的银行债权人的同意；对于其他债权人，应视合同的约定而定，就改制事宜通知或者征询债权人同意。

3. 人员重组

改制后，改制公司全部员工共计××名（指本部员工，【包括内退、下岗、离退休人员】）均进入新公司，新公司继续履行改制前 A 公司与留用职工签订的劳动合同，并继续负担该部分人员的工资和相关统筹外费用。新公司不需因本次改制向留用职工支付经济补偿金。相关的养老保险、失业保险、医疗保险以及住房公积金等社会保险将变更至新公司。

4. 新公司发展规划

5. 新公司法人治理结构

（1）股东

（2）法定代表人

（3）董事会、监事会

（4）高级管理人员

以上均列明具体名称的相关基本情况。

五、改制操作程序

改制公司改制为私有控股有限责任公司遵循如下改制程序：

1. ［需剥离的资产（需剥离的资产清单详见"资产重组"）根据上级主管部门的指令划转至××，该等划转以××年×月×日为基准日，自××年×月×日起，上述划转资产归划入方所有。自××年×月×日至有关权益办理完毕全部过户登记、变更手续之日期间，经营的损益应按照基准日划分的资产负债范围，分别由划出方和划入方享有及承担。划入方依法办理资产交接手续、国有产权及工商变更登记手续。］（此项仅适用于涉及资产划转的企业）

2. 制定改制方案并征求职工意见，××年×月×日前将改制方案报送至上级主管部门或国有资产监督管理委员会。

3. ××年×月×日前上级主管部门或国有资产监督管理委员会批准改制方案。

4. 确定改制后企业名称并办理名称预核准。

5. ××年×月×日前，向银行债权人发出改制通知并获得相应的同意函。

6. ××年×月×日前，聘请具备相应资质的中介机构对改制企业的资产进行评估并出具资产评估报告，评估结果报国有资产监督管理委员会备案。

7. 聘请合资格的验资机构出具《验资报告》。

8. 任命公司董事会成员（或执行董事）和监事会成员（或监事），职工代表监事由职工选举产生；召开监事会选举监事会主席；聘任公司的高级管理人员。

9. ××年×月×日前，到工商行政管理机关办理工商登记并换领企业法人营业执照。

10. 取得有限责任公司企业法人营业执照后，办理税务登记变更、业务资质变更、国有产权登记变更、社会保险登记变更等有关手续，并办理房产、土地使用权、专利、商标等资产的权属证书权利人由改制公司变更为新公司的手续，该等手续于××年×月×日办理完毕。

11. 就改制事项通知正在履行的经营合同的合同对方。

改制公司盖章

××年×月×日

二、企业改制法律意见书

【　　】号

第一部分　引言

根据××律师事务所（以下称"本所"）与【改制企业名称】（以下简称"【　　】"）签订的《【　　】法律服务聘用协议》，本所作为本次【拟改制企业】进行公司制改造事项的特聘专项法律顾问，参与【　　】改制的相关工作。本所律师按照律师行业公认的业务标准、道德规范和勤勉尽责精神，现就本次【　　】改制的相关事宜发表法律意见。

为出具本法律意见书，本所律师特作如下声明：

1. 本所律师已获得【拟改制企业】及相关方的承诺，其向本所提供的为出具本法律意见书所必需的文件材料是真实、准确和完整的，复印件与原件完全一致。

2. 本所律师仅依据本法律意见书出具日以前已经发生或存在的事实和中华人民共和国（以下简称"中国"）现行法律法规、规范性文件发表法律意见。

3. 本所律师已经对与出具本法律意见书有关的所有文件资料及口头证言进行审查判断，并据此出具法律意见。

4. 本所律师对本次设立【拟改制企业】改制的合法性及对设立【改制后的一人有限责任公司】有重大影响的法律问题发表法律意见，法律意见书中不存在虚假记载、误导性陈述及重大遗漏，否则本所愿承担法律规定的相应责任。

5. 本所律师同意将本法律意见书作为【拟改制企业】改制相关申请必备之文件，随其他申报材料一起上报，并依法对出具的法律意见承担责任。

本所律师按照律师行业公认的业务标准、道德规范和勤勉尽责精神，对【拟改制企业】及相关各方提供的有关文件和事实进行了核查和验证，现出具法律意见书如下：

第二部分 释义

除非本法律意见书文义另有所指，下列词语的含义如下：

本所	指	××律师事务所
	指	【请根据实际情况增补释义内容，包括但不限于拟改制企业名称、改制后公司制企业名称、为改制提供审计、评估等服务中介机构名称、改制及本法律意见书出具所依据的批准文件、法律法规等】
元	指	中华人民共和国法定货币人民币

第三部分 正文

一、拟改制企业的历史沿革和现状

【拟改制企业营业执照、公司章程记载事项、公司历史沿革的简要描述】

【简要描述本改制企业与批准改制的上级主管部门在企业隶属方面的关系等】

二、【 】改制所获得的批准和授权（根据实际情况增删）

经本所律师审查，【公司】的设立已取得了以下批准和授权：

1. 年 月 日，【内部决策程序及所形成的决议文件】。

2. 年 月 日，【职工代表大会】。

3. 年 月 日，【上级单位审批，请填写批文文号、全称及主要内容】。

4. 年 月 日，【 】取得【 】工商行政管理局核发的【 】号《企业名称预先核准通知书》。根据上述核准通知书，预先核准的公司名称为"【 】"。

5. 年 月 日，【 】取得【 】核发的【 】号《企业法人营业执照》。

6. 【其他获得的批准情况，请补充】。

经本所律师审查，上述为【 】改制设立【 】而出具的文件的内容和形式均符合中国现行的法律、法规。

三、设立【改制后的××有限责任公司】的实质条件

1. 【改制后的××有限责任公司】的设立方式

本次【改制后的××有限责任公司】的设立是根据《公司法》第【　】的规定【　】设立。

2. 设立【改制后的××有限责任公司】的条件

【请逐条核对该公司的设立是否符合《公司法》对有限责任公司及××有限责任公司的设立要求】

本所律师认为，【改制后的××有限责任公司】已具备设立成为××有限责任公司的实质条件。

四、【改制后的××有限责任公司】设立的主要程序

【拟改制企业】在本次公司制改造的过程中，依照《公司法》及国有企业改制相关规范性文件的要求，并履行了以下法律程序：

1. 【改制方案内容】。

2. 【职工安置方案，且方案应当经职工代表大会或者职工大会审议通过职代会的情况】。

3. 年　月　日，【上级主管部门或国有资产监督管理委员会下发同意改制的批文】。

4. 【请描述该企业改制前是否全数通知各金融债权人，并均取得同意的回执】。

5. 【对于企业原对外签署且正在履行的重大合同，如就企业改制需取得对方同意或需通知的，该等义务是否履行，以及回执的取得情况】。

6. 年　月　日，【　】出具以 年 月 日为基准日的【　】号《审计报告》。

7. 年　月　日，【　】对改制企业以 年 月 日作为评估基准日对该企业进行资产评估，并出具【　】号《资产评估报告》，评估结果已报南车集团备案。

8. 年　月　日，【　】取得【　】工商行政管理局核发的【　】号《企业名称预先核准通知书》。根据上述核准通知书，预先核准的公司名称为"【　】"。

9. 年　月　日，验资机构【　】出具改制后××有限公司【　】的【　】号《验资报告》。

10. 制定新公司章程的情况。

11. 人事任免情况，该等人事安排是否属于公司法以及现行公司章程的要求。

12. 办理国有产权登记变更手续。

13. 　年　月　日，【公司】就企业组织形式、企业名称变更等相关事项已取得【工商局】核发的【　】号《企业法人营业执照》，相关文件已办理完毕工商变更手续。

14. 取得公司企业法人营业执照后，办理税务登记变更、业务资质变更、社会保险登记变更等有关手续的情况。

15. 请特别说明资产权属证书权利人变更是否均已完成。

经审核上述相关文件，本所律师认为，【　】的设立已履行了必要的设立程序，该公司的设立合法、有效。

五、【　】公司股东的出资

请描述拟进入改制后公司的资产情况，是否存在资产剥离、债权债务处置方案、是否存在任何权利限制等。

请特别说明资产权属证书权利人变更是否均已完成。

六、人员安置

请描述是否涉及人员安置，安置方案如何，该等方案通过职代会审议的情况，该方案对本次公司制改造是否存在任何影响，是否符合职工利益。

如不涉及人员安置或重组，亦请明确说明。

本所律师认为，【结论性意见】。

七、【　】之公司治理结构

【　】建立完整的内部组织结构【　】，并拥有独立的职能部门，包括【　】。

【简述公司内部制度建设情况】

本所律师认为，【　】已依法设置独立机构，独立行使经营管理权，该公司将不会产生与股东及其控制的其他企业间机构混同、产权不清的情形。

八、结论意见

综上所述，本所律师认为：本次由【　】改制为【　】已具备必要的实质性条件和程序性条件，不存在影响本次设立【公司】的重大法律障碍和重大法律风险。

本法律意见书正本四份，无副本。

　　　　　　　　　　　　　　　　　　××律师事务所
　　　　　　　　　　　　　　　　　　　律师
　　　　　　　　　　　　　　　　　年　月　日

三、国有企业改制职工安置方案

一、制定职工安置方案的指导思想、原则和主要政策依据

改制前企业名称、所有制性质，××年××月××日经××国有资产监督管理委员会/授权部门以××号文件（附后）批准改制为国有控股企业/非国有控股企业（国有持股比例，职工持股比例），改制后拟定企业名称、所有制性质。

（一）制定职工安置方案的指导思想和原则

其中原则部分应明确计算经济补偿金等职工安置费用和理顺劳动关系的基准日（经济补偿金等职工安置费用的计算，以有关部门批准企业改制方案之日为基准日；国家或省另有规定的，从其规定）。

（二）政策依据

根据改制的具体情况，依据相关的法律法规和政策，主要有：

1.《中华人民共和国劳动合同法》

2. 国务院《工伤保险条例》

3.《中共中央国务院关于进一步做好下岗失业人员再就业工作的通知》（中发〔2002〕12号）

4.《国务院关于进一步加强就业再就业工作的通知》（国发〔2005〕36号）

5.《中共中央办公厅、国务院办公厅关于转发劳动和社会保障部等部门关于积极推进企业退休人员社会化管理服务工作的意见的通知》（中办发〔2003〕16号）

6.《国务院办公厅转发国务院国有资产监督管理委员会关于规范国有企业改制工作意见的通知》（国办发〔2003〕96号）

7.《国务院办公厅转发国资委关于进一步规范国有企业改制工作实施意见的通知》（国办发〔2005〕60号）

8.《河北省国有企业改制程序》

二、企业人员状况

（一）改制前企业现有人员基本情况

1. 在册职工××名，其中离岗退养人员××名。

2. 离休人员××名，退休人员××名。

3. 工伤（职业病）职工××名。

4. 其他人员情况及人数等。

（二）改制后企业接收安置职工情况

1. 接收安置的职工××名。

2. 其中办理离岗退养职工××名，工伤（职业病）职工××名等。

三、职工安置办法

（一）职工安置

1. 改制企业依据《劳动合同法》等文件的规定，对符合条件的职工解除劳动关系，给予经济补偿金。

解除职工人数为××名，其中安置到改制后企业的××名，分流到社会的××名。

2. 经济补偿标准和支付办法

（1）按照法律及相关政策标准结合 改制企业的实际情况，论述具体的职工安置的法律及政策性规定，并计算出以下数字。

改制企业的平均工资为×××元，实行此办法解除劳动关系并分流到社会的职工××人，总工龄为××年，经济补偿金平均月工资为××元，经济补偿金总额为×××万元，医疗补助费为××万元；解除劳动关系并安置到改制后非国有法人控股企业的职工××人，总工龄为××年，经济补偿金平均月工资为××元，经济补偿金总额为×××万元，医疗补助费为××万元。

（2）对距法定退休年龄不足 5 年的职工的安置方案按照相关政策论述。实行此办法安置的职工××名，总工龄为××年，费用××万元。

3. 变更劳动合同的职工××名，职工在改制前企业的工作年限合并计算为改制后企业的工作年限。

4. 改制后的企业原则上接收安置原企业的××名职工，占改制后企业职工人数的××％。

（二）离岗退养人员安置

1. 改制前原已办理离岗退养人员××名。

2. 对距法定退休年龄不足 5 年的职工，经企业与职工协商一致，办理离岗退养的职工××名。离岗退养期间，企业依法发放生活费，企业和离岗退养人员依法缴纳各项社会保险费和住房公积金，达到退休年龄后企业为离岗退养人员向社保经办机构申请养老保险待遇。

（三）退休人员安置

1. 退休人员人数。

2. 怎样安置请论述。

（四）离休人员安置

1. 离休人员人数。

2. 离休人员安置与管理请具体论述。

（五）参加社会保险情况和社会保险关系接续

1. 在××社保局（或社保中心）参加了养老、失业、工伤、生育等各项社会保险，缴纳各项社保费情况（附《用人单位参加社会保险情况表》）。

2. 欠缴社保费××万元，从企业转让的国有产权收益中支付（收益不足以支付的，不足部分由某某统筹解决）。

3. 企业改制过程中将积极做好职工社会保险关系的理顺和接续工作，并为分流人员办理停保及申请有关待遇手续，切实保障职工的合法权益。企业改制后在××社保局（或社保中心）继续为职工参加养老、失业、工伤、生育等各项社会保险，并按时足额缴纳各项社会保险费。

（六）参加医疗保险

1. 改制前××名职工在××医保经办机构参加了医疗保险。

2. 按照××市《××××》（××〔××〕××号）第××条的规定（附具体文件），对距退休年龄10年（或当地政府规定的其他年限）内且解除劳动关系的××名职工计缴过渡性基本医疗保险金××万元，及其他医疗保险费用××万元。

3. 按照××市《××××》（××〔××〕××号）第××条的规定（附具体文件），××名退休人员参加医疗保险，需一次性缴交过渡性医疗保险金××万元，重大疾病补助金××万元，共××万元。

（七）工伤（职业病）职工安置

1. 工伤（职业病）职工××名，安置办法及总费用。

2. 其中 1 ~ 4 级工伤职工人数（附花名册）、预留费用的依据及金额。

3. 其中 5 ~ 6 级工伤职工人数（附花名册）、预留费用的依据及金额。

4.7 ~ 10 级工伤职工人数（附花名册）、安置办法、所需费用。

（八）拖欠职工的劳动保障费用

1. 经确认拖欠职工工资××万元，在改制前一次性付清。

2. 经确认拖欠职工集资款××万元，在改制前一次性付清。

3. 经确认拖欠职工医疗费××万元，在改制前一次性付清。

4. 经确认挪用职工住房公积金××万元，在改制前一次性付清。

（九）总费用及资金来源

1. 职工安置所需总费用××万元。

2. 职工安置费用按照《××××》（××〔××〕××号）的规定，从×××中支付。

四、职工大会（或职代会）审议

职工安置方案经××年××月××日职工大会（或职代会）审议通过，职工大会（或职代会）决议（可参考《职工代表大会决议参考样本》）及相关资料附后。

五、有关事项

方案中有关条款如与国家、省有关政策规定相违背的，以国家、省的有关政策规定为准。本方案经劳动保障部门审查批准后方能实施。

备注：企业或其主管部门应提交的材料：

1. 企业主管部门请求劳动保障部门对职工安置方案进行审核的公函，没有主管部门的由企业直接出具公函；

2. 职工安置方案（含退休人员移交社会化管理服务实施方案及退休人员移交街道管理服务备案表或依托企业管理备案表）；

3. 职代会或职工大会审议资料，包括企业职代会或职工大会的签到表、会议记录以及投票结果、会议决议；

4. 其他对职工安置有关情况进行补充、说明的资料；

5. 改革的文件依据以及涉及的政策法规，包括有关部门批准企业改革的书面意见，企业政策性关闭破产或改制的文件依据、涉及的政策法规及具体内容。

四、解除劳动合同协议

协议编号：

当事人双方：

甲方：

（住址、法定代表人、电话、传真、邮政编码）

乙方（员工）：

（住址、邮政编码、电话、身份证号）

鉴于：

乙方原为甲方合同制职工，合同期限为××年，现因××原因，甲乙双方按照《中华人民共和国劳动合同法》的规定，本着平等、自愿的原则，共同协商解除劳动合同。

第一条　甲方的义务

（1）甲乙双方解除劳动合同时约定经济补偿金，经济补偿金要符合法律、法规的规定，还要根据公司的具体情况来确定，经济补偿金的确定标准及金额如下。

（2）在解除劳动合同时，如甲方的商业秘密尚未公开，且乙方负有保密义务，甲方支付给乙方保密费的标准及金额如下。

（3）协助乙方办理保险关系转移、党团关系接续等与劳动关系解除相关的一切手续。

第二条　乙方的义务

（1）乙方在解除劳动合同时，如果之前签订了保密协议、竞业禁止协议，则仍应对原协议予以遵守；

（2）乙方不得为其他有损甲方利益的行为；

（3）返还所有权或使用权归属甲方的所有物品。

第三条　违约责任

本协议中甲乙任何一方不履行相应义务的，向守约方承担违约责任，支付违约金元，违约金不足以弥补守约方实际损失的，守约方可要求对实际损失予以赔偿。

第四条　其他

从签订本协议起，甲乙双方原劳动合同即行解除。本协议一式两份，双方各持一份。

甲方：（盖章）　　　　　　　　乙方：（签字）

法定代表人或委托代理人：（签字）

年　　月　　日

五、企业改制过程中的律师尽职调查

一、企业改制需要对原企业进行全方位的考察，律师根据企业改制的计划，以及改制的具体方式和产权交易的具体需求，通过运用专业的法律知识和政策，对企业的相关文件、信息和事实情况进行收集并进行独立的、认真的、全方位分析及判断得出相应的结论。律师在尽职调查过程中应当制作工作底稿。工作底稿应当真实、完整、记录清晰并适宜长期保存。形成完备的工作底稿是考核律师尽职调查工作的一项核心内容，工作底稿的制作不仅是律师工作过程的完整体现，同时也是防范律师执业风险的重要手段。律师开展尽职调查的工作底稿应当包括但不限于下列内容：

1. 与改制企业设立及历史沿革有关的资料，如设立批准证书、营业执照、合同、章程等文件或变更文件的复印件；

2. 重大合同、协议及其他重要文件和会议记录的摘要或副本；

3. 与委托人及被调查对象相互沟通情况的记录，对委托人与被调查对象提供资料的检查、调查访问记录、往来函件、现场勘察记录、查阅文件清单等相关资料及详细说明；

4. 委托人、被调查对象及相关人员的书面保证或声明书的复印件；

5. 对保留意见、疑难问题所作的说明；

6. 其他与出具《尽职调查报告》相关的重要资料。

二、尽职调查核查要点（调查清单）

（一）改制公司的"设立、沿革和变更情况"

1. 改制企业的营业执照；

2. 改制企业历次变更的章程及目前有效的章程；

3. 与改制企业设立相关的政府有权部门的批文；

4. 与业务经营相关的批准、许可或授权；

5. 企业取得的资格认定证书，如业务经营许可证等；

6. 企业变更登记事项的申请与批准文件；

7. 企业成立时及成立之后历次验资报告及审计、评估报告；

8. 股东会、董事会的会议记录和决议；

9. 企业分支机构和企业对外投资证明；

10. 税务登记证以及有关税收优惠情况说明及批文；

11. 外汇登记证；

12. 海关登记证明；

13. 企业已经取得的优惠待遇的相关证明文件；

14. 其他相关证明文件。

以上可以辅助到工商局进行档案查询。

（二）基本运营结构

1. 企业目前的股本结构或出资人出资情况的说明；

2. 有关企业目前的管理结构、薪酬体系的文件；

3. 有关企业内部管理制度与风险控制制度的文件；

4. 对"股权情况"的核查，包括但不限于下列相关文件：

5. 有关企业的股权结构及其演变过程的证明文件；

6. 股权有无质押或其他形式权利行使障碍的证明文件；

7. 有关股东出资方式、出资金额的证明文件；

8. 股东以非货币财产出资的财产权属证明文件及权属变更登记文件。

（三）有形资产情况

1. 企业及其附属机构房屋产权及重要设备的清单；

2. 企业及其附属机构有关房屋及重要设备租赁的文件；

3. 企业及其附属机构有关海关免税的机械设备（车辆）的证明文件（如有）；

4. 企业其他有形资产的清单及权属证明文件。

（四）土地使用权及其他无形资产情况

1. 企业及其附属机构对各项软件、产品等无形资产所拥有的知识产权清单，包括专利、商标、版权及其他知识产权；

2. 所有与知识产权有关的注册登记证明及协议；

3. 企业及其附属机构土地使用权证、租赁土地的协议；

4. 企业及其附属机构签署的重大知识产权或专有技术相关协议。

（五）改制企业所签署或者有关联关系的"重大合同情况"

1. 任何与企业及其附属机构股权有关的合同；

2. 任何在企业及其附属机构的动产或不动产设定的所有抵押、质押、留置权等担保权益或其他权益限制相关的合同；

3. 企业及其关联机构的兼并、分立、合并、歇业、清算、破产的相关合同；

4. 企业及其附属机构签署的所有重要服务协议；

5. 企业及其附属机构签署的所有重要许可协议、特许安排及附有条件的买卖合同；

6. 企业及其附属机构签署的所有重要能源与原材料或必需品等供应合同；

7. 企业及其附属机构签署的所有重大保险合同；

8. 企业及其附属机构改制前签署的任何与合并、联合、重组、收购或出售有关的重要文件；

9. 企业及其附属机构与主要客户签订的其他与其经营有重大影响的合同；

10. 其他重要合同，如联营合同、征用土地合同、大额贷款或拆借合同、重大承包经营、租赁经营合同或投资参/控股及利润共享的合同或协议等等。

（六）改制企业"重大债权债务"

1. 有关公司应收款、其他应收款的真实及权利的完整；

2. 应付款项是否与业务相关，有无异常负债；

3. 有无或有事项及或有负债；

4. 有无因债权债务事项而可能引发的纠纷；

5. 对涉及的"重大法律纠纷、行政处罚等情况"的核查，包括但不限于下列相关文件；

6. 企业未了结的诉讼、仲裁、行政处罚、索赔要求及政府部门调查或质询的详细情况；

7. 企业违反或被告知违反卫生、防火、建筑、规划、安全等方面的法律、法规、通知或诉讼的情况；

8. 企业所知晓的将来可能使之涉及诉讼、仲裁、行政处罚、索赔要求、政府部门的调查或质询的事实。

（七）改制企业"人员基本情况"

1. 企业高级管理人员的基本情况；

2. 企业和职工签订的劳动合同样本；

3. 企业工会组织的情况和与工会签订的集体劳动合同或协议；

4. 企业职工福利政策；

5. 企业缴纳社会保险费的情况。

（八）企业"环境保护"

1. 项目立项和建设、竣工过程中的专家环境评估报告和环保部门的批准；

2. 环保部门的整改通知、处罚决定；

3. 生产过程中的环保设备、工艺、制度、保障;

4. 对企业"纳税情况"的核查,包括但不限于下列相关文件;

5. 企业应纳税的税种、税率、税收优惠政策的依据、批准;

6. 纳税记录、完税证明、欠交税款、行政收费;

7. 税务机关的催收通知、处罚决定。

三、《尽职调查报告》编制

在委托人或者被调查对象依据尽职调查清单的要求提供各类文件与信息后,律师应当及时、谨慎地对所有材料进行审阅和分析,并据此向委托人或被调查对象提出初步审查意见。律师在提出初步意见后,应当与委托人或者被调查对象进行充分沟通,明确需要进一步调查的具体事项或问题,以利于在反复不断完善的过程中,达到尽职调查工作的全部目的。律师在获得全部必备信息材料后,应当编制最终的《尽职调查报告》。

《尽职调查报告》一般包括下列内容:

1. 目的与范围:说明出具尽职调查报告所要达到的目的和核查的范围;

2. 律师的工作准则:说明律师是根据有关法律、法规、规章和规范性政策文件,根据委托人的授权,按照律师行业公认的业务标准、道德规范和勤勉尽责精神,出具工作报告的;

3. 方法与限制(假定):说明核查和出具报告所采用的基本方法和报告所基于的假定;

4. 律师的工作程序:说明律师在开展尽职调查工作过程中的主要工作方式、工作时间以及工作流程,包括对调查对象提供材料的查验、走访、谈话记录、现场勘查记录、查阅文件的情况等;

5. 相关依据:律师制作调查报告所依据的文件材料以及报告反应情况的截止时间和所依据的法律、法规、行政文件、规章、通知;

6. 使用范围与声明(不保证);

7. 正文:正文内容应当与律师的工作程序以及律师出具的调查清单所涉及的范围基本保持一致,主要包括公司设立、变更、存续、公司组织架构和法人治理、业务与经营状况、资产状况、知识产权、环境保护、税务、保险、劳工制度、重大合同与担保、诉讼以及处罚情况等,正文部分可以分别对每一个具体问题进行分析与解释,并发表法律意见;

8. 结尾:律师对尽职调查的结果发表结论性意见。

六、企业国有产权转让的法律意见书

×××：

根据×××与××律师事务所签订的企业国有产权专项业务委托代理协议，本所担任×××（下称"产权转让方"）××市国有资产监督管理委员会所属企业"×××"（下称"转让标的企业"）企业国有产权转让的专项法律顾问，并为本次企业国有产权转让出具本法律意见书。

本法律意见书所依据的我国现行有效的法律、行政法规和有关规定包括但不限于如下文件：《中华人民共和国公司法》、国务院《企业国有资产监督管理暂行条例》、国务院国有资产监督管理委员会《企业国有产权转让管理暂行办法》、国务院国有资产监督管理委员会《关于规范国有企业改制工作的意见》、国务院国有资产监督管理委员会《关于进一步规范国有企业改制工作的实施意见》、《河北省企业国有资产产权转让管理暂行条例》、《石家庄市企业国有资产产权交易管理暂行规定》。

本所对产权转让方转让企业国有产权的资格及条件进行了调查，查阅了本所认为出具本法律意见书所需查阅的文件，并就有关事项向产权转让方作了调查和了解。

在前述调查过程中，本所得到产权转让方如下保证，即产权转让方已经提供了本所认为出具法律意见书所必需的、真实的书面材料或口头证言（已做笔录），书面材料副本或复印件与正本或原件一致。

本所仅就与产权转让方办理企业国有产权转让报请批复有关的法律问题发表意见，对有关审计、资产评估等保留意见。

本法律意见书仅供产权转让方办理企业国有产权转让之目的使用，不得作任何其他目的。

本所同意将本法律意见书作为产权转让方办理企业国有产权转让申报文件，随其他申报材料一起上报，并依法对所出具的法律意见书承担责任。

一、关于产权转让方的主体资格

律师需要根据有关法律、法规及公司章程的规定，分别表述转让方的工商登记、年检情况或其他证明材料等方面，对其是否依法设立、存续予以说明。

二、关于本次企业国有产权转让的内部决策过程

需要论述，内部企业主管部门以及企业内部对国有产权转让是怎样决

定或怎样批准的，是否符合内部决策程序及批准程序，内部决策及批准文件有哪些主要内容。

本次企业国有产权转让的重大内部决策及相关文件如下：

1. ×××

2. ×××

3. ×××

上述内部决策过程及文件，表明产权转让方履行了有关法律法规规定的可行性研究、内部决策及报请审批等程序。

三、关于本次转让所涉及的国有产权

转让标的企业是转让方于×××年成立的国有独资企业，注册资本××万元，实际注入××万元。经市国资委于××年×月×日核准。截至评估基准日（××年×月×日），核准的资产总计为××万元。

四、关于本次企业国有产权转让的方式

论述转让的具体方式以及省、市政府监督部门以何种文件准予，以何种（拍卖、招标、挂牌、协议）方式进行国有资产转让。

论述本次企业国有产权转让方式是否符合有关法律、法规的规定。

五、关于转让标的企业的主体资格

国务院国资委《企业国有产权转让管理暂行办法》第二条第三款的规定：企业国有产权，是指国家对企业以各种形式投入形成的权益、国有及国有控股企业各种投资所形成的应享有的权益，以及依法认定为国家所有的其他权益。

转让标的企业"×××"，是转让方于×××年成立的国有独资企业。经×××省工商行政管理局登记注册，企业法人营业执照号码×××，注册地址：×××号，注册资本×××万元，实际注入×××万元。法定代表人：×××。经营范围：×××。

×××已依法办理了×××年度（即最近一个年度）的工商年检登记，截至改制方案报请省国资委批准日（××年×月×日）依法有效存续。

根据转让标的企业的工商登记、年检注册情况及其他证明材料，该企业作为企业国有产权转让标的符合相关法律、法规规定的主体资格。

六、关于转让标的企业的财产

转让标的企业成立于×××年×月，注册资本×××万元，实际注入×××万元。××年×月×日评估基准日流动资产×××万元；长期投资

×××；固定资产×××；无形资产×××；其他资产×××；资产总计×××万元；流动负债调整后账面价值×××万元；净资产调整后账面价值×××万元。结合资产评估报告对于产权界定进行分析作出结论性意见。

转让标的企业的国有产权权属清晰。

七、关于转让标的企业的债权债务处理方案

××会计师事务所有限公司"××"号《资产评估报告书》流动负债评估结果（评估值）显示：转让标的企业流动负债合计××元。其中，其他应付款××元，应缴福利费××元，应缴税金××元，其他未缴款××元。

转让标的企业有无金融债务。如果有金融债务，是否征得金融机构同意转让的意见。根据改制前的请示，以及市国资委的批准文件是否显示改制前的债务全部由改制后的企业承担来论述债务，承担情况。

上述债权债务处理方案是否违反法律、法规及部门规章的强制性规定，该方案是否有利于减少国有资产流失。

八、关于转让标的企业涉及的职工安置方案

转让标的企业自成立始在册职工××人，现有工作人员××人。企业有无拖欠工资、医疗费、津贴、补贴、住房公积金、离退休人员养老金和社会保险费用等问题。

转让标的企业改制方案是否经职工大会决议审议通过。

产权转让方是否将有关职工安置方案上报××市国有资产监督管理委员会。备案内容如下："原企业聘用职工，改制后继续聘用，签订新的劳动合同，缴纳社会保险统筹金。"

上述对职工安置方案的制定、审议及通过程序是否符合法律、法规的有关规定。职工安置方案是否违反法律的强制性规定，职工权益是否得到有效法律保障。

九、关于本次企业国有产权转让批准程序的合法性

本次企业国有产权转让，事先是否经产权转让方作了较充分的可行性研究，是否按照内部决策程序进行了审议，并形成书面决议；产权转让方依法对转让标的企业进行了产权界定清产核资；按照法律、法规及有关部门的规定对转让标的企业进行了财务审计和资产评估，特别是离任审计。

据此，本次企业国有产权转让申报审评程序符合法律、法规及国务院有关部门的相关规定。

十、律师认为需要发表的其他意见

国务院国有资产监督管理委员会《关于进一步规范国有企业改制工作的实施意见》第三条第四项规定："改制为非国有的企业，必须在改制前由国有产权持有单位组织进行法定代表人离任审计，不得以财务审计代替离任审计。离任审计应依照国家有关法律法规和《中央企业经济责任审计管理暂行办法》（国资委令第7号）及相关配套规定执行。财务审计和离任审计工作应由两家会计师事务所分别承担，分别出具审计报告。"

上述规定开始实施日期为××年×月×日，即对转让标的企业进行资产评估、财务审计日之后，故产权转让方未能对转让标的企业的法定代表人进行离任审计。

鉴于上述规定属国务院国有资产监督管理委员会制定的具有强制性效力的规范，因此，建议产权转让方及时对转让标的企业的法定代表人进行离任审计。

十一、对本次国有产权转让的结论性意见

本《法律意见书》一式四份，××律师事务所备存一份，×××一份，××市国有资产监督管理局一份，××市公共资源交易中心一份。

××律师事务所
××、××律师
××年×月×日

第四章　公共资源交易之政府采购

第一节　政府采购概述

一、政府采购的概念

是指各级国家机关、事业单位和团体组织，使用财政性资金采购依法制定的集中采购目录以内的或者采购限额标准以上的货物、工程和服务的行为。

二、政府采购项目的具体范围

1. 政府采购中所称采购，是指以合同方式有偿取得货物、工程和服务的行为，包括购买、租赁、委托、雇用等。

2. 货物，是指各种形态和种类的物品，包括原材料、燃料、设备、产品等。

3. 工程，是指建设工程，包括建筑物和构筑物的新建、改建、扩建、装修、拆除、修缮等。

4. 服务，是指除货物和工程以外的其他政府采购对象。包括政府自身需要的服务和政府向社会公众提供的公共服务。

三、政府采购项目操作流程

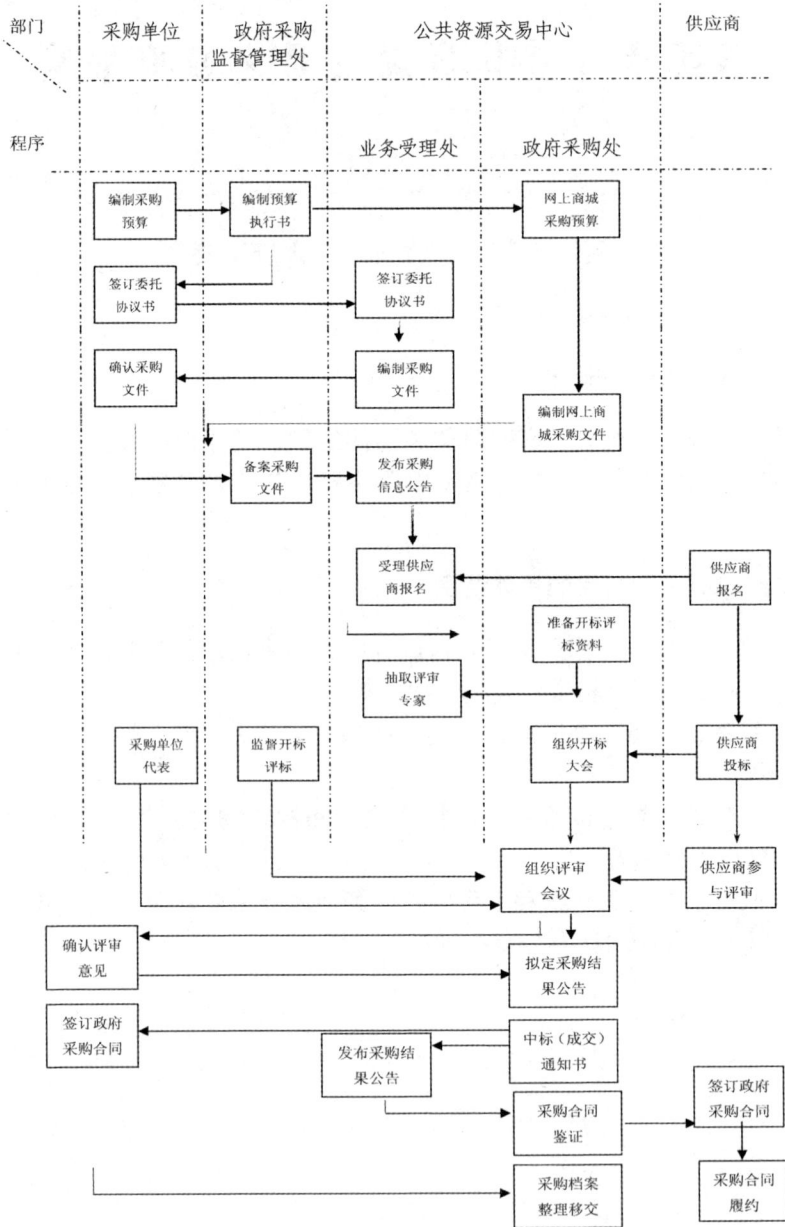

| 部门 | 采购单位 | 政府采购监督管理处 | 公共资源交易中心 | | 供应商 |

"公共资源交易中心"政府采购业务流程示意图

第二节 律师在政府采购过程中的工作

一、律师如何为政府及政府部门在采购过程中提供法律服务

（一）帮助政府采购部门确定是否属于政府采购项目

政府采购项目即货物、工程和服务应满足如下条件：

1. 主体为各级国家机关、事业单位和团体组织。

2. 资金来源为财政性资金，财政性资金是指纳入预算管理的资金。以财政性资金作为还款来源的借贷资金，视同财政性资金。

3. 既使用财政性资金又使用非财政性资金的，使用财政性资金采购的部分，属于政府采购项目；财政性资金与非财政性资金无法分割采购的，也属于政府采购项目。

4. 采购项目范围为依法制定的集中采购目录以内的或者采购限额标准以上的货物、工程和服务的行为。

（二）提示政府采购项目中各个项目的法律适用

1. 政府采购工程以及与工程建设有关的货物、服务，采用招标方式采购的，适用《中华人民共和国招标投标法》及其实施条例；采用其他方式采购的，适用《政府采购法》及本条例。

2. 国家机关、事业单位和团体组织的采购项目既使用财政性资金又使用非财政性资金的，使用财政性资金采购的部分，适用《政府采购法》及本条例；财政性资金与非财政性资金无法分割采购的，统一适用《政府采购法》及本条例。

（三）提示政府采购部门采购货物的地域范围

1. 政府采购应当采购本国货物、工程和服务。

2. 需要采购的货物、工程或者服务在中国境内无法获取或者无法以合理的商业条件获取的、为在中国境外使用而进行采购的可以在国外采购。

（四）提示政府采购部门应向指定媒体上发布信息

1. 政府采购项目信息应当在省级以上人民政府财政部门指定的媒体上发布。

2. 采购项目预算金额达到国务院财政部门规定标准的，政府采购项目信息应当在国务院财政部门指定的媒体上发布。

（五）提示政府采购人员在采购招标过程中的回避制度

在政府采购活动中，采购人员及评标委员会的组成人员，竞争性谈判采购中谈判小组的组成人员，询价采购中询价小组的组成人员等。

与供应商有下列利害关系之一的，应当回避：

1. 参加采购活动前 3 年内与供应商存在劳动关系；

2. 参加采购活动前 3 年内担任供应商的董事、监事；

3. 参加采购活动前 3 年内是供应商的控股股东或者实际控制人；

4. 与供应商的法定代表人或者负责人有夫妻、直系血亲、三代以内旁系血亲或者近姻亲关系；

5. 与供应商有其他可能影响政府采购活动公平、公正进行的关系。

（六）帮助政府确定货物或服务的采购方式

1. 公开招标的采购方式的适用。

公开招标应作为政府采购的主要采购方式。

按具体数额标准划分属于中央预算的政府采购项目，由国务院规定；属于地方预算的政府采购项目，由省、自治区、直辖市人民政府规定。

以上有需要执行政府采购政策等特殊情况的，符合邀请招标、竞争性谈判招标、单一来源采购招标、询价采购条件的经设区的市级以上人民政府财政部门批准，可以依法采用公开招标以外的采购方式。但采购人不得将应当以公开招标方式采购的货物或者服务化整为零或者以其他任何方式规避公开招标采购。

2. 邀请招标的采购方式的适用。

（1）具有特殊性，只能从有限范围的供应商处采购的；

（2）采用公开招标方式的费用占政府采购项目总价值的比例过大的。

3. 竞争性谈判的采购方式的适用。

（1）招标后没有供应商投标或者没有合格标的或者重新招标未能成立的；

（2）技术复杂或者性质特殊，不能确定详细规格或者具体要求的；

（3）采用招标所需时间不能满足用户紧急需要的，该时间应当是采购人不可预见的或者非因采购人拖延导致的；

（4）采购艺术品或者因专利、专有技术或者因服务的时间、数量事先不能确定等导致不能事先计算出价格总额的。

4. 单一来源采购方式的适用。

（1）因货物或者服务使用不可替代的专利、专有技术，或者公共服务项目具有特殊要求，导致只能从某一特定供应商处采购；

（2）发生了不可预见的紧急情况导致不能从其他供应商处采购的；

（3）必须保证原有采购项目一致性或者服务配套的要求，需要继续从原供应商处添购，且添购资金总额不超过原合同采购金额百分之十的。

5. 询价采购方式的适用。

采购的货物规格、标准统一、现货货源充足且价格变化幅度小的政府采购项目，可以采用询价方式采购。

（七）帮助政府规范政府采购程序

1. 政府采购流程图。

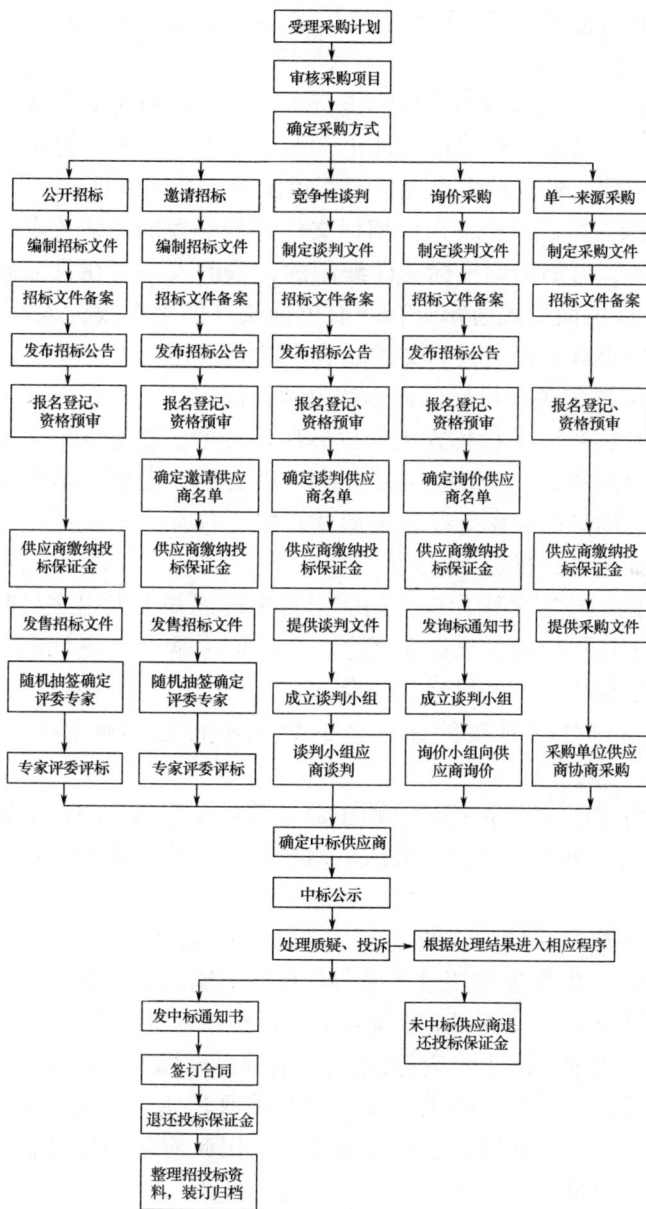

```
                          受理采购计划
                              │
                          审核采购项目
                              │
                          确定采购方式
                              │
    ┌──────────┬──────────┬──────────┬──────────┬──────────┐
 公开招标    邀请招标   竞争性谈判   询价采购   单一来源采购
    │          │          │          │          │
 编制招标文件  编制招标文件 制定谈判文件 制定谈判文件 制定采购文件
    │          │          │          │          │
 招标文件备案  招标文件备案 招标文件备案 招标文件备案 招标文件备案
    │          │          │          │          │
 发布招标公告  发布招标公告 发布招标公告 发布招标公告
    │          │          │          │          │
 报名登记、   报名登记、  报名登记、  报名登记、  报名登记、
 资格预审    资格预审   资格预审   资格预审   资格预审
                │          │          │
             确定邀请供应 确定谈判供应 确定询价供应
             商名单     商名单     商名单
    │          │          │          │          │
 供应商缴纳投 供应商缴纳投 供应商缴纳投 供应商缴纳投 供应商缴纳投
 标保证金    标保证金   标保证金   标保证金   标保证金
    │          │          │          │          │
 发售招标文件  发售招标文件 提供谈判文件 发询标通知书 提供采购文件
    │          │          │          │          │
 随机抽签确定 随机抽签确定 成立谈判小组 成立谈判小组 采购单位供应
 评委专家    评委专家                        商协商采购
    │          │          │          │          │
 专家评委评标  专家评委评标 谈判小组应  询价小组向供
                         商谈判     应商询价
    └──────────┴──────────┴──────────┴──────────┘
                          确定中标供应商
                              │
                          中标公示
                              │
    处理质疑、投诉 ──────→ 根据处理结果进入相应程序
        │
    ┌───┴───────────────────────┐
 发中标通知书              未中标供应商退
    │                     还投标保证金
 签订合同
    │
 退还投标保证金
    │
 整理招投标资
 料，装订归档
```

政府采购流程图

2. 政府采购采取公开招标及邀请招标应当遵循的程序要求。

（1）采取邀请招标的方式采购的，采购人应当从符合相应资格条件的供应商中，通过随机方式选择三家以上的供应商，并向其发出投标邀请书。

（2）采取公开招标及邀请招标进行采购的，自招标文件开始发出之日起至投标人提交投标文件截止之日止，不得少于二十日。但是招标文件的提供期限自招标文件开始发出之日起不得少于 5 个工作日。

（3）采购人可以对已发出的招标文件进行必要的澄清或者修改。澄清或者修改的内容可能影响投标文件编制的，采购人应当在投标截止时间至少 15 日前，以书面形式通知所有获取招标文件的潜在投标人；不足 15 日的，采购人应当顺延提交投标文件的截止时间。

3. 提示采购人关于投标保证金的限制性规定。

（1）招标文件要求投标人提交投标保证金的，投标保证金不得超过采购项目预算金额的 2%。投标保证金应当以支票、汇票、本票或者金融机构、担保机构出具的保函等非现金形式提交。投标人未按照招标文件要求提交投标保证金的，投标无效。

（2）采购人或者采购代理机构应当自中标通知书发出之日起 5 个工作日内退还未中标供应商的投标保证金，自政府采购合同签订之日起 5 个工作日内退还中标供应商的投标保证金。

（3）在签订合同时履约保证金的数额不得超过政府采购合同金额的 10%。

4. 提示采购人对于在招标采购中应予废标及废标后的程序处理。

（1）符合专业条件的供应商或者对招标文件作实质响应的供应商不足三家的；

（2）出现影响采购公正的违法、违规行为的；

（3）投标人的报价均超过了采购预算，采购人不能支付的；

（4）因重大变故，采购任务取消的。

废标后，采购人应当将废标理由通知所有投标人。废标后，除采购任务取消情形外，应当重新组织招标；需要采取其他方式采购的，应当在采购活动开始前获得设区的市、自治州以上人民政府采购监督管理部门或者政府有关部门批准。

5. 提示采购人在政府采购采用竞争性谈判方式采购时应当遵循的程序。

（1）成立谈判小组。谈判小组由采购人的代表和有关专家共三人以上的单数组成，其中专家的人数不得少于成员总数的三分之二。

（2）制定谈判文件。谈判文件应当明确谈判程序、谈判内容、合同草案的条款以及评定成交的标准等事项。

（3）确定邀请参加谈判的供应商名单。谈判小组从符合相应资格条件的供应商名单中确定不少于三家的供应商参加谈判，并向其提供谈判文件。

（4）谈判。谈判小组所有成员集中与单一供应商分别进行谈判。在谈判中，谈判的任何一方不得透露与谈判有关的其他供应商的技术资料、价格和其他信息。谈判文件有实质性变动的，谈判小组应当以书面形式通知所有参加谈判的供应商。

（5）确定成交供应商。谈判结束后，谈判小组应当要求所有参加谈判的供应商在规定时间内进行最后报价，采购人根据符合采购需求、质量和服务相等且报价最低的原则从谈判小组提出的成交候选人中确定成交供应商，并将结果通知所有参加谈判的未成交的供应商。

6. 提示采购人政府采购采取询价方式采购应当遵循的程序。

（1）成立询价小组。询价小组由采购人的代表和有关专家共三人以上的单数组成，其中专家的人数不得少于成员总数的三分之二。询价小组应当对采购项目的价格构成和评定成交的标准等事项作出规定。

（2）确定被询价的供应商名单。询价小组根据采购需求，从符合相应资格条件的供应商名单中确定不少于三家的供应商，并向其发出询价通知书让其报价。

（3）询价。询价小组要求被询价的供应商一次报出不得更改的价格。

（4）确定成交供应商。采购人根据符合采购需求、质量和服务相等且报价最低的原则确定成交供应商，并将结果通知所有被询价的未成交的供应商。

7. 提示采购人在采购活动中必须记载的内容。采购活动记录至少应当包括下列内容：

（1）采购项目类别、名称；

（2）采购项目预算、资金构成和合同价格；

（3）采购方式，采用公开招标以外的采购方式的，应当载明原因；

（4）邀请和选择供应商的条件及原因；

（5）评标标准及确定中标人的原因；

（6）废标的原因；

（7）采用招标以外采购方式的相应记载。

8. 帮助采购人审查起草采购合同，并提示采购合同应必备的要件和履行的程序。

（1）政府采购合同应当采用书面形式；

（2）委托采购的必须签署授权委托书并作为合同附件；

（3）采购人与中标、成交供应商应当在中标、成交通知书发出之日起三十日内，按照采购文件确定的事项签订政府采购合同；

（4）政府采购项目的采购合同自签订之日起七个工作日内，采购人应当将合同副本报同级政府采购监督管理部门和有关部门备案；

（5）采购人应当自政府采购合同签订之日起 2 个工作日内，将政府采购合同在省级以上人民政府财政部门指定的媒体上公告，但政府采购合同中涉及国家秘密、商业秘密的内容除外；

（6）政府采购合同履行中，采购人需追加与合同标的相同的货物、工程或者服务的，在不改变合同其他条款的前提下，可以与供应商协商签订补充合同，但所有补充合同的采购金额不得超过原合同采购金额的百分之十。

二、律师如何为供应商在政府采购过程中提供法律服务

（一）帮助供应商制定投标需要的各项文件资料

1. 供应商参加政府采购活动应当具备下列条件：

（1）具有独立承担民事责任的能力；

（2）具有良好的商业信誉和健全的财务会计制度；

（3）具有履行合同所必需的设备和专业技术能力；

（4）有依法缴纳税收和社会保障资金的良好记录；

（5）参加政府采购活动前三年内，在经营活动中没有重大违法记录；

（6）法律、行政法规规定的其他条件。

（二）帮助采购人有效的进行投标

1. 投标人应当在招标文件要求提交投标文件的截止时间前，将投标文件密封送达投标地点。招标采购单位收到投标文件后，应当签收保存，任何单位和个人不得在开标前开启投标文件。

2. 在招标文件要求提交投标文件的截止时间之后送达的投标文件，为无效投标文件，招标采购单位拒收。

3. 投标人在投标截止时间前,可以对所递交的投标文件进行补充、修改或者撤回,并书面通知招标采购单位。补充、修改的内容应当按招标文件要求签署、盖章,并作为投标文件的组成部分。

4. 联合体投标的注意事项。

(1) 以联合体形式参加投标的,联合体各方均应当符合《政府采购法》第22条第1款规定的条件。采购人根据采购项目的特殊要求规定投标人特定条件的,联合体各方中至少应当有一方符合采购人规定的特定条件。

(2) 联合体各方之间应当签订共同投标协议,明确约定联合体各方承担的工作和相应的责任,并将共同投标协议连同投标文件一并提交招标采购单位。联合体各方签订共同投标协议后,不得再以自己名义单独在同一项目中投标,也不得组成新的联合体参加同一项目投标。

(3) 招标采购单位不得强制投标人组成联合体共同投标,不得限制投标人之间的竞争。

(三) 帮助采购人对政府采购活动事项提出质疑与投诉

1. 供应商对政府采购活动事项有疑问的,可以向采购人提出询问,采购人应当在收到供应商的书面质疑后7个工作日内作出答复,并以书面形式通知质疑供应商和其他有关供应商,但答复的内容不得涉及商业秘密。(《政府采购法》所规定的答复期限为7个工作日,《而政府采购法实施条例》第52条规定采购人或者采购代理机构应当在3个工作日内对供应商依法提出的询问作出答复。这两项规定是有冲突的)

2. 供应商认为采购文件、采购过程和中标、成交结果使自己的权益受到损害的,可以在知道或者应知其权益受到损害之日起7个工作日内,以书面形式向采购人提出质疑。供应商应知其权益受到损害之日是指:

(1) 对可以质疑的采购文件提出质疑的,为收到采购文件之日或者采购文件公告期限届满之日;

(2) 对采购过程提出质疑的,为各采购程序环节结束之日;

(3) 对中标或者成交结果提出质疑的,为中标或者成交结果公告期限届满之日。

3. 采购人委托采购代理机构采购的,供应商可以向采购代理机构提出询问或者质疑,采购代理机构应当依照政府采购法第51条、第53条的规定就采购人委托授权范围内的事项作出答复。

4. 质疑供应商对采购人、采购代理机构的答复不满意或者采购人、采购代理机构未在规定的时间内作出答复的，可以在答复期满后 15 个工作日内向同级政府采购监督管理部门投诉。

5. 政府采购监督管理部门应当在收到投诉后 30 个工作日内，对投诉事项作出处理决定，并以书面形式通知投诉人和与投诉事项有关的当事人。

6. 询问或者质疑事项可能影响中标、成交结果的，采购人应当暂停签订合同，已经签订合同的，应当中止履行合同。

7. 政府采购监督管理部门在处理投诉事项期间，可以视具体情况书面通知采购人暂停采购活动，但暂停时间最长不得超过 30 日。

8. 投诉人对政府采购监督管理部门的投诉处理决定不服或者政府采购监督管理部门逾期未作处理的，可以依法申请行政复议或者向人民法院提起行政诉讼。

三、政府采购货物所涉及的法律、部门规章及文件

1. 政府采购法。
2. 政府采购法实施条例。
3. 政府采购货物和服务招投标管理办法。
4. 政府采购信息公告管理办法。
5. 政府采购供应商投诉处理办法。
6. 政府采购代理机构资格认定办法。
7. 财政部关于中央单位政府采购工作中有关执行问题的通知。
8. 国务院办公厅转发财政部关于全面推进政府采购制度改革意见的通知。
9. 国务院办公厅关于进一步加强政府采购管理工作的意见。

第五章 国有土地使用权及矿产交易

第一节 国有建设用地使用权的取得

国有建设用地使用权的取得方式分为以划拨方式取得、以协议方式取得、以招标方式出让取得、以拍卖方式出让取得、以挂牌方式出让取得。

一、国有建设用地使用权的划拨

（一）概念

国有建设用地使用权的划拨是指县级以上人民政府依法批准，在建设用地使用权人缴纳补偿、安置等费用后将该土地交付给建设用地使用者使用，或者将建设用地使用权无偿交付给建设用地使用者使用的行为。

（二）律师在有关单位申请国有建设用地使用权划拨方面的工作

1. 帮助有关单位确定项目建设是否可以申请划拨用地。下列建设用地的土地使用权，确属必需的，可以由县级以上人民政府依法批准划拨。

（1）国家机关用地和军事用地；

（2）城市基础设施用地和公益事业用地；

（3）国家重点扶持的能源、交通、水利等项目用地；

（4）法律、行政法规规定的其他用地。

国发（2008）3号文件规定，今后除军事、社会保障性住房和特殊用地等可以继续以划拨的方式取得土地外，对国家机关办公和交通、能源、水利等基础设施产业、城市基础设施以及各类社会事业用地要积极探索有偿使用，对其中的经营性用地先行实行有偿使用。其他建设用地应严格实行市场配置，有偿使用。

2. 帮助申请单位起草或填写划拨用地申请书。申请书的内容一般有：建设项目名称、建设项目主管机关、立项批准机关、批准文号、投资性质及规模、拟建地点及项目选址、规划依据、拟用地权属情况、补偿耕地资金、建设项目占用耕地补偿措施等。

3. 帮助申请单位准备如下资料。

（1）计委立项批复和可行性研究报告的批复。

（2）规划行政主管部门核发的建设用地规划许可证附件及规划用地红线图（原件）。

（3）规划行政主管部门核发的审定设计方案通知书及方案图。

（4）与规划用地红线图相同比例尺的图纸三份。

（5）用地单位关于建设用地范围内的房屋产权情况和其他情况说明。

（6）用地单位法人资格证明。

（7）属于危房改造项目的还须提出危改办的危改立项批复。

（8）属于各级财政拨款的党政机关、行政事业单位建设办公用房的项目，须提交财政部门的证明文件。

（9）其他有关文件。

二、国有建设用地使用权协议出让

（一）概念

国有建设用地使用权协议出让是指出让方和受让方经过协商，就土地使用权出让事宜比如出让金数额和用地条件等，达成一致意见，并进行交易的行为。协议出让适用于国家机关、文化、教育、卫生、体育、科研和市政公共设施、公益事业等非营利性建设用地，高科技开发建设项目用地，政府批准的福利性住宅用地及其他特殊用地。

（二）律师在有关单位申请国有建设用地使用权协议出让方面的工作

1. 帮助有关单位起草用地申请书，申请书的主要内容：

（1）申请出让所涉及地块的基本情况，坐落、四至、面积、规划用途

（2）土地的权属情况及性质

（3）地上附着物情况

（4）土地本身开发建设情况

（5）是否经过有关计划和规划部门的批准，批准文号多少

（6）要求协议购买该宗土地的理由

（三）律师指导有关单位在国有建设用地使用权协议出让时应遵守的程序

1. 有意受让人首先向出让人递交出让用地申请书。

2. 出让人在收到出让用地申请书后向有意受让人的用地提供地块必要的资料和有关规定。

3. 有意受让人在得到资料后，应在规定的时间内向出让人提交土地开发经营方案、关于地价方面的文件、项目建议书批复即可行性研究报告批复、有关规划方面的文件、有关土地权属及权属来源的文件和有意受让人单位的本身的文件以及出让金数额、币种、付款方式等在内的有关文件。

4. 出让人接到有意受让人提交的文件后，应在三十日内给予答复。在此期间出让人对有意受让人所提交的资料进行初审，对于不具备协议受让条件的告知有意受让人，对于具备协议受让条件的给予答复。并由出让人交相关部门对所涉土地地价进行评审。由出让人下达地价审定通知单。

5. 经协商一致后，出让人与受让人签订出让合同。合同签订后出让人通知受让人缴纳地价定金，领取出让合同，剩余款项由受让人按合同约定期限缴纳。

三、国有建设用地使用权招标出让

（一）概念

国有建设用地使用权招标出让是指市、县人民政府房地产管理部门发布招标公告，按照公平合理、平等竞争的原则，邀请特定或不特定的公民、法人和其他组织参加国有建设用地使用权投标，根据投标结果确定国有建设用地使用权者的行为。

（二）律师指导有关单位参与操作国有建设用地使用权招标出让时应当必经的程序

1. 出让人根据出证地块的具体要求，向投标对象发出投标邀请书，或向国内外发布招标公告，招标文件及有关资料文件。

2. 投标人按规定的投标时间、方法和要求向出让人提交保证金（不计息）和密封的标书。

3. 出让人会同建委、物价、财政、房产管理部门的代表聘请专家组成评标委员会。由评标委员会主持开标、评标和决标工作，评标委员会对有效的标书进行评审，决定中标人，并由出让人向中标人发出中标证明书。

4. 中标人应在接到中标证明书之日起十五日内持中标证明书与出让人签订出让合同。

（三）律师指导投标单位制作投标文件的编制

1. 首先，投标人应按照招标文件的要求编制投标文件，并对招标文件提出的实质性要求和条件作出响应。

2. 投标人在招标文件要求提交投标文件的截止时间前，可以补充修改或撤回提交的投标文件，并书面通知招标人。

3. 提示相关单位下列会被认定为无效标书。

（1）标书或附件不齐全或者不符合招标文件规定的。

（2）投标人不具备招标文件规定的资格的。

（3）截止投标日所规定的日期投标的。

（4）标书或标书附件字迹不清晰的。

（5）委托他人代理委托文件不齐全或不符合规定的。

（6）招投标法及条例规定的其他情形的。

四、国有建设用地使用权挂牌出让

（一）概念

国有建设用地使用权挂牌出让是指出让人发布挂牌公告，按公告规定的期限将预出让地块的交易条件在指定的土地交易场所挂牌公告，接受竞买人的报价申请并更新挂牌价格，根据挂牌期限截止时的出价结果确定土地使用权人的行为。

（二）律师参与政府部门在国有建设用地使用权挂牌出让时必经的程序

1. 发布挂牌公告。在市县人民政府土地行政主管部门编制国有建设用地使用权出让计划，报经同级人民政府批准后，再由市县人民政府土地行政主管部门会同计委、规划等部门拟定挂牌出让地块的具体方案。再报经市、县人民政府批准后，由市县人民政府土地行政主管部门组织实施。同时委托公共资源交易中心进行挂牌。

2. 出让人对挂牌文件的编制。挂牌出让文件应当包括挂牌出让公告、竞买须知、土地使用条件、竞买申请书、报价单、成交确认书、国有建设用地使用权出让合同文本、宗地图。

3. 确定交易场所。出让人应当至少在挂牌开始日前 20 日，在土地有形市场或者指定的场所、媒介发布招标、挂牌公告，公布挂牌出让宗地的基本情况和挂牌的时间、地点。

4. 提示政府部门挂牌公告的内容应包括以下：

（1）挂牌出让地块的基本情况和规划指标要求。

（2）竞买人资格。

（3）领取挂牌出让文件的时间、地点及方式。

（4）挂牌时间、地点、挂牌期限、竞价方式。

（5）确定竞得人的标准、方法。

（6）竞买保证金的缴纳方式、金额、时间。

（三）律师指导有关单位参与操作国有建设用地使用权挂牌出让时应当必经的程序

1. 竞买文件的起草。

2. 竞买文件完备后应在挂牌文件截止日期前提交，并缴纳竞买保证金。

3. 需要向出让人提交的其他文件。

（1）竞买人的营业执照、组织机构代码证、资质证明。

（2）法定代表人证明书、法定代表人的身份证复印件。

（3）资信证明。

（4）挂牌文件规定需要提交的其他证明文件。

（四）挂牌竞买的工作

1. 具体挂牌竞买程序。

（1）在挂牌公告规定的挂牌起始日，出让人将挂牌宗地的面积、界址、空间范围、现状、用途、使用年期、规划指标要求、开工时间和竣工时间、起始价、增价规则及增价幅度等，在挂牌公告规定的土地交易场所挂牌公布。

（2）符合条件的竞买人填写报价单报价；竞买人为单位的，竞买单价由法定代表人签字并加盖单位公章。竞买人在挂牌期间可以多次报价。

（3）挂牌主持人确认该报价后，更新显示挂牌价格。

（4）挂牌主持人在挂牌公告规定的挂牌截止时间确定竞得人。但挂牌期限不得少于10个工作日。

2. 确认挂牌成交的规定。挂牌截止应当由挂牌主持人主持确定。挂牌期限届满，挂牌主持人现场宣布最高报价及其报价者，并询问竞买人是否愿意继续竞价。有竞买人表示愿意继续竞价的，挂牌出让转入现场竞价，通过现场竞价确定竞得人。挂牌主持人连续三次报出最高挂牌价格，没有竞买人表示愿意继续竞价的，按照下列规定确定是否成交：

（1）在挂牌期限内只有一个竞买人报价，且报价不低于底价，并符合其他条件的，挂牌成交；

（2）在挂牌期限内有两个或者两个以上的竞买人报价的，出价最高者为竞得人；报价相同的，先提交报价单者为竞得人，但报价低于底价者除外；

（3）在挂牌期限内无应价者或者竞买人的报价均低于底价或者均不符合其他条件的，挂牌不成交。

（五）出让合同签订

1. 挂牌方式确定竞得人后，竞得人支付的竞买保证金，转作受让地块的定金。出让人应当向竞得人签订成交确认书。成交确认书应当包括竞得人的名称，出让标的，成交时间、地点、价款以及签订国有建设用地使用权出让合同的时间、地点等内容。成交确认书对出让人竞得人具有法律效力。出让人改变竞得结果，或者竞得人放弃中标宗地、竞得宗地的，应当依法承担责任。

2. 竞得人应当按照成交确认书约定的时间，与出让人签订国有建设用地使用权出让合同。竞得人支付的竞买保证金抵作土地出让价款；其他竞买人支付的投标、竞买保证金，出让人必须在挂牌活动结束后 5 个工作日内予以退还，不计利息。

3. 挂牌活动结束后，出让人应在 10 个工作日内将挂牌出让结果在土地有形市场或者指定的场所、媒介公布。出让人公布出让结果，不得向受让人收取费用。

4. 受让人依照国有建设用地使用权出让合同的约定付清全部土地出让价款后，方可申请办理土地登记，领取国有建设用地使用权证书。未按出让合同约定缴清全部土地出让价款的，不得发放国有建设用地使用权证书，也不得按出让价款缴纳比例分割发放国有建设用地使用权证书。

五、国有建设用地使用权拍卖出让

（一）概念

拍卖出让是指出让人在指定时间、地点公开叫价，竞买人参加竞买并应价，出让人与价高者签订合同，拍卖土地使用权的行为。

（二）律师参与政府部门操作国有建设用地使用权拍卖出让应当必经的程序

1. 发布拍卖公告。在市县人民政府土地行政主管部门编制国有建设用地使用权出让计划，报经同级人民政府批准后，再由市县人民政府土地行政主管部门会同计委、规划等部门拟定拍卖出让地块的具体方案。再报经市、县人民政府批准后，由市县人民政府土地行政主管部门组织实施。同时委托公共资源交易中心进行拍卖。

2. 出让人对拍卖文件的编制。拍卖出让文件应当包括拍卖出让公告、竞买须知、土地使用条件、竞买申请书、报价单、拍卖成交确认书、国有建设用地使用权出让合同文本、宗地图。

3. 确定交易场所。出让人应当至少在挂牌开始日前 20 日，在土地有形市场或者指定的场所、媒介发布招标、挂牌公告，公布挂牌出让宗地的基本情况和挂牌的时间、地点。

4. 拍卖公告的内容。

（1）拍卖出让地块的基本情况和规划指标要求。

（2）竞买人资格。

（3）领取挂牌出让文件的时间、地点及方式。

（4）挂牌时间、地点、挂牌期限、竞价方式。

（5）确定竞得人的标准、方法。

（6）竞买保证金的缴纳方式、金额、时间。

（三）律师指导有关单位参与操作国有建设用地使用权拍卖出让应当必经的程序

1. 竞买文件的起草。

2. 竞买文件完备后应按照挂牌文件截止日期提交，并缴纳竞买保证金。

3. 需要向出让人提交的其他文件。

（1）竞买人的营业执照、组织机构代码证、资质证明。

（2）法定代表人证明书、法定代表人的身份证复印件。

（3）资信证明。

（4）挂牌文件规定需要提交的其他证明文件。

（四）拍卖会的召开

1. 具体拍卖会竞买程序。

（1）主持人点算竞买人；

（2）主持人介绍拍卖宗地的面积、界址、空间范围、现状、用途、使用年期、规划指标要求、开工和竣工时间以及其他有关事项；

（3）主持人宣布起叫价和增价规则及增价幅度，没有底价的，应当明确提示；

（4）主持人报出起叫价；

（5）竞买人举牌应价或者报价；

（6）主持人确认该应价或者报价后继续竞价；

（7）主持人连续三次宣布同一应价或者报价而没有再应价或者报价的，主持人落槌表示拍卖成交；

（8）主持人宣布最高应价或者报价者为竞得人；

（9）竞买人的最高应价或者报价未达到底价时，主持人应当终止拍卖。拍卖主持人在拍卖中可以根据竞买人竞价情况调整拍卖增价幅度。

（五）出让合同签订

1. 拍卖方式确定竞得人后，竞得人支付的竞买保证金，转作受让地块的定金。出让人应当向竞得人签订成交确认书。成交确认书应当包括竞得人的名称、出让标的、成交时间、地点、价款以及签订国有建设用地使用权出让合同的时间、地点等内容。成交确认书对出让人和竞得人具有法律效力。出让人改变竞得结果或者竞得人放弃中标宗地、竞得宗地的，应当依法承担责任。

2. 竞得人应当按照成交确认书约定的时间，与出让人签订国有建设用地使用权出让合同。竞得人支付的竞买保证金抵作土地出让价款；其他竞买人支付的投标、竞买保证金，出让人必须在挂牌活动结束后 5 个工作日内予以退还，不计利息。

3. 拍卖活动结束后，出让人应在 10 个工作日内将挂牌出让结果在土地有形市场或者指定的场所、媒介公布。出让人公布出让结果，不得向受让人收取费用。

4. 受让人依照国有建设用地使用权出让合同的约定付清全部土地出让价款后，方可申请办理土地登记，领取国有建设用地使用权证书。未按出让合同约定缴清全部土地出让价款的，不得发放国有建设用地使用权证书，也不得按出让价款缴纳比例分割发放国有建设用地使用权证书。

第二节　矿产资源的出让

一、矿业权的概述

1. 矿业权概念。矿业权又称矿权，是指矿产资源使用权，包括探矿权和采矿权。前者是指在依法取得的勘查许可证规定的范围内，勘查矿产资源的权利；后者是指在依法取得采矿许可证规定的范围内，开采矿产资源和获得所开采矿产品的权利；根据《矿产资源法》及其配套法规，矿业权经依法批准，可以转让他人。矿业权的价值是矿业权人在法定的范围内，经过资金和技术的投入而形成的，应当依法受到保护。

2. 矿业权交易。矿业权交易包括两类：出让与转让。矿业权的出让，即通常所说的矿业权流转的一级市场，是指作为矿产资源所有者代表的人民政府国土资源主管部门根据矿业权审批权限和矿产资源规划及矿业权设置方案，以招标、拍卖、挂牌、申请在先、协议等方式依法向探矿权申请人授予探矿权和以招标、拍卖、挂牌、探矿权转采矿权、协议等方式依法向采矿权申请人授予采矿权的行为。矿业权的转让，即通常所说的矿业权流转的二级市场，是指已经取得矿业权的主体在符合一定条件后将矿业权依法转移给其他主体的行为。

3. 矿产资源法律体系。矿业资源法律体系一共包括五种：矿产资源所有法律关系、矿产资源勘查法律关系、矿产资源开采法律关系、矿产资源转让法律关系、矿产资源环境法律关系。而这五种法律关系的客体则是五种权利：矿业所有权、矿业勘查权、矿业开采权、矿业转让权、矿业环境权。

二、律师在矿业权出让过程中的工作

矿业权的出让由县级以上人民政府地质矿产主管部门根据《矿产资源勘查区块登记管理办法》、《矿产资源开采登记管理办法》及省、自治区、直辖市人民代表大会常务委员会制定的管理办法规定的权限，采取批准申请、招标、拍卖等方式进行。出让矿业权的范围可以是国家出资勘查并已经探明的矿产地、依法收归国有的矿产地和其他矿业权空白地。

（一）律师帮助矿业登记部门及申请人确定哪些矿业资源应以招标拍卖挂牌的程序授予和取得

1. 新设探矿权有下列情形之一的，主管部门应当以招标拍卖挂牌的方式授予：

（1）国家出资勘查并已探明可供进一步勘查的矿产地；

（2）探矿权灭失的矿产地；

（3）国家和省两级矿产资源勘查专项规划划定的勘查区块；

（4）主管部门规定的其他情形。

2. 新设采矿权有下列情形之一的，主管部门应当以招标拍卖挂牌的方式授予：

（1）国家出资勘查并已探明可供开采的矿产地；

（2）采矿权灭失的矿产地；

（3）探矿权灭失的可供开采的矿产地；

（4）主管部门规定无需勘查即可直接开采的矿产；

（5）国土资源部、省级主管部门规定的其他情形。

3. 符合1、2规定的范围，有下列情形之一的，主管部门应当以招标的方式授予探矿权采矿权：

（1）国家出资的勘查项目；

（2）矿产资源储量规模为大型的能源、金属矿产地；

（3）共伴生组分多、综合利用技术水平要求高的矿产地；

（4）对国民经济具有重要价值的矿区；

（5）根据法律法规、国家政策规定可以新设探矿权、采矿权的环境敏感地区和未达到国家规定的环境质量标准的地区。

4. 有下列情形之一的，主管部门不得以招标拍卖挂牌的方式授予：

（1）探矿权人依法申请其勘查区块范围内的采矿权；

（2）符合矿产资源规划或者矿区总体规划的矿山企业的接续矿区、已设采矿权的矿区范围上下部需要统一开采的区域；

（3）为国家重点基础设施建设项目提供建筑用矿产；

（4）探矿权采矿权权属有争议；

（5）法律法规另有规定以及主管部门规定因特殊情形不适于以招标拍卖挂牌方式授予的。

（二）律师帮助政府登记部门办理矿业权出让的工作或必要程序

1. 帮助政府部门制定招标拍卖挂牌方案，编制招标拍卖挂牌文件。招标拍卖挂牌文件的内容应当包括招标拍卖挂牌公告、标书、竞买申请书、报价单、矿产地的地质报告、矿产资源开发利用和矿山环境保护要求、成交确认书等。

2. 招标拍卖挂牌公告应当包括下列内容：

（1）主管部门的名称和地址；

（2）拟招标拍卖挂牌的勘查区块、开采矿区的简要情况；

（3）申请探矿权、采矿权的资质条件以及取得投标人、竞买人资格的要求；

（4）获取招标拍卖挂牌文件的办法；

（5）招标拍卖挂牌的时间、地点；

（6）投标或者竞价方式；

（7）确定中标人或者竞得人的标准和方法；

（8）投标、竞买保证金及其缴纳方式和处置方式；

（9）其他需要公告的事项。

2. 成交确认书内容：

（1）主管部门和中标人、竞得人的名称、地址；

（2）成交时间、地点；

（3）中标、竞得的勘查区块、开采矿区的简要情况；

（4）探矿权、采矿权价款；

（5）探矿权、采矿权价款的缴纳时间、方式；

（6）矿产资源开发利用和矿山环境保护要求；

（7）办理登记时间；

（8）主管部门和中标人、竞得人约定的其他事项。

主管部门所出具的成交确认书具有合同效力。

（三）律师指导矿业登记部门操作矿业权挂牌出让时应当必经的程序

1. 主管部门应当于挂牌起始日 20 日前发布挂牌公告

2. 主管部门应当在挂牌起始日，将起始价、增价规则、增价幅度、挂牌时间等，在挂牌公告指定的场所挂牌公布。

3. 挂牌时间不得少于 10 个工作日。

4. 竞买人的竞买保证金在挂牌期限截止前缴纳的，方可填写报价单报价。主管部门受理其报价并确认后，更新挂牌价格。

5. 挂牌期间，主管部门可以根据竞买人的竞价情况调整增价幅度。

6. 挂牌期限届满，主管部门按照下列规定确定是否成交：

（1）在挂牌期限内只有一个竞买人报价，且报价高于底价的，挂牌成交；

（2）在挂牌期限内有两个或者两个以上的竞买人报价的，出价最高者为竞得人；报价相同的，先提交报价单者为竞得人，但报价低于底价者除外；

（3）在挂牌期限内无人竞买或者竞买人的报价低于底价的，挂牌不成交。

7. 在挂牌期限截止前 30 分钟仍有竞买人要求报价的，主管部门应当以当时挂牌价为起始价进行现场竞价，出价最高且高于底价的竞买人为竞得人。

8. 挂牌成交的，主管部门和竞得人应当当场签订成交确认书。

（四）律师指导矿业登记部门操作矿业权拍卖出让时应当必经的程序

1. 拍卖公告的起草，拍卖公告的内容：

（1）拍卖出让地块的基本情况和规划指标要求

（2）竞买人资格

（3）领取挂牌出让文件的时间、地点及方式

（4）拍卖时间、地点、挂牌期限、竞价方式

（5）确定竞得人的标准、方法

（6）竞买保证金的缴纳方式、金额、时间

2. 探矿权采矿权拍卖的，竞买人不得少于三人。少于三人的，主管部门应当停止拍卖。

3. 探矿权采矿权拍卖的，主管部门应当于拍卖日20日前发布拍卖公告。

4. 拍卖会依照下列程序进行：

（1）拍卖主持人点算竞买人；

（2）拍卖主持人介绍拟拍卖的勘查区块、开采矿区的简要情况；

（3）宣布拍卖规则和注意事项；

（4）主持人报出起叫价；

（5）竞买人应价。

5. 无底价的，拍卖主持人应当在拍卖前予以说明；有底价的，竞买人的最高应价未达到底价的，该应价不发生效力，拍卖主持人应当停止拍卖。

6. 竞买人的最高应价经拍卖主持人落槌表示拍卖成交，拍卖主持人宣布该最高应价的竞买人为竞得人。

7. 主管部门和竞得人应当当场签订成交确认书。

（五）律师指导矿业登记部门操作矿业权招标出让时应当必经的程序

1. 探矿权采矿权招标的，投标人不得少于3人。投标人少于3人，属采矿权招标的，主管部门应当依照本办法重新组织招标；属探矿权招标的，主管部门可以以挂牌方式授予探矿权。

2. 主管部门应当确定投标人编制投标文件所需的合理时间；但是自招标文件发出之日起至投标人提交投标文件截止之日，最短不得少于30日。

3. 投标、开标依照下列程序进行：

（1）投标人按照招标文件的要求编制投标文件，在提交投标文件截止之日前，将投标文件密封后送达指定地点，并附具对投标文件承担责任的书面承诺。

在提交投标文件截止之日前，投标人可以补充、修改但不得撤回投标文件。补充、修改的内容作为投标文件的组成部分。

（2）主管部门签收投标文件后，在开标之前不得开启；对在提交投标文件的截止之日后送达的，不予受理。

（3）开标应当在招标文件确定的时间、地点公开进行。开标由主管部门主持，邀请全部投标人参加。开标时，由投标人或者其推选的代表检查投标文件的密封情况，当众拆封，宣读投标人名称、投标价格和投标文件的主要内容。

4. 评标由主管部门组建的评标委员会负责。评标委员会应当按照招标文件确定的评标标准和方法，对投标文件进行评审。评审时，可以要求投标人对投标文件作出必要的澄清或者说明，但该澄清或者说明不得超出投标文件的范围或者改变投标文件的实质内容。

5. 评标委员会完成评标后，应当提出书面评标报告和中标候选人，报主管部门确定中标人；主管部门也可委托评标委员会直接确定中标人。评标委员会经评审，认为所有的投标文件都不符合招标文件要求的，可以否决所有的投标。

6. 评标委员会成员人数为五人以上单数，由主管部门根据拟招标的探矿权采矿权确定，有关技术、经济方面的专家不得少于成员总数的三分之二。在中标结果公布前，评标委员会成员名单须保密。

7. 评标委员会成员收受投标人的财物或其他好处的，或者向他人透露标底或有关其他情况的，主管部门应当取消其担任评标委员会成员的资格。

8. 中标人确定后，主管部门应当通知中标人在接到通知之日起5日内签订成交确认书，并同时将中标结果通知所有投标人。

三、公共资源之国有建设用地使用权出让的法律体系

（一）土地管理方面
1. 中华人民共和国土地管理法（2004.08.28）。
2. 中华人民共和国土地管理法实施条例（1998.12.27）。
3. 国务院关于深化改革严格土地管理的决定（2004.10.21）。
4. 土地利用年度计划管理办法（2006.12.19）。
5. 已购公有住房和经济适用住房上市出售土地出让金和收益分配管理的若干规定（1999.07.05）。
6. 国土资源部关于已购公有住房和经济适用住房上市出售中有关土地问题的通知（1999.09.22）。

（二）土地取得方面

1. 中华人民共和国城镇国有土地使用权出让和转让暂行条例（1990.05.19）。

2. 划拨土地使用权管理暂行办法（1992.02.24）。

3. 城市国有土地使用权出让转让规划管理办法（1992.12.04）。

4. 划拨用地目录（2001.10.22）。

5. 征用土地公告办法（2001.10.22）。

6. 招标拍卖挂牌出让国有土地使用权规定（2002.05.09）。

7. 协议出让国有土地使用权规定（2003.06.11）。

8. 国土资源部关于完善征地补偿安置制度的指导意见（2004.11.03）。

9. 最高人民法院关于审理涉及国有土地使用权合同纠纷案件适用法律问题的解释（2005.06.18）。

（三）土地开发管理方面

1. 外商投资开发经营成片土地暂行管理办法（1990.05.19）。

2. 国家投资土地开发整理项目竣工验收暂行办法（2003.01.21）。

3. 国家投资土地开发整理项目实施管理暂行办法（2003.04.16）。

（四）建设用地管理方面

1. 建设用地审查报批管理办法（1999.03.02）。

2. 建设项目用地预审管理办法（2004.11.01）。

3. 建设用地计划管理办法（1996.09.18）。

4. 招标拍卖挂牌出让国有建设用地使用权规定（2007.09.28）。

四、公共资源交易中矿产资源交易涉及的法律体系

1. 矿产资源法。

2. 矿产资源法实施细则。

3. 探矿权采矿权转让管理办法。

4. 矿业权出让转让暂行规定。

5. 探矿权采矿权招标拍卖挂牌管理办法。

6. 关于进一步规范探矿权管理有关问题的通知。

7. 关于进一步完善采矿权登记管理有关问题的通知。

8. 关于进一步规范矿业权出让管理的通知。

9. 关于严格控制和规范矿业权协议出让管理有关问题的通知。

10. 矿产资源开采登记管理办法。

11. 关于规范勘查许可证采矿许可证权限有关问题的通知。

12. 国土资源部等部门对矿产资源开发进行整合意见的通知。

13. 关于进一步推进矿产资源开发整合工作的通知。

14. 国土资源部关于建立健全矿业权有形市场的通知。

15. 矿产资源勘查区块登记管理办法。

16. 矿产资源补偿费征收管理规定。

17. 最高人民法院关于对地下热水的属性及适用法律问题的答复。

18. 国务院法制局关于勘查、开采矿泉水、地下热水行政管理适用法律有关问题的复函。

19. 中央机构编制委员会办公室关于矿泉水地热水管理职责分工的问题的通知。

20. 违反矿产资源法规行政处罚办法。

21. 关于进一步完善矿业权管理促进整装勘查的通知。

22. 关于加强页岩气资源勘查开采和监督管理有关工作的通知。

第三篇　投融资领域法律操作实务

第一章　投资领域的法律操作实务

第一节　私募股权基金律师业务

一、私募股权基金的概念

私募股权基金是指以非公开的方式向机构投资者或个人募集资金，用于未上市企业进行权益性投资，最终通过被投资企业上市、并购或管理层收购等方式退出，而获得收益的投资类基金。即被行业内称为 PE 项目。

二、私募股权基金的三种形式

（一）有限合伙制私募股权基金

法律支持：《合伙企业法》、《证券投资基金法》。

（二）公司制私募股权基金

法律支持：《公司法》、《外商投资企业管理规定》、《创业投资企业管理暂行办法》。

（三）信托制私募股权基金

法律支持：《信托法》、《信托公司管理办法》、《信托公司集合资金信托计划管理办法》。

三、私募股权基金募集过程中的律师业务

（一）律师参与私募股权基金模式策划的设计

律师根据基金发起人的要求在结合募集的难易程度、退出机制、税收的优惠政策以及当地政府的规章及支持力度的前提下，帮助发起人选择基

金模式，根据法律法规以及地方政府规章的具体要求为发起人出具《私募股权基金初步判断方案》供发起人参考。

（二）律师参与起草私募股权基金法律文本

律师根据发起人所选择的基金设立组织形式，帮助发起人在设立基金组织的过程中起草各项法律文本。

1. 基金以有限合伙制或公司制的形式运作，律师需要起草以下法律文件。

（1）《有限合伙协议》；

（2）《公司章程》；

（3）《私募股权招股说明书》；

（4）《基金托管协议》；

（5）公司各项规章制度；

（6）备案所涉文件与材料合法合规的《法律意见书》；

（7）以及设立有限公司或股份公司的其他资料。

2. 基金以契约的形式运作，律师需要起草以下法律文件：

（1）不超过200人签署的《投资协议》；

（2）《股权投资集合资金信托合同》；

（3）备案所涉文件与材料合法合规的《法律意见书》；

（4）其他法律文件。

（三）律师参与私募股权基金公司向主管行政部门备案主管的工作

公司制、合伙制股权投资基金和管理企业登记注册后，应当及时向登记注册工商行政管理部门的同级发展改革部门备案。以非企业组织形式设立的股权投资基金完成资金募集后，通过受托管理企业向发展改革部门备案。发展改革部门将备案文件抄送同级政府金融、财政和税务等部门。为此律师应当帮助企业整理各项法律文件。

1. 基金管理企业在参与设立或受托管理股权投资基金前，应向登记注册的工商行政管理部门的同级发展改革部门提交备案申请书并附送下列文件和材料，律师可以帮助整理：

（1）公司章程或合伙协议；

（2）营业执照复印件（有限合伙企业还应提供普通合伙人的相关材料：普通合伙人为自然人的提供本人身份证复印件；普通合伙人为法人机构的提供营业执照复印件）；

（3）股东或合伙人名单、承诺出资协议、实收资本或实际缴付出资验资报告；

（4）高层管理人员情况。高层管理人员包括公司董事、监事和高级管理人员，合伙企业的普通合伙人（普通合伙人为机构的，包括该机构的高层管理人员）和合伙协议约定的合伙事务执行人；

（5）开展股权投资基金管理业务情况及业绩。

2. 以企业组织形式设立的股权投资基金在投资运作前，应向登记注册工商行政管理部门的同级发展改革部门提交备案申请书并附送下列文件和材料律师可以帮助整理：

（1）公司章程或合伙协议；

（2）资本招募说明书；

（3）所有投资者签署的资本认缴承诺书；

（4）实收资本或实际缴付出资验资报告；

（5）营业执照复印件；

（6）高层管理人员情况。高层管理人员包括公司董事、监事和高级管理人员，合伙企业的普通合伙人（普通合伙人为机构的，包括该机构的高层管理人员）和合伙协议约定的合伙事务执行人；

（7）基金募集合法合规情况说明；

（8）律师事务所出具的备案所涉文件与材料合法合规的法律意见书；

（9）委托管理的还应提交委托管理协议和管理企业备案通知文件复印件；实行资产托管的还应提交与托管机构签订的基金托管协议。

3. 以非企业组织形式设立的股权投资基金（投资者人数不得超过200人）在完成资金募集后、投资运作前，由受托管理企业向其登记注册的工商行政管理部门的同级发展改革部门提交备案申请书附送下列备案文件和材料律师可以帮助整理：

（1）所有投资者签订的投资协议；

（2）管理企业与所有投资者签订的委托管理协议；

（3）招募说明书；

（4）实际缴付出资验资报告；

（5）与托管机构签订的基金托管协议；

（6）基金募集合法合规情况说明；

（7）律师事务所出具的备案所涉文件与材料合法合规的法律意见书。

（四）律师参与私募股权基金份额变更和转让时的工作

基金公司在运作过程中根据基金的设立的组织形式，基金组织可能需要引进新的投资人或原有股东或合伙人、投资人将股份进行转让，则律师需要起草如下法律文件：

1. 新《入伙协议》；
2. 《转让合伙份额协议》；
3. 《增资扩股协议》；
4. 《认股协议》；
5. 《信托权益转让协议》；
6. 其他法律文件。

（五）私募股权基金募集后的对外投资运作阶段律师业务

私募股权基金进行投资要经过一系列的筛选、审查、评估以及谈判等过程，律师在投资准备及投资过程中可以为私募股权基金公司出具以下法律文件：

1. 《律师尽职调查报告》；
2. 《投资意向书》；
3. 《保密协议》；
4. 《投资合同》；
5. 《股权转让协议》。

同时帮助基金公司对所投资的企业进行法人治理结构的安排以及协助被投资的企业做出其他重大决策，比如对外重大投资、资产重组等提供法律服务。

（六）私募股权基金退出阶段律师业务

私募股权基金的退出可以根据与被投资企业约定的退出方式退出。一般的渠道为上市后出售股份、由其他公司进行并购后退出股份、由被投资企业的管理层或股东回购股份而退出、进行清算退出等。律师在基金退出阶段可以做如下工作：

1. 企业上市需要律师所做的工作（详见企业融资其他章节）；
2. 起草《股权转让协议》；
3. 起草《企业并购合同》；
4. 参与破产清算。

第二节　法律文本实例（部分）

一、私募股权基金初步判断方案

私募股权基金初步判断方案（范文）

致：××能源公司

××律师事务所（以下简称：本所）接受贵司（以下简称：公司）的委托，依据本所与贵司签订的《私募股权基金设立与运作法律事务委托合同》，指派我们（以下简称：本所律师）担任特聘专项法律顾问，就私募股权基金初步设计出具判断性方案。

本所律师出具本判断性方案的法律依据：

（1）《中华人民共和国公司法》、《中华人民共和国合同法》、《创业投资企业管理暂行办法》

（2）《中华人民共和国合伙企业法》

（3）《信托法》、《信托公司管理办法》、《信托公司集合资金信托计划管理办法》

（4）《证券投资基金法》

（5）《××省促进股权投资基金业发展办法》

（6）《××省发展和改革委员会关于做好全省股权投资基金业发展管理工作的通知》

本所律师根据国家法律、法规的有关规定，以及本公司及其他发起人的实际情况和河北省对股权投资基金所设定的投资门槛的要求及资格限制等综合因素，经分析得出如下判断性结论：

一、关于公司的股权类投资企业名称及经营范围

股权投资基金企业和管理企业名称中行业特点应分别表述为"股权投资基金"和"股权投资基金管理"。

股权投资基金登记注册的经营范围为：非证券类股权投资及相关咨询服务。管理企业经营范围为：受托对非证券类股权投资管理及相关咨询服务。

本所律师认为股权基金类公司分为投资类公司和管理类公司。建议贵司先成立一基金管理公司。然后以基金管理公司作为发起人再行成立一投资类公司。

二、关于在××省境内设立内资股权类投资企业的条件

1. 股权投资基金企业注册资本不低于 1 亿元，首期缴付不少于 5000 万元，法律法规规定不能分期缴付的除外。投资者应以货币方式出资，单个投资者出资不低于 500 万元。

2. 以股份有限公司形式设立的，发起人数不得少于 2 人、最高不得超过 200 人；以有限责任公司形式设立的，股东人数不得超过 50 人；以合伙制形式设立的，合伙人数不少于 2 人、最高不得超过 50 人；以其他组织形式设立的，投资者人数应当符合有关法律法规的规定。

鉴于"股份公司的股东人数最高可以达到 200 人，其他形式的股东人数最多为 50 人"，如果贵司想能够容纳较多的投资人或股东以及资金，可以以股份有限公司的形式进行设立。如果考虑到税收的问题可以考虑以合伙制的形式设立。

三、关于股权基金企业的税收政策问题

1. 合伙制股权投资基金和合伙制管理企业不作为所得税纳税主体，采取"先分后税"的方式，由合伙人分别缴纳个人所得税或企业所得税。

2. 合伙制股权投资基金和合伙制管理企业，执行有限合伙企业合伙事务的自然人普通合伙人，按照"个体工商户的生产经营所得"项目，适用 5%~35% 的五级超额累进税率计征个人所得税；不执行有限合伙企业合伙事务的自然人有限合伙人，其从有限合伙企业取得的股权投资收益，按照"利息、股息、红利所得"项目，按 20% 的比例税率计征个人所得税。

3. 合伙制股权投资基金的普通合伙人，以无形资产、不动产投资入股并参与接受投资方利润分配、共同承担投资风险的行为，不征收营业税；股权转让不征收营业税。

4. 公司制股权投资基金和公司制管理企业从被投资方取得的股息、红利等收益按国家税务总局国税发〔2000〕118 号文件规定缴纳企业所得税。

通过以上规章的规定可以分析出成立合伙制股权基金的企业可以免交重复征税的税额。并且合伙制股权基金的企业的合伙人最好均以企业的形式出现。这样也可以在法律规定的范围内合理避税。

四、××省政府对股权类基金公司的扶持奖补政策

1. 管理企业自缴纳第一笔营业税之日起，由纳税所在设区市、县（市）财政部门按照前两年所缴纳营业税设区市、县（市）分享部分额度全额补助，后 3 年减半补助。

2. 发起设立注册资本 5 亿元人民币以上的股权投资基金并在本省登记注册的管理企业，参照《××省人民政府办公厅印发关于对金融机构实行奖励和风险补偿及鼓励企业上市暂行办法的通知》规定，由省财政按来本省设立总部的银行业金融机构相应政策给予一次性补助；自获利年度起，分别由其注册地的设区市、县（市）政府前两年按其所缴企业所得税设区市、县（市）分享部分的额度全额奖励，后 3 年减半奖励。

3. 股权投资基金及管理企业缴纳房产税确有困难的，依照《××省房产税实施办法》及有关规定，报地税部门或财政部门批准减征或免征。

4. 股权投资基金及管理企业在本省区域内新购建自用办公用房，由所在市、县（市）政府按每平方米 1000 元的标准给予一次性补贴，最高补贴金额为 300 万元，但 10 年内不得对外出租；租赁自用办公用房的，3 年内每年按房屋租金的 30% 给予补贴。若实际租赁价格高于房屋租金市场指导价，则按市场指导价计算租房补贴，补贴面积不超过 1000 平方米，补贴总额不超过 100 万元。

5. 股权投资基金及管理企业连续聘用 3 年以上（含 3 年）的高级管理人员，其在本省区域内首次购买商品住房、汽车或参加专业培训的，由所在地设区市、县（市）政府按其缴纳的个人所得税设区市、县（市）分享部分给予奖励，累计最高奖励限额为购买商品房、汽车或参加专业培训实际支付的金额，奖励期限不超过 5 年。

6. 股权投资基金及管理企业高管人员的薪酬制度和工作、生活、政治待遇等激励政策，参照《××省委办公厅××省人民政府办公厅关于进一步加强全省金融人才队伍建设的若干意见》执行。

鉴于以上政府的扶持政策，本所律师认为设立与发展股权类基金企业是政府大力支持的项目，同时也是为中小企业融资创造条件的平台。

五、结论

经过了解××省政府对股权类基金投资公司及股权类基金管理公司的设立条件、门槛、注册资金要求，以及对税收政策和扶持政策的了解，本所律师认为：

1. 贵司以合伙制性质设立一股权基金管理公司，然后以基金管理公司作为发起人设立一合伙制的股权基金投资公司。

2. 建议股权基金管理公司注册资金不得低于 5000 万。股权基金投资公司注册资金不低于 1 亿元。

3. 建议贵司财务充分了解税收政策。

本法律意见书正本一式××份，副本××份。

××律师事务所

××律师

××年×月×日

二、股权私募基金有限合伙协议

第一章

第一条　根据《中华人民共和国合伙企业法》（以下简称：《合伙企业法》）及有关法律、行政法规、规章的有关规定，经协商一致订立本协议。

第二条　本合伙企业为有限合伙企业，是根据协议自愿组成的共同经营体。全体合伙人愿意遵守中国国家有关的法律、法规、规章，依法纳税，守法经营。

第三条　本协议条款与法律、行政法规、规章不符的，以法律、行政法规、规章的规定为准。

第四条　本协议经全体合伙人签署后生效。合伙人按照本协议享有权利，履行义务。

第五条　本协议承诺，不以任何方式公开募集和发行基金。

第二章　合伙企业的名称和住所

第六条　合伙企业名称＿＿＿＿＿＿投资基金（该名称为暂定名，应以工商行政管理部门核准的名称为准，以下简称"本合伙企业"或"合伙企业"）。

第七条　住所：[　　　]

第三章　合伙目的和合伙经营范围及合伙期限

第八条　合伙目的：从事投资事业，为合伙人创造满意的投资回报。

第九条　合伙经营范围：受托管理私募股权投资基金，从事投融资管理及相关咨询服务。

第十条　合伙期限为＊年，上述期限自合伙企业的营业执照签发之日起计算。全体合伙人一致同意后，可以延长或缩短上述合伙期限。

第四章　合伙人的姓名或名称及其住所、合伙人的性质和承担责任的形式

第十一条　本合伙企业的合伙人共××人，其中普通合伙人为××人，有限合伙人为××人。除本协议另有规定外，未经全体合伙人一致同意，不得增加或减少普通合伙人的数量。各合伙人名称及其住所等基本情况如下：

（一）普通合伙人

_____投资管理有限公司

住所：

证件名称：

证件号码：

（二）有限合伙人

1			身份证
2			身份证
3			身份证
4			身份证
5			身份证
6			身份证

第十二条　普通合伙人对合伙企业债务承担无限连带责任；有限合伙人对合伙企业的责任以其认缴的出资额为限。

第十三条　经全体合伙人一致同意，普通合伙人可以转变为有限合伙人，或者有限合伙人可以转变为普通合伙人，但须保证合伙企业至少有一名普通合伙人。

有限合伙人转变为普通合伙人的，对其作为有限合伙人期间合伙企业发生的债务承担无限连带责任。普通合伙人转变为有限合伙人，对其作为普通合伙人期间合伙企业发生的债务承担的债务承担无连带责任。

第五章　合伙人的出资方式、数额和缴付期限

第十四条　本合伙企业总出资额为人民币××亿元。

第十五条　合伙人的出资方式、数额和缴付期限：

1. 普通合伙人的出资情况

（单位：万元）

序号	合伙人姓名	出资方式	认缴出资额	首期出资	占全部认缴额的比例	首期出资期限	剩余出资期限	所占比例
1								

2. 有限合伙人的出资情况

（单位：万元）

序号	合伙人姓/名称	出资方式	认缴出资期	首期出资	占全部认缴额的比例	首期出资期限	剩余出资期限	所占比例
1								
2								
3								
4								
5								

第十六条 作为合伙企业之资本，合伙人协议签字之日起15个工作日内，各合伙人缴纳其认缴出资的50%，即为首期出资。

第十七条 后期出资按照资产管理公司指令拨付，所有出资应自合伙协议签订之日起24个月内全部付清。如果合伙人不能按规定缴纳首期出资，则该合伙人应赔偿其他合伙人因合伙企业不能设立之损失，损失包括但不限于合伙企业开办费用及按一年期限银行贷款利率计算的其他合伙人已出资资金成本；如果合伙人不能按时缴纳后期出资，则履行出资义务的其他合伙人有权以该投资人前期实际出资额的70%作为投资成本，重新计算合作各方之间的出资比例。

第六章 合伙事务的执行

第十八条 合伙事务的执行

1. 有限合伙由普通合伙人执行合伙事务。有限合伙及其投资业务以及其他活动之管理、控制、运营、决策的权利全部排他性地归属于普通合伙人，由其直接行使或通过其委派的代表行使。

2. 普通合伙人有权以有限合伙之名义，在其自主判断为必须必要、有利或方便的情况下，为有限合伙缔结合同及达成其他约定、承诺，管理及处分有限合伙之财产，以实现有限合伙之经营宗旨和目的。

3. 资金托管有限合伙应委托一家全国性商业银行（"托管机构"）对有限合伙账户内的全部现金实施托管。各方同意，托管机构的选定和更换由普通合伙人决定。纳晋达股权投资基金管理中心托管于中国建设银行石家庄分行＿＿＿＿＿＿托管账号：＿＿＿＿＿＿有限合伙发生任何现金支出时，均应遵守与托管机构之间的托管协议规定的程序。

第七章　利润分配、亏损分担方式

第十九条　合伙企业的利润，由合伙人按如下方式分配：

1. 投资计划的投资收益，基金管理人将在取得现金收入 30 日之内向各合伙人进行分配。投资计划所取得的收益应按照本协议的约定向全体合伙人进行分配，不得用于再投资。项目投资的收益包括但不限于股息、红利、股权转让所得。

收益分配比例：

2. 亏损承担

普通合伙人对本合伙企业的债务、有限合伙人本金及预期收益承担无限连带责任。

3. 所得税及其他税和费

根据《合伙企业法》及相关行政法规之规定，本合伙企业缴纳各项税费后，由各合伙人自行按相关规定申报缴纳所得税，法律要求本合伙企业代扣代缴，则本合伙企业将根据法律规定进行代扣代缴。

第八章　解散和清算

第二十条　解散

当下列任何情形之一发生时，有限合伙应被终止并清算：

（1）经营期满，普通合伙人提议解散时；

（2）有限合伙成立日至重组日新入伙的全体有限合伙人将其持有的合伙份额全部转让给普通合伙人后，有限合伙人重组日前的合伙人可以申请解散有限合伙；

（3）有限合伙所有项目提前退出，经普通合伙人提议；

（4）因不可抗力无法继续经营；

（5）普通合伙人被除名或根据本协议约定退伙且有限合伙没有接纳新的普通合伙人；

（6）有限合伙人一方或数方严重违约，致使普通合伙人判断有限合伙无法继续经营；

（7）有限合伙被吊销营业执照或被责令关闭；

（8）出现《合伙企业法》及本协议规定的其他解散原因。

第二十一条　清算

1. 清算人由普通合伙人担任，除非经全体有限合伙人全部参加会议并全体一致通过决议决定由普通合伙人之外的人士担任。

2. 在确定清算人以后，所有有限合伙未变现的资产由清算人负责管理，但如清算人并非普通合伙人，则普通合伙人有义务帮助清算人对未变现资产进行变现，清算期内有限合伙不再向普通合伙人支付任何管理费或其他费用。清算期结束时未能变现的非货币资产按照本协议第十九条约定的分配原则进行分配。

3. 清算清偿顺序

3.1　有限合伙到期或终止清算时，合伙财产按下列顺序进行清偿及分配：

（1）支付清算费用；

（2）支付职工工资、社会保险费用和法定补偿金；

（3）缴纳所欠税款；

（4）清偿有限合伙债务；

（5）根据本协议约定的收入分配原则和程序在所有合伙人之间进行分配。其中对第（1）～（3）三项必须以现金形式进行清偿，如现金部分不足则应增加其他资产的变现。第（4）项应与债权人协商清偿方式。

3.2　有限合伙财产不足以清偿合伙债务的，由普通合伙人向债权人承担连带清偿责任。

第二十二条　争议解决及适用法律

因本协议引起的及与本协议有关的一切争议，首先应由相关各方通过友好协商解决，如相关各方不能协商解决，则应提交原告所在地法院解决。败诉方应补偿胜诉方的律师费等支出。争议发生后，在对争议进行仲裁时，除争议事项外，争议方应继续行使各自在本协议项下的其他权利，并应继续履行各自在本协议项下的其他义务。本协议的成立、效力、解释和履行，以及本协议项下发生的争议，均适用中国法律。

各合伙人签字盖章：
年　月　日

三、股权投资基金管理企业备案申请书格式

（股权投资基金管理企业全称）备案申请书

×××发展改革委（局）：

我单位已完成工商登记注册，现根据《××省促进股权投资基金业发展办法》和省发展改革委有关文件要求提出备案申请，随文报上有关文件材料，并对所报文件材料的真实性承担法律责任，请予审查备案。

一、企业基本情况、资本来源和资产负债情况

1. 企业基本情况（见附表1）；

2. 企业资本来源情况（见附表2）；

3. 企业资产负债情况（见附表3）。

二、附送的文件材料

1. 公司章程或合伙协议；

2. 营业执照复印件、有限合伙企业普通合伙人身份证或营业执照复印件；

3. 股东或合伙人名单、承诺出资协议、实收资本或实际缴付出资验资报告；

4. 企业高层管理人员情况（见附表4）；

5. 开展股权投资基金管理业务情况及业绩。

××年×月×日（企业印章）

（股权投资基金企业全称）备案申请书

×××发展改革委（局）：

我单位已完成工商登记注册，现根据《××省促进股权投资基金业发展办法》和省发展改革委有关文件要求提出备案申请，随文报上有关文件材料，并对所报文件材料的真实性承担法律责任，请予审查备案。

一、企业基本情况、资本来源和资产负债情况

1. 企业基本情况（见附表1）；

2. 企业资本来源情况（见附表2）；

3. 企业资产负债情况（见附表3）。

二、附送的文件材料

1. 公司章程或合伙协议；
2. 资本招募说明书；
3. 所有投资者签署的资本认缴承诺书；
4. 实收资本或实际缴付出资验资报告；
5. 营业执照复印件、有限合伙企业普通合伙人身份证或营业执照复印件；
6. 企业高层管理人员情况（见附表4）；
7. 基金募集合法合规情况说明；
8. 律师事务所出具的备案所涉文件与材料的法律意见书；
9. 委托管理协议和管理企业备案通知文件复印件（委托管理的提交）；
10. 与托管机构签订的基金托管协议（实行资产托管的提交）。

××年×月×日（企业印章）

（股权投资基金全称）备案申请书

×××发展改革委（局）：

我单位已完成×××股权投资基金的募集并受托管理基金资产，现根据《××省促进股权投资基金业发展办法》和省发展改革委有关文件要求提出备案申请，随文报上有关文件材料，并对所报文件材料的真实性承担法律责任，请予审查备案。

一、所有投资者签署的投资协议；
二、本管理企业与所有投资者签署的委托管理协议；
三、招募说明书；
四、实际缴付出资验资报告；
五、与托管机构签署的基金托管协议；
六、基金募集合法合规情况说明；
七、律师事务所出具的备案所涉文件与材料的法律意见书；
八、本管理企业备案通知文件复印件。

联系人及联系电话：详细通信地址：邮政编码：

××年×月×日（管理企业印章）

四、股权投资基金股份有限公司备案的法律意见书

编号：

××律师事务所依法接受_____股权投资基金有限公司的委托，特指派_____律师对贵公司向行政主管部门备案的情况出具法律意见书。

一、本所律师出具本法律意见书的法律依据：

（1）《中华人民共和国公司法》及相关司法解释

（2）《中华人民共和国合同法》及相关司法解释

（3）《中华人民共和国证券投资基金法》

（4）《××省促进股权投资基金发展办法》

（5）《××省发展和改革委员会关于做好全省股权投资基金业发展管理工作的通知》

二、贵司提供的资料

（一）文字材料

1. 备案申请书

2. 公司章程和章程修正案

3. 资本认缴承诺书

4. 实收资本或实际缴付出资验资报告

5. 营业执照复印件

6. 资本招股说明书或有限合伙协议书

7. 基金募集合法合规情况说明

（二）附表

1. 企业基本情况表

2. 企业资本来源情况表

3. 企业资产负债情况表

4. 企业高层管理人员情况表

三、为出具本法律意见书，本所律师特声明如下：

（1）关于法律意见书出具的法律依据的声明；

（2）对本法律意见书真实性的声明；

（3）对本法律意见书出具证据材料的声明；

（4）对委托方保证提供资料真实性的声明；

（5）对本法律意见书使用目的的声明。

四、尽职调查的范围及材料

根据委托人的委托，本所律师就以下事项进行了尽职调查。调查方法为以律师身份到××市工商行政管理局查阅＿＿＿＿＿＿＿＿股权基金股份有限公司工商登记资料；到××市××区地税局查阅税务登记状况。查阅情况与委托人所提供复印件的情况均相符。

五、声明与保留

本意见书仅作为贵公司向××市发展与改革委员会备案专用。未经本所律师事务所及经办律师书面许可，本法律意见书不得向他方使用和出示，并不得作为证据使用。

本法律意见书审查和依据的材料均为委托人提供的复印件，本所律师对上述材料的真实性和客观性不承担任何责任。

六、结论（综合发表意见，略）

本法律意见书正本一式××份，副本××份。

××律师事务所

××律师

××年×月×日

五、股权转让法律尽职调查报告

导言

尽职调查范围与宗旨

有关××公司的律师尽职调查，是由本所根据××股份有限公司（"××"）的委托，基于××公司和××的股东于××年××月××日签订的《股权转让意向书》第××条和第××条的安排，在本所尽职调查律师提交给××公司的尽职调查清单中所列问题的基础上进行的。

简称与定义

在本报告中，除非根据上下文应另做解释，否则下列简称和术语具有以下含义（为方便阅读，下列简称和术语按其第一个字拼音字母的先后顺序排列）：

"本报告"指由××律师事务所于××年××月××日出具的关于××公司之律师尽职调查报告。

"本所"指××律师事务所。

"本所律师"或"我们"指××律师事务所法律尽职调查律师。

"××公司"指××公司，一家在××省××市工商行政管理局登记成立的公司，注册号为××。

本报告所使用的简称、定义、目录以及各部分的标题仅供查阅方便之用；除非根据上下文应另做解释，所有关于参见某部分的提示均指本报告中的某一部分。

方法与限制

本次尽职调查所采用的基本方法如下：

审阅文件、资料与信息；

与××公司有关公司人员会面和交谈；

向××公司询证；

参阅其他中介机构尽职调查小组的信息；

考虑相关法律、政策、程序及实际操作；

本报告基于下述假设：

所有××公司提交给我们的文件均是真实的，所有提交文件的复印件与其原件均是一致的；

所有××公司提交给我们的文件均由相关当事方合法授权、签署和递交；

所有××公司提交给我们的文件上的签字、印章均是真实的；

所有××公司对我们做出的有关事实的阐述、声明、保证（无论是书面的还是口头做出的）均为真实、准确和可靠的；

所有××公司提交给我们的文件当中若明确表示其受中国法律以外其他法律管辖的，则其在该管辖法律下有效并被约束；

描述或引用法律问题时涉及的事实、信息和数据是截至××年××月××日××公司提供给我们的受限于前述规定的有效的事实和数据；我们会在尽职调查之后，根据本所与贵公司签署之委托合同的约定，按照贵公司的指示，根据具体情况对某些事项进行跟踪核实和确认，但不保证在尽职调查之后某些情况是否会发生变化。

本报告所给出的法律意见与建议，是以截至报告日所适用的中国法律为依据的。

正文

本报告的结构

本报告分为导言、正文和附件三个部分。报告的导言部分主要介绍尽职调查的范围与宗旨、简称与定义、调查的方法以及对关键问题的摘要；在报告的主体部分，我们将就九个方面的具体问题逐项进行评论与分析，并给出相关的法律意见；报告的附件包括本报告所依据的由××公司提供的资料及文本。

一、××公司的设立与存续

1. ××公司的设立

（1）××公司设立时的股权结构：

××公司于××年××月××日设立时，其申请的注册资本为×××万元人民币，各股东认缴的出资额及出资比例如下：

股东名称	出资额	出资形式	出资比例
×××	×××万	货币	××%
×××	×××万	货币	××%
×××	×××万	货币	××%
合计	×××万	100%	

（2）××公司的出资和验资：

根据××公司最新营业执照，其注册资本为××万元人民币（实缴××万元）。

第一，根据××有限责任会计师事务所于××年××月××日出具的淄科信所验字（2010）第××号《验资报告》，××公司第一期出资×××万元人民币已在××年××月××日之前由上述三位股东以货币的形式缴足。

第二，根据××有限责任会计师事务所于××年××月××日出具的×××所验字（2010）第××号《验资报告》，××公司第二期出资××万元人民币已在××年××月××日之前由上述三位股东以货币的形式缴足。

（3）对××公司出资的法律评价：

根据《中华人民共和国公司法》的规定，内资的有限责任公司注册资本必须在公司成立之日起两年内缴足，而根据××公司的章程，其××万元人民币的注册资本是在三年内分三次到位，此种做法与《中华人民共和国公司法》的规定相冲突。根据××公司有关人员陈述，××公司的此种出资方式系经当地政府许可，但本所律师认为，《中华人民共和国公司法》为全国人大通过的法律，地方政府无权制定与《中华人民共和国公司法》相悖的政策，目前该种出资方式的合法性不能成立。

2．××公司的股权演变

（1）××年股权转让：

根据××年××月××日××市工商行政管理局提供的企业变更情况表，××年××月××日，××公司的股东×××先生将其持有的××%股权全部转让给×××先生，××年××月××日，上述股东变更已在××市工商行政管理局南定工商所完成了变更登记。

本次股权转让之后，××公司的股权结构为：

股东名称	出资额（万元）	所占比例
×××	×××	××%
×××	×××	××%
合计	×××	100%

（2）本次股东变更的法律评价：

××公司本次股权转让行为符合当时法律、法规和规范性文件的规定，并已履行了必要的法律手续。

（3）××公司现有股东的基本情况：

经本所律师核查，××公司现有股东为以下2名自然人：

第一，股东×××，男，身份证号为××××××××××××××××。

第二，股东×××，男，身份证号为××××××××××××××××。

3. ××公司的存续

（1）××公司的存续：

根据其营业执照上记载的年检情况，该公司已于××年××月××日通过了××市工商行政管理局××年度的年检。

（2）××公司存续的法律评价：

根据××公司的章程及其年检资料，其目前合法存续；但其营业执照上的营业期限为××年××月××日至××年××月××日，根据其章程，其第三期出资必须在××年××月××日前完成，因此，××在受让其100%股权后，应在××年××月××日前完成剩余的×××万元出资的义务，否则××公司的存续将存在法律障碍。

二、××公司的组织架构及法人治理结构

1. ××公司章程的制定及修改

××公司章程是在××年××月××日由××公司最初设立时的三位股东制定的；根据到目前为止××公司提供的资料，××年××月××日，由于二期出资××万元的到位，××公司股东会对章程第3条进行过修改；此后于××年××月××日，由于股东间的股权转让，××公司股东会对章程进行了第二次修改。

2. ××公司的法人治理结构

根据××公司公司章程，该公司设有股东会、执行董事××名和监事

××名。

3.××公司的董事、经理和其他高级管理人员

××公司现有执行董事××名，监事××名，经理××名。其中，×××为执行董事，×××为公司监事，×××为公司经理。

三、××公司的生产设备和知识产权

1.××公司的生产设备

根据××评估师事务所出具的××评报字〔2015〕第××号《评估报告书》，××公司的生产设备的评估价值为××元人民币。

2.××公司的知识产权

根据××公司的陈述，其目前未拥有任何商标、专利和专有技术，也未提出任何商标、专利申请。

本所律师未得到任何有关××公司《企业保密协议》或保密制度的材料。

四、××公司的土地及房产

1.土地使用权

2.土地租赁

3.土地租赁的法律评价

4.房屋所有权

（1）房屋状况：

根据××评估师事务所出具的××评报字〔2015〕第××号《评估报告书》，××公司共拥有房屋建筑物××幢，建筑面积××平方米；构筑物及其他辅助设施××项；评估价值为××元人民币。

根据××公司的陈述及本所律师的核查，××公司所有房产均未办理《房地产权证》。

（2）房屋状况的法律评价：

本所律师认为，××公司的房屋由于未按规定办理建房手续，其办理权证存在法律障碍。

五、××公司的业务

六、××公司的贷款合同与担保

1.正在履行的贷款合同

2.担保合同

七、××公司的税务问题

八、××公司的重大诉讼、仲裁与行政措施

九、××公司的保险事项

十、××公司的劳动用工

律师声明

本报告系基于××公司的委托，由本所律师依据调查结果及现行、有效的中国法律及××公司提供的相关文件和实际情况拟就并出具。

本报告谨供××公司及授权相关单位/人士审阅。未经本所律师书面同意，不得将本报告外传及用于佐证、说明与题述事宜无关的其他事务及行为。

××律师事务所

执业律师：××

××年×月×日

六、尽职调查保密协议

甲方：

法定代表人：

地址：

乙方：

法定代表人：

地址：

1. 保密协议的背景

纳晋达能源有限公司为了投资项目的需要，根据中华人民共和国法律，制定本协议。本协议约定的内容均属于纳晋达能源有限公司之商业秘密。

本协议的目的是为了保护项目公司、投资人信息而约定。

2. 保密内容

（1）技术信息：

包括技术方案、设计要求、服务内容、实现方法、运作流程等等。

（2）经营信息：

包括客户名称、客户地址及联系方式

（3）其他方面：

保密资料的定义：甲乙双方中任何一方披露给对方的明确标注或指明是保密资料的相关业务和技术方面的书面的或其他形式的资料和信息，但不包括：

第一，在任何一方向接受方披露前已为该方知悉的非保密性资料；

第二，任何一方提供的非保密性资料，＿＿＿＿＿＿

3. 双方的义务

（1）甲乙双方互为保密资料的提供方和接受方，负有保密义务，承担保密责任。

（2）甲乙双方中任何一方未经对方书面同意不得向第三方（包括新闻界人士）公开和披露任何保密资料或以其他方式使用保密资料。双方也须促使各自不向第三方（包括新闻界人士）公开或披露任何保密资料或以其他方式使用保密资料。除非披露、公开或利用保密资料是双方从事或开展合作项目工作在通常情况下应承担的义务（包括双方今后依法律或合同应承担的义务）适当所需的。

（3）双方均须把保密资料的接触范围严格限制在因本协议规定目的而需接触保密资料的各自负责任的范围内。

（4）除经过双方书面同意而必要进行披露外，任何一方不得将含有对方或其代表披露的保密资料复印或复制或者有意无意地提供给他人。

（5）保密期限：甲乙双方确认，乙方的保密义务自本协议签订时开始，到甲方关于该项目的商业秘密公开时止。甲乙双方是否合作，不影响保密义务的承当。

4. 违约

（1）争议的解决办法：因执行本协议而发生纠纷，可以由双方协商解决或者共同委托双方信任的第三方调解。协商、调解不成或者乙方不愿意协商、调解的，任何一方都有起诉的权利。

（2）争议解决和适用法律：本协议受中华人民共和国法律管辖并按中华人民共和国法律解释。对因本协议或本协议各方的权利和义务而发生的或与之有关的任何事项和争议、诉讼或程序，本协议双方不可撤销的接受中华人民共和国法院的管辖。

5. 其他

本协议一式××份，双方各执××份，具有同等法律效力。

甲方：　　　　　　　　乙方：

　　　　　　　　　　　　××年×月×日

七、增资扩股协议（目录）

八、私募股权招股说明书（目录）

第一章　摘要

第二章　基金的组织、运行与管理

2.1　组织形式和责任

2.1.1　组织形式

2.1.2　责任

2.2　设立方案

2.2.1　基金定位

2.2.2　基金名称

2.2.3　基金性质

2.2.4　注册地址

2.2.5　设立方式

2.2.6　基金规模

2.2.7　基金份额

2.2.8　初始认购价格

2.2.9　认购限额

2.2.10　认购起止时间

2.2.11　收益的分配

2.2.12　基金主要费用

2.2.13　基金募集方式和对象

2.2.14　基金存续期

2.2.15　基金投资期

2.2.16　基金投资方向

2.2.17　禁止从事的经营活动

2.2.18　基金风险控制

2.3　有限合伙人入伙条件

2.4　管理与决策

第三章　基金的理念、策略、团队与投资业绩

3.1　基金的理念

3.2　基金的投资策略

3.2.1　行业选择

3.2.2　投资对象企业的定位

第二章　融资领域的法律操作实务

第一节　新型融资业务之众筹融资

众筹融资是指项目发起者通过利用互联网和 SNS 传播的特性，发动众人的力量，集中大家的资金、能力和渠道，为企业或个人进行某项活动或某个项目或创办企业提供必要的资金援助的一种融资方式。

一、众筹模式

可以基本划分为三种类型：借贷型众筹（P2P）、预购型众筹、股权型众筹。

1. 借贷型众筹（P2P）是指以网络平台为依托，借助网络平台的功能将小额度的资金聚集起来借贷给有资金需求人群的一种融资模式。

2. 预见型众筹是指项目发起人以将来投资的项目为依托，出资人以较低的价格购买项目中所涉及的商品或服务待项目成功后出资人将享有所预见的商品或服务。

3. 股权众筹是指公司出让一定比例的股份，面向普通投资者，投资者则通过投资入股公司，以获得未来收益。这种基于互联网渠道而进行融资的模式被称作股权众筹。

二、参与主体

1. 筹资人。筹资人又称发起人，通常是指融资过程中需要资金的创业企业或项目，他们通过众筹平台发布企业或项目融资信息。

2. 出资人或出借人。出资人往往是数量庞大的互联网用户或出借人，他们利用在线支付等方式对自己觉得有投资价值的创业企业或项目进行小额投资或借贷。待筹资成功后，出资人或出借人获得创业企业或项目一定比例的股权或相应的利息。

3. 众筹平台。众筹平台是指连接筹资人或借款人和出资人或出借人的媒介，其主要职责是利用网络技术支持，根据相关法律法规，将项目发起人的创意和融资需求信息发布在虚拟空间里，供投资人或出借人选择，并在筹资成功后负有一定的监督义务。

4. 托管人。为保证各出资人或出借人的资金安全，以及筹资人或借款人将资金切实用于创业企业或项目和筹资不成功的及时返回，众筹平台一般都会制定专门银行担任托管人，履行资金托管职责。

三、运作流程

众筹一般运作流程大致如下：

1. 创业企业或项目的发起人，向众筹平台提交项目策划或商业计划书，并设定拟筹资金额、可让渡的股权比例及筹款的截止日期。

2. 众筹平台对筹资人提交的项目策划或商业计划书进行审核，审核的范围具体包括但不限于真实性、完整性、可执行性以及投资价值。

3. 众筹平台审核通过后，在网络上发布相应的项目信息和融资信息。

4. 对该创业企业或项目感兴趣的个人或团队，可以在目标期限内承诺或实际交付一定数量资金。

5. 目标期限截止，筹资成功的，出资人与筹资人签订相关协议，具体详见下文；筹资不成功的，资金退回各出资人。

通过以上流程分析，与私募股权投资相比，股权众筹主要通过互联网完成"募资"环节，所以，又称其为"私募股权互联网化"。

四、股权众筹的法律风险

众筹其法律风险主要体现在两个方面：一是触犯刑法相关规定的风险；二是债务性风险。

1. 触犯刑法相关规定的风险。

（1）非法吸收公众存款的风险。2010 年 11 月《最高人民法院关于审理非法集资刑事案件具体应用法律若干问题的解释》第 1 条规定："违反国家金融管理法律规定，向社会公众（包括单位和个人）吸收资金的行为，同时具备下列四个条件的，除刑法另有规定的以外，应当认定为刑法第 176 条规定的'非法吸收公众存款或者变相吸收公众存款'：

（一）未经有关部门依法批准或者借用合法经营的形式吸收资金；

（二）通过媒体、推介会、传单、手机短信等途径向社会公开宣传；

（三）承诺在一定期限内以货币、实物、股权等方式还本付息或者给付回报；

（四）向社会公众即社会不特定对象吸收资金。"

未向社会公开宣传，在亲友或者单位内部针对特定对象吸收资金的，不属于非法吸收或者变相吸收公众存款。

（2）集资诈骗的风险。《刑法》第 192 条规定：以非法占有为目的，使用诈骗方法非法集资，数额较大的。根据《最高人民法院关于审理非法集资刑事案件具体应用法律若干问题的解释》（法释〔2010〕18 号）中的规定：具有下列情形之一的，应当认定其行为属于"以非法占有为目的，使用诈骗方法非法集资"：①携带集资款逃跑的；②挥霍集资款，致使集资款无法返还的；③使用集资款进行违法犯罪活动，致使集资款无法返还的；④具有其他欺诈行为，拒不返还集资款，或者致使集资款无法返还的。

（3）非法发行证券的风险。我国《证券法》于 1998 年 12 月制定，历经 4 次修改，其中第 10 条规定："公开发行证券，必须符合法律、行政法规规定的条件，并依法报经国务院证券监督管理机构或者国务院授权的部门核准；未经依法核准，任何单位和个人不得公开发行证券。

有下列情形之一的，为公开发行：

（一）向不特定对象发行证券的；

（二）向特定对象发行证券累计超过 200 人的；

（三）法律、行政法规规定的其他发行行为。

非公开发行证券，不得采用广告、公开劝诱和变相公开方式。"

五、众筹法律风险防范

律师应当对众筹平台以及筹资人进行众筹融资法律风险防范的指导：

1. 众筹模式筹集资金的使用，应该有明确、真实、可行的使用项目，该等项目应已经取得项目前期核准或备案。

2. 发起人应按项目规模的一定比例以自有资金同时参与项目开发建设，同时通过结构化设计落后于其他投资人分取收益。

3. 通过其他信用评级或信用增信机构增加众筹项目的信用等级，抑或由第三方提供担保。

4. 对于资金的使用过程及剩余资金的存放及处置应按照事先明确的规则进行公示。

5. 组建项目有关的成员圈。

6. 建立银行托管和监管制度，对于众筹模式募集的资金应存入监管账户，在符合募集说明书和协议确定的条件下由监管银行相应支付；真正实现 P2P 网贷公司资金和借、贷款人资金的隔离；

7. 网贷平台建立准入标准。应当限制个人和机构借款人的借款数额以及对应贷款人人数，保证对所发布的以个人为借款人以及以机构为借款人的借款标的金额进行限制。同时，采取一定信息技术手段，保证在个人或机构投资人达到一定数额以及资金总额达到一定的数额时，自动关闭相应网络投标通道，最终借款金额以实际中标者投资总额为准；

8. 严格坚持不吸储、不放贷、不担保，借贷双方资金不入平台账户的原则，积极与银行、第三方支付平台等建立全面战略合作关系；

9. 如果项目失败则应及时按照规则进行款项退还工作。

第二节　企业上市融资业务

企业上市融资在融资资本市场是呈现一种多层次的资本市场体系的。从目前来看主要有以下资本融资市场：

一、区域股权交易市场（四板）

区域股权交易市场是指经过省级政府批准的通过组织公司非上市股权融资、挂牌交易、促进非上市公司熟悉资本市场规则，完善公司治理结构，提升核心竞争能力，实现健康快速成长，源源不断地为新三板、创业板、主板市场培育和输送优质成熟上市后备资源的区域性股权交易机构。比如石家庄股权交易所、天津市股权交易所。律师在区域股权交易市场的业务：

1. 帮助公司企业进行股份制改造，同时起草相应的法律文本。
2. 为改造后的股份公司在四板挂牌出具法律意见书。

二、"新三板"股权交易市场

1. "新三板"概念。所谓的"新三板"即全国中小企业股份转让系统，是经国务院批准设立的全国性证券交易场所。全国中小企业股份转让系统有限责任公司为其运营管理机构，组织安排非上市股份公司股份的公开转让；为非上市股份公司融资、并购等相关业务提供服务；为市场参与人提供信息、技术和培训服务。

2. 新三板的特征。

（1）新三板主要是为创新型、创业型、成长型中小微企业发展服务。

（2）新三板建立不同层次市场间的有机联系：转板：在全国股份转让系统挂牌的公司，在达到股本总额、股权分散程度、公司规范经营、财务报告真实性等方面达到相应的要求，可以直接向证券交易所申请上市交易。四板公司挂牌新三板：在符合《国务院关于清理整顿各类交易场所切实防范金融风险的决定》（国发〔2011〕38号）要求的区域性股权转让市场进行股权非公开转让的公司，符合挂牌条件的，可以申请在全国股份转让系统挂牌公开转让股份。

（3）简化行政许可程序。挂牌公司依法需要核准的行政许可事项，证监会应当建立简便、快捷、高效的行政许可方式，简化审核流程，提高审核效率，无需再提交证监会发行审核委员会审核。

3. 新三板挂牌条件。

（1）依法设立且存续满两年。设立时为股份公司的从股份有限公司成立之日起满两年。由有限责任公司变更为股份有限公司的，设立时间从有限责任公司成立之日起连续计算。且要满足以下条件：

第一，以变更基准日经审计的原账面净资产值折股，且折合的实收股本总额不得高于公司净资产值。

第二，国有、外商、新公司法前设立的股份须取得批复文件。

第三，公司注册资本缴足，不存在出资不实情形。

（2）业务明确，具有持续经营能力；公司业务明确指能够明确、具体地阐述其经营的业务、产品或服务、用途及其商业模式等信息；公司可同时经营一种或多种业务，每种业务应具有相应的关键资源要素，该要素组成应具有投入、处理和产出能力，能够与商业合同、收入或成本费用等相匹配。符合国家产业政策以及环保、质量、安全等要求。

具有持续经营能力指公司基于报告期内的生产经营状况，在可预见的将来，有能力按照既定目标持续经营下去。公司业务在报告期内应有持续的营运记录。

（3）公司治理机制健全，合法规范经营。公司治理结构健全，是指公司按规定建立股东大会、董事会、监事会和高级管理人员组成的公司治理架构，制定相应的公司治理制度，并能证明有效运行，保护股东权益。

合法规范经营是指公司及其控股股东、实际控制人、董事、监事、高级管理人员须依法开展经营活动，经营行为合法、合规，不存在重大违法违规行为，具体表现为：

第一，环保、生产批文等重要资质的取得没有重大瑕疵；

第二，土地、房产等重要资产的权属不存在重大瑕疵；

第三，不存在因公司、主要股东、高管重大违法违规行为。

（4）股权明晰，股票发行和转让行为合法合规。这主要是指公司的股权结构清晰，权属分明，真实确定，合法合规，股东特别是控股股东、实际控制人及其关联股东或实际支配的股东持有公司的股份不存在权属争议或潜在纠纷。公司的股东不存在国家法律、法规、规章及规范性文件规定不适宜担任股东的情形。

公司股权的权属清晰稳定决定了公司运营的安全及稳定。该规定不仅加强了挂牌公司的安全系数，更降低了投资者的投资风险。

公司历次股权转让合法合规，是指公司的股票发行和转让依法履行必要内部决议、外部审批（如有）程序，股票转让须符合限售的规定。

（5）主办券商推荐并持续督导：

第一，公司须经主办券商推荐，双方签署《推荐挂牌并持续督导协议》；

第二，主办券商完成尽职调查并通过内核，出具推荐报告。

（6）全国股份转让系统公司要求的其他条件。

三、创业板股权交易市场

创业板股权交易市场是指交易所主板市场以外的另一个证券市场，其主要目的是为新兴企业提供融资途径，帮助其发展和扩展业务。在创业板上市的公司大多从事高科技业务，具有较高的成长性。为主板市场的重要补充。

1. 创业板发行上市的条件之主体资格条件。

（1）企业性质：发行人是依法设立且合法存续的股份有限公司。

（2）持续经营时间：发行人应当自股份有限公司成立后，持续经营时间在 3 年以上。有限公司按原账面净资产折股整体变更为股份有限公司的，持续经营时间以有限责任公司成立之日起计算。

（3）发行人的财务指标：

净利润要求：最近两年连续盈利，最近两年净利润累计不少于 1000 万元；或者最近一年盈利，最近一年营业收入不少于 5000 万元。净利润以扣除非经常性损益前后孰低者为计算依据；

净资产要求：最近一期末净资产不少于 2000 万元，且不存在未弥补亏损；

股本总额要求：发行后股本总额不少于 3000 万元。

（4）发行人注册资本：发行人的注册资本已足额缴纳，发起人或者股东用作出资的资产的财产权转移手续已办理完毕。发行人的主要资产不存在重大权属纠纷。

（5）发行人的主营业务：发行人应当主要经营一种业务，其生产经营活动符合法律、行政法规和公司章程的规定，符合国家产业政策及环境保护政策。

（6）发行人的经营连续性：发行人最近两年内主营业务和董事、高级管理人员均没有发生重大变化，实际控制人没有发生变更。

（7）发行人股权要求：发行人的股权清晰，控股股东和受控股股东、实际控制人支配的股东所持发行人的股份不存在重大权属纠纷。

2. 创业板发行上市的条件之发行人规范运作要求。

（1）发行人的独立性要求：发行人资产完整，业务及人员、财务、机构独立，具有完整的业务体系和直接面向市场独立经营的能力。与控股股东、实际控制人及其控制的其他企业间不存在同业竞争，以及严重影响公司独立性或者显失公允的关联交易。

（2）发行人的生产经营要求：生产经营活动符合法律、行政法规和公司章程的规定，符合国家产业政策及环境保护政策。

（3）资金管理要求：发行人募集资金应当用于主营业务，并有明确的用途。募集资金数额和投资方向应当与发行人现有生产经营规模、财务状况、技术水平、管理能力及未来资本支出规划等相适应

3. 创业板发行上市的条件之公司治理结构要求。

（1）发行人的组织机构要求：发行人具有完善的公司治理结构，依法建立健全股东大会、董事会、监事会以及独立董事、董事会秘书、审计委员会制度，相关机构和人员能够依法履行职责。

发行人应当建立健全股东投票计票制度，建立发行人与股东之间的多元化纠纷解决机制，切实保障投资者依法行使收益权、知情权、参与权、监督权、求偿权等股东权利。

（2）发行人内部控制制度：发行人内部控制制度健全且被有效执行，能够合理保证公司运行效率、合法合规和财务报告的可靠性，并由注册会

计师出具无保留结论的内部控制鉴证报告。

（3）发行人董事、监事及高级管人员的任职资格要求：发行人的董事、监事和高级管理人员应当忠实、勤勉，具备法律、行政法规和规章规定的资格，且不存在下列情形：

第一，被中国证监会采取证券市场禁入措施尚在禁入期的；

第二，最近三年内受到中国证监会行政处罚，或者最近一年内受到证券交易所公开谴责的；

第三，因涉嫌犯罪被司法机关立案侦查或者涉嫌违法违规被中国证监会立案调查，尚未有明确结论意见的；

第四，发行人及其控股股东、实际控制人最近三年内不存在损害投资者合法权益和社会公共利益的重大违法行为；

第五，发行人及其控股股东、实际控制人最近三年内不存在未经法定机关核准，擅自公开或者变相公开发行证券，或者有关违法行为虽然发生在三年前，但目前仍处于持续状态的情形。

4. 发行人财务与会计要求。

（1）发行人会计基础工作规范，财务报表的编制和披露符合企业会计准则和相关信息披露规则的规定，在所有重大方面公允地反映了发行人的财务状况、经营成果和现金流量，并由注册会计师出具无保留意见的审计报告。

（2）依法纳税：发行人依法纳税，不存在偷税、漏税现象。

5. 发行人募集资金的使用要求。

（1）发行人募集资金应当用于主营业务，并有明确的用途。募集资金数额和投资方向应当与发行人现有生产经营规模、财务状况、技术水平、管理能力及未来资本支出规划等相适应；

（2）募集资金投资项目应按国家投资体制改革规定的程序和审批权限，取得国家或地方部门的立项批文或备案。

四、主板股权交易市场

1. 主板上市的主体资格。

（1）企业性质：发行人应当是依法设立且合法存续的股份有限公司。

（2）持续经营时间：发行人自股份有限公司成立后，持续经营时间应当在 3 年以上，但经国务院批准的除外。有限责任公司按原账面净资产值折股整体变更为股份有限公司的，持续经营时间可以从有限责任公司成立之日起计算。

（3）发行人的财务指标。

第一，最近 3 个会计年度净利润均为正数且累计超过人民币 3000 万元，净利润以扣除非经常性损益前后较低者为计算依据；

第二，最近 3 个会计年度经营活动产生的现金流量净额累计超过人民币 5000 万元；或者最近 3 个会计年度营业收入累计超过人民币 3 亿元；

第三，发行前股本总额不少于人民币 3000 万元；

第四，最近一期末无形资产（扣除土地使用权、水面养殖权和采矿权等后）占净资产的比例不高于 20%；

第五，最近一期末不存在未弥补亏损。

（4）发行人注册资本：发行人的注册资本已足额缴纳，发起人或者股东用作出资的资产的财产权转移手续已办理完毕，发行人的主要资产不存在重大权属纠纷。

（5）发行人的经营连续性：发行人最近三年内主营业务和董事、高级管理人员没有发生重大变化，实际控制人没有发生变更。

（6）发行人股权要求：发行人的股权清晰，控股股东和受控股股东、实际控制人支配的股东持有的发行人股份不存在重大权属纠纷。

2. 独立性要求。

（1）发行人应当具有完整的业务体系和直接面向市场独立经营的能力。

（2）发行人的资产完整：生产型企业应当具备与生产经营有关的生产系统、辅助生产系统和配套设施，合法拥有与生产经营有关的土地、厂房、机器设备以及商标、专利、非专利技术的所有权或者使用权，具有独立的原料采购和产品销售系统；非生产型企业应当具备与经营有关的业务体系及相关资产。

（3）发行人的人员独立：发行人的总经理、副总经理、财务负责人和董事会秘书等高级管理人员不得在控股股东、实际控制人及其控制的其他企业中担任除董事、监事以外的其他职务，不得在控股股东、实际控制人及其控制的其他企业领薪；发行人的财务人员不得在控股股东、实际控制人及其控制的其他企业中兼职。

（4）发行人的财务独立：发行人应当建立独立的财务核算体系，能够独立作出财务决策，具有规范的财务会计制度和对分公司、子公司的财务管理制度；发行人不得与控股股东、实际控制人及其控制的其他企业共用银行账户。

（5）发行人的机构独立：发行人应当建立健全内部经营管理机构，独立行使经营管理职权，与控股股东、实际控制人及其控制的其他企业间不得有机构混同的情形。

（6）发行人的业务独立：发行人的业务应当独立于控股股东、实际控制人及其控制的其他企业，与控股股东、实际控制人及其控制的其他企业间不得有同业竞争或者显失公平的关联交易。

（7）发行人在独立性方面不得有其他严重缺陷。

3. 规范运作要求。

（1）发行人已经依法建立健全股东大会、董事会、监事会、独立董事、董事会秘书制度，相关机构和人员能够依法履行职责。

（2）发行人的董事、监事和高级管理人员已经了解与股票发行上市有关的法律法规，知悉上市公司及其董事、监事和高级管理人员的法定义务和责任。

（3）发行人的董事、监事和高级管理人员符合法律、行政法规和规章规定的任职资格，且不得有下列情形：

第一，被中国证监会采取证券市场禁入措施尚在禁入期的；

第二，最近 36 个月内受到中国证监会行政处罚，或者最近 12 个月内受到证券交易所公开谴责；

第三，因涉嫌犯罪被司法机关立案侦查或者涉嫌违法违规被中国证监会立案调查，尚未有明确结论意见。

第四，发行人的内部控制制度健全且被有效执行，能够合理保证财务报告的可靠性、生产经营的合法性、营运的效率与效果。

（4）发行人不得有下列情形：

第一，最近 36 个月内未经法定机关核准，擅自公开或者变相公开发行过证券；或者有关违法行为虽然发生在 36 个月前，但目前仍处于持续状态；

第二，最近 36 个月内违反工商、税收、土地、环保、海关以及其他法律、行政法规，受到行政处罚，且情节严重；

第三，最近 36 个月内曾向中国证监会提出发行申请，但报送的发行申请文件有虚假记载、误导性陈述或重大遗漏；或者不符合发行条件以欺骗手段骗取发行核准；或者以不正当手段干扰中国证监会及其发行审核委员会审核工作；或者伪造、变造发行人或其董事、监事、高级管理人员的签字、盖章；

第四，本次报送的发行申请文件有虚假记载、误导性陈述或者重大遗漏；

第五，涉嫌犯罪被司法机关立案侦查，尚未有明确结论意见；

第六，严重损害投资者合法权益和社会公共利益的其他情形。

（5）发行人的公司章程中已明确对外担保的审批权限和审议程序，不存在为控股股东、实际控制人及其控制的其他企业进行违规担保的情形。

（6）发行人有严格的资金管理制度，不得有资金被控股股东、实际控制人及其控制的其他企业以借款、代偿债务、代垫款项或者其他方式占用的情形。

4. 财务会计要求。

（1）发行人资产质量良好，资产负债结构合理，盈利能力较强，现金流量正常。

（2）发行人的内部控制在所有重大方面是有效的，并由注册会计师出具了无保留结论的内部控制鉴证报告。

（3）发行人会计基础工作规范，财务报表的编制符合企业会计准则和相关会计制度的规定，在所有重大方面公允地反映了发行人的财务状况、经营成果和现金流量，并由注册会计师出具了无保留意见的审计报告。

（4）发行人编制财务报表应以实际发生的交易或者事项为依据；在进行会计确认、计量和报告时应当保持应有的谨慎；对相同或者相似的经济业务，应选用一致的会计政策，不得随意变更。

（5）发行人应完整披露关联方关系并按重要性原则恰当披露关联交易。关联交易价格公允，不存在通过关联交易操纵利润的情形。

5. 资金募集运用。

（1）募集资金应当有明确的使用方向，原则上应当用于主营业务。

除金融类企业外，募集资金使用项目不得为持有交易性金融资产和可供出售的金融资产、借予他人、委托理财等财务性投资，不得直接或者间接投资于以买卖有价证券为主要业务的公司。

（2）募集资金数额和投资项目应当与发行人现有生产经营规模、财务状况、技术水平和管理能力等相适应。

（3）募集资金投资项目应当符合国家产业政策、投资管理、环境保护、土地管理以及其他法律、法规和规章的规定。

（4）发行人董事会应当对募集资金投资项目的可行性进行认真分析，

确信投资项目具有较好的市场前景和盈利能力，有效防范投资风险，提高募集资金使用效益。

（5）募集资金投资项目实施后，不会产生同业竞争或者对发行人的独立性产生不利影响。

（6）发行人应当建立募集资金专项存储制度，募集资金应当存放于董事会决定的专项账户。

第三节　律师在企业改制和上市过程中的工作

《律师事务所从事证券法律业务管理办法》第13条规定，律师事务所及其指派的律师从事证券法律业务，应当依法对所依据的文件资料的真实性、准确性、完整性进行核查和验证；在进行核查和验证前，应当编制核查和验证计划，明确需要核查和验证的事项，并根据业务的进展情况，予以适当调整。

根据以上规定律师在从事企业改制上市过程中对于企业改制上市所依据的文件资料的"三性"应进行核查和验证，并应当制定核查验证计划。

一、律师核查和验证文件资料的程序及方式

1. 收集文件资料。文件资料是律师了解企业具体情况的主要资料，前期由律师列出应当收集文件资料的清单，让企业提交资料清单中所列举的文件资料。在收集文件资料时律师应当按以下要求进行收集：

（1）应当收集文件资料的原件，如收集原件确有困难，可复制或收集副本、节录本。复制件、副本和节录本等应当由企业在文件上签字、加盖公章用以证明与原件或正本相一致。

（2）对于重要而又缺少相关资料支持的事实，应当取得企业对该事实的书面确认，律师还应当在法律意见书中作出相应的说明。

（3）对于需要进行公证、见证的法律文件，应当及时通知企业办理。

律师对文件资料的核查和验证的主要内容是对文件资料及其反映的事实进行审查和分析。

2. 与企业高级管理人员和业务人员面谈。高级管理人员主要包括公司的董事、监事、经理层；业务人员包括营销、财务、技术、管理、法律等相关人员。与企业的高级管理人员及业务人员面谈的方式主要适用于没有

文件资料佐证的或者虽有文件资料，但要对这些文件资料进一步审核查验。找企业的管理层或其业务人员面谈，制作谈话记录，由谈话的双方在谈话记录上签字，以示对谈话内容的确认。

3. 与相关方及各政府部门核对事实，进行查询和函证。有些事实由于没有文件资料，但对改制上市业务又有影响或在核查和验证中产生的疑惑或发现的问题，经企业说明、解释后，仍然不能确定的，律师应当从完成委托事项实际需要、维护委托方合法权益出发，到相关方面去进行核查验证，这也就是通常所说的走访调查。律师应当到相关工商登记部门查阅、查询、核实和复制相关文件资料，对相关方进行函证。如果律师对必须核实的事项进行了核实，确实有证据证明律师履行了勤勉尽责的义务，其当时得出的结论虽与后来查明的事实有出入，律师也可以免责。找相关方面核对事实，应当制作调查笔录，由调查人和被调查人在笔录上签名，以示双方对调查笔录内容的确认。

4. 实地调查。实地调查就是对企业进行实地走访，查看企业相关项目的厂房设备、办公场地，以确认或证明其确实存在。另外对于实地考察，要做好实地调查记录及拍照留档。

5. 进行必要的复核。企业改制与上市时间周期很长，企业也是在不断的发展变化，中间发生一些情况变化是经常的，这就要求律师根据需要对已经核查和验证过的有关情况和材料进行复核，以免发生披露、发表法律意见等内容不符合客观的实际情况。

二、律师进行核查和验证的资料清单的主要内容

1. 发行人基本情况调查。发行人基本情况调查包括：改制与设立情况、发行人历史沿革情况、发起人和股东的出资情况、重大股权变动情况、重大重组情况、主要股东情况、员工情况、发行人独立情况、内部职工股（如有）情况、商业信用情况。

2. 发行人业务与技术调查。发行人业务与技术调查包括：发行人行业情况及竞争状况、采购情况、生产情况、销售情况、核心技术人员、技术与研发情况。

3. 同业竞争与关联交易调查。同业竞争与关联交易调查包括：

（1）企业与控股股东的其他全资、控股、参股企业之间有关资产、财务方面的协议和原材料供应、产品生产、销售及日常经营业务所签订的合同。

　　（2）企业与公司董事、监事、经理等高管人员及其关系密切的亲属之间有关资产、财务方面的协议和原材料供应、产品生产、销售及日常经营业务所签订的合同。

　　（3）公司将来可能产生的其他关联交易的关联方及关联关系。

　　4. 高管人员调查。高管人员调查包括：高管人员任职情况及任职资格、高管人员的经历及行为操守、高管人员胜任能力和勤勉尽责、高管人员薪酬及兼职情况、报告期内高管人员变动、高管人员是否具备上市公司高管人员的资格、高管人员持股及其他对外投资情况。

　　5. 组织结构与内部控制调查。组织结构与内部控制调查包括：公司章程及其规范运行情况、组织结构和股东大会、董事会、监事会运作情况、独立董事制度及其执行情况、内部控制环境、业务控制、信息系统控制、会计管理控制、内部控制的监督情况。

　　6. 财务与会计调查。财务与会计调查包括：财务报告及相关财务资料、会计政策和会计估计、评估报告、内控鉴证报告、财务比率分析、销售收入、销售成本与销售毛利、期间费用、非经常性损益、货币资金、应收款项、存货、对外投资、固定资产、无形资产、投资性房地产、主要债务、资金流量、或有负债、合并报表的范围、纳税情况、盈利预测。

　　7. 业务发展目标调查。业务发展目标调查包括：发展战略、经营理念和经营模式、历年发展计划的执行和实现情况、业务发展目标、募集资金投向与未来发展目标的关系。

　　8. 募集资金运用调查。募集资金运用调查包括：历次募集资金使用情况、本次募集资金使用情况、募集资金投向产生的关联交易。

　　9. 风险因素及其他重要事项调查。风险因素及其他重要事项调查包括：风险因素、重大合同、诉讼和担保情况、信息披露制度的建设和执行情况、中介机构执业情况、在建工程的立项及有关批文、债权债务关系。

　　10. 企业资产方面的材料调查。

　　（1）企业所有或使用的土地使用权、房产证书及情况说明；

　　（2）企业拥有的专利、商标、专有技术等权利证书或有权使用依据，公司自主研发的主要技术成果；

　　（3）其他资产文件及证明：车辆、机器设备等；

　　（4）证券（股票和债券）、合资或合作权益、融资租赁和经营租赁合同及其他资产。

　　11. 有关贷款文件。

（1）经担保的贷款协议；＿＿＿＿＿＿＿。

（2）未经担保的贷款协议；＿＿＿＿＿＿＿。

（3）还贷情况及计划。

12. 环保、税务、工商、保险、涉讼情况。

13. 公司重要会议决议。

（1）公司历次董事会纪要、决议；

（2）公司历次股东大会召开通知、决议；

（3）公司历次监事会决议。

14. 重大投资项目情况。

（1）项目批文、环保等方面的批复文件；

（2）项目进展及收益情况。

15. 根据企业自身情况而需要调查的其他有关重要事项。

第四节　律师应出具的法律文件和法律意见书

在企业改制与发行上市过程中，需要律师按有关规定出具各种法律文件和法律意见书。现将律师应出具的法律文件和法律意见书阐述如下：

一、律师协助企业编制或审核的法律文件

无论是四版挂牌还是主板上市，任何一个企业的性质必须是股份制有限责任公司，往往在上市之前大部分企业都需要改制为股份有责任公司。企业在股份制改造时律师的业务有：

1. 起草改制或股改方案。

2. 起草发起人协议书。

3. 起草股份有限公司章程。

4. 制作关于国有股权设置的法律意见书。

根据《股份有限公司国有股权管理暂行办法》（国资企发［1994］81号）以及《关于股份有限公司国有股权管理工作有关问题的通知》（财管字［2000］200号）的规定，原来财政部和省级财政（国资）部门在批复公司国有股权（包括国家股及国有法人股）的设置时需要律师出具法律意见书

5. 制作关于股份有限公司设立的法律意见书。

6. 制作股东大会议事规则。

7. 制作董事会议事规则。

8. 制作监事会议事规则。

9. 制作独立董事管理细则。

10. 制作董事会秘书管理细则。

11. 制作关联交易管理办法。

12. 制作信息披露管理办法。

13. 制作内部控制管理办法。

14. 制作其他与改制有关的法律文件。

二、股份首次发行上市需编制审核的法律文件

1. 协助制作首次公开发行股票申请文件。对申请文件的内容、格式作了详细规定，律师应协助发行人按证监会规定的格式编制文件，并对文件进行审核。

2. 协助起草或审查招股说明书。招股说明书是申请文件的必备内容，也是首次公开发行股票信息披露的重要内容，律师应协助发行人，按照证监会发布的《公开发行证券的公司信息披露、内容与格式准则第1号——招股说明书》（2006年修订）制作招股说明书或对发行人制作的招股说明书进行审核。发行人律师在招股说明书及其概要中应发表声明："本所及经办律师保证由本所同意发行人在招股说明书及其摘要中引用的法律意见书和律师工作报告的内容已经本所审阅，确认招股说明书及其摘要引用的法律意见真实、准确，并承担相应的责任"。

3. 出具法律意见书及律师工作报告。首次公开发行股票时法律意见书和律师工作报告是发行人向证监会申请公开发行证券的必备文件。拟首次公开发行股票公司所聘请的律师事务所及其委派的律师必须按证监会的要求出具法律意见书、律师工作报告。证监会2001年发布了《公开发行证券公司信息披露的编报规则第12号——公开发行证券的法律意见书和律师工作报告》，详细规定了法律意书的具体标准和内容，律师应根据该规则制作法律意见书和律师工作报告。

4. 如存在内部职工股的问题，律师应出具核查意见。律师对内部职工股的核查意见主要包括：公司设立及内部职工股的设置是否得到合法批准；内部职工股是否按批准的比例、范围及方式发行；内部职工股首次及历次托管是否合法、合规、真实、有效；内部职工股的演变是否合法、合

规、真实、有效；如内部职工股涉及违法违规行为，是否该行为已得到清理，批准内部职工股的部门是否出具对有关情况及对有关责任和潜在风险承担责任进行确认的文件。

5. 会后事项的法律意见书。根据《关于已通过发审会拟发行证券的公司会后事项监管及封卷工作的操作规程》和《关于加强通过发审会的拟发行证券的公司会后事项监管的通知》中的规定审核员应该督促发行人提供重大事项说明，要求发行人律师对公司在通过发审会审核后是否发生重大事项出具专业意见。

6. 询价发行阶段出具法律意见书。根据证监会有关询价制度的规定，律师事务所对询价过程是否符合法律法规通知的规定等进行见证，并出具专项法律意见书。另外，律师要参与发行的全过程，并根据需要就其中某些问题出具有关法律意见。

刊登招股说明书的前一个工作日，发行人应向中国证监会说明拟刊登的招股说明书与其封卷稿之间是否存在差异。律师也应核查招股说明书与其封卷稿之间是否存在差异，如没有差异，应出具声明和承诺，如有差异，则应具体说明差异。

律师还应对所有与发行上市有关的事项进行充分的核查验证，保证不存在虚假记载、误导性陈述及重大遗漏。

7. 企业申请上市时，根据申报的需要由律师出具法律意见书。

8. 对法律文件进行见证。

（1）上市公司股东大会见证根据证监会于 2006 年 3 月 16 日发布的《上市公司股东大会规则》规定，公司董事会应当聘请律师出席股东大会，对以下问题出具意见并公告：

第一，会议的召集、召开程序是否符合法律、行政法规、本规则和公司章程的规定；

第二，出席人员的资格、召集人资格是否合法有效；

第三，会议的表决程序、表决结果是否合法有效。

（2）对上市公司的新任董事和监事声明及承诺进行见证。《上海证券交易所股票上市规则》及《深圳证券交易所股票上市规则》均规定：上市公司的董事、监事应当在股票上市后两个月内，新任董事、监事应当在股东大会通过其任命后两个月内，签署《董事（监事）声明及承诺书》并送达本所备案。董事、监事签署该文件时必须由律师见证，向董事、监事解释《董事（监事）声明及承诺书》的内容，董事、监事在充分理解后签字。

（3）对企业有关上报材料的鉴证。在企业上报材料中，如有的法律文件企业无法提供原件，需要律师鉴证是否与原件一致。对企业提供的原始财务等资料是否与原件或报送税务等部门的材料保持一致，也需要律师进行鉴证。

三、律师制作工作底稿

律师在制作法律意见书和律师工作报告的同时，应当制作工作底稿，律师工作底稿是进行责任划分的依据，同时也是律师出具法律意见的依据。律师工作底稿的基本要求、内容与制作方法如下：

1. 制作工作底稿的基本要求：及时、准确、真实、完整。

2. 工作底稿的内容。

（1）律师承担项目的基本情况，包括委托单位名称、项目名称、制作项目的时间或期间、工作量统计；

（2）为制作法律意见书和律师工作报告制订的工作计划及其操作程序的记录，如需要发行人提供资料的清单；

（3）与发行人（包括发起人）设立及历史沿革有关的资料，如设立批准证书、营业执照、合同、章程等文件或变更文件的复印件；

（4）重大合同、协议及其他重要文件和会议记录的摘要或副本；

（5）与发行人及相关人员相互沟通情况的记录，对发行人提供资料的检查、调查访问记录、往来函件、现场勘查记录、查阅文件清单等相关的资料及详细说明；

（6）发行人及相关人员的书面保证或说明书的复印件；

（7）对保留意见及疑难问题所做的说明；

（8）其他与出具法律意见书和律师工作报告相关的重要资料。上述资料应注明来源。凡涉及律师向有关当事人调查所做的记录，应当由律师和当事人本人签名。

第五节　部分法律文本

一、A股上市融资目录

释义

一、本次发行上市的批准和授权

二、发行人本次发行上市的主体资格

三、发行人本次发行上市的实质条件

四、发行人的设立

五、发行人的独立性

六、发起人和股东

七、发行人的股本及演变

八、发行人的附属公司

九、发行人的业务

十、关联交易及同业竞争

十一、发行人的主要财产

十二、发行人的重大债权债务

十三、发行人重大资产变化及收购兼并

十四、发行人章程的制定与修改

十五、发行人股东大会、董事会、监事会议事规则及规范运作

十六、发行人董事、监事和高级管理人员及其变化

十七、发行人的税务

十八、发行人的环境保护和产品质量、技术等标准

十九、发行人募股资金的运用

二十、发行人的业务发展目标

二十一、诉讼、仲裁或行政处罚

二十二、发行人招股说明书法律风险的评价

二十三、结论

二、新三板挂牌法律意见书

（一）首部

1. 释义。

2. 本所律师声明。

（二）正文

1. 本次股份报价转让的授权和批准。

（1）公司于某年某日召开董事会会议，审议通过《关于公司股份进入代办股份转让系统挂牌报价转让的议案》，并提请召开股东大会审议。

（2）公司于某年某日股东大会，会议通过《关于公司股份进入代办股份转让系统挂牌报价转让的议案》，批准公司本次股份报价转让。经核查并根据有关法律、法规、规范性文件和《公司章程》的规定，上述决议的内容合法有效。

（3）根据公司某年股东大会决议，公司股东大会授权董事会全权办理本次股份报价转让的相关事宜，经核查，该等授权的程序和范围合法有效。

（4）公司本次股份报价转让尚待取得证券业协会的备案确认。

综上，项目律师所律师认为，根据我国现行法律、法规、规范性文件以及《公司章程》的规定，本次股份报价转让除尚需主办券商推荐、证券业协会备案外，已取得现阶段必要的批准和授权。

2. 挂牌公司本次股份报价转让的主体资格。

（1）公司整体变更设立：公司系由某某有限责任公司整体变更设立的股份有限公司，于某年某日取得某市工商局核发的《企业法人营业执照》（注册号）。

（2）公司有效存续：根据现行有效的《公司章程》，公司为永久存续的股份有限公司。经核查，公司已通过某年度工商年检。根据公司的声明和承诺并经项目律师所律师适当核查，截至本《法律意见书》出具之日，公司不存在营业期限届满、股东大会决议解散、因合并或者分立而解散、不能清偿到期债务被宣告破产、违反法律、法规被依法责令关闭等根据法律、法规、规范性文件及《公司章程》规定需要终止的情形，依法有效存续。

（3）公司位于某市高新技术产业开发区：根据公司持有的《企业法人营业执照》，公司住所为某某地区。

（4）公司为高新技术企业：公司持有由某市科学技术委员会、某市财政局、某市国税局、某市地税局于某年某日联合颁发的《高新技术企业证书》（编号），有效期至某年某日。

综上，项目律师所律师认为，公司是依法设立并合法存续的某市高新技术开发区高新技术产业的非上市股份有限公司，属于高新技术企业，具备本次股份报价转让的主体资格。

3. 挂牌公司本次股份报价转让的实质条件。项目律师所律师根据《公司法》、《证券法》、《证券公司代办股份转让系统中关村科技园区非上市股份有限公司股份报价转让试点办法》及证券业协会的其他有关规定，对公司股份报价转让所应具备的实质条件逐项进行了审查。经本所律师适当核查，并依赖其他专业机构的专业意见，项目律师所律师认为：

（1）公司存续满两年。某年某月，公司取得某市工商局颁发的《企业法人营业执照》（注册号），依法成立。公司系由公司按照经审计的截至某年某月的账面净资产××万元中的××万元折股整体变更设立的股份有限公司。依据《试点办法》第9条的规定，有限责任公司按原账面净资产值折股整体变更为股份有限公司的，存续期间可以从有限责任公司成立之日起计算。因此，公司的存续期间从公司某年某月成立之日起计算，截至本《法律意见书》出具日，公司存续满两年。

项目律师所律师认为，公司符合《试点办法》第9条第（一）项"存续满两年"之规定。

（2）公司主营业务突出，具有持续经营能力。根据公司所持有的《企业法人营业执照》及《公司章程》，说明公司的经营范围。

第一，根据公司的书面说明并经本所律师核查公司报告期内的财务报告、重大合同等文件，公司最近两年的主营业务均为××。报告期内，公司的主营业务无重大变化。

第二，根据《审计报告》，说明公司主营业务突出。

第三，经核查，公司报告期内持续经营，不存在法律、法规和《公司章程》规定终止经营的情形。

综上，项目律师所律师认为，公司主营业务突出，具有持续经营能力，符合《试点办法》第9条第（二）项的规定。

（3）公司治理结构健全，运作规范。

根据公司提供的资料，公司已依法建立健全了股东大会、董事会、监事会等公司法人治理机构，制定通过了《公司章程》、《股东大会议事规则》、《董事会议事规则》、《监事会议事规则》、《总经理工作细则》、《关联交易决策制度》、《对外投资管理制度》、《对外担保决策制度》等一系列公司治理规章制度。

根据公司说明并经项目律师所律师核查，公司股东大会、董事会、监事会运作规范，相关机构和人员能够依法履行职责。

综上，项目律师所律师认为，公司治理结构健全、运作规范，符合《试点办法》第9条第（三）项的规定。

（4）公司股份发行和转让行为合法合规。公司系由有限公司整体变更设立，根据公司整体变更的相关工商登记资料并经项目律师所律师的适当核查，公司整体变更符合《公司法》的相关规定。公司设立后至本《法律意见书》出具之日，尚未发行新股。项目律师所律师认为，公司的股份发行和转让不存在违法违规行为，符合《试点办法》第9条第（四）项的规定。

综上，项目律师所律师认为，公司本次股份报价转让符合《公司法》、《证券法》、《试点办法》等法律、法规和规范性文件中关于股份报价转让的各项实质性条件规定。

（5）公司取得进入证券公司代办股份转让系统的资格确认函。某年某日，公司获得由某市人民政府出具的关于同意某股份有限公司申请进入证券公司代办股份转让系统进行股份报价转让试点的函，同意公司申请本次股份报价转让。公司以上条件符合《试点办法》第9条第（五）项的规定。

项目律师所律师认为，股份公司目前已经具备本次报价转让的实质条件。

4. 挂牌公司的设立。

（1）股份公司的前身。

（2）公司整体变更为股份有限公司。

第一，某年某月，公司召开临时股东会并做出决议：①同意以经审计账面净资产折股整体变更设立股份有限公司；②授权执行董事确定并聘请会计师事务所及评估机构进行审计评估，确定审计、评估基准日；③授权执行董事办理公司整体变更为股份有限公司登记事宜。

第二，会计师出具《审计报告》审计的账面净资产值。

第三，出具《资产评估报告书》，公司经评估的账面净资产值。

第四，全体股东签订《发起人协议》。

第五，会计师出具《验资报告》，公司已收到全体发起人以净资产出资的注册资本。

第六，股份公司取得工商局核发的《企业法人营业执照》。

（3）是否存在变更为股份有限公司后的历次变更的情况。综上，项目律师所律师认为，公司从有限责任公司整体变更设立为股份有限公司的程序、发起人资格、条件、方式等符合当时法律、法规及规范性文件的有关规定，公司的设立行为履行了适当的法律程序并办理了工商变更登记手续，公司的设立符合设立时的法律、法规及规范性文件的规定，公司设立合法有效。

5. 挂牌公司的独立性。

（1）公司的业务独立性：

第一，根据公司出具的书面声明并经项目律师所律师核查，公司具备与生产经营有关的生产系统、辅助生产系统及相关配套设施，拥有与生产经营有关的各项技术的所有权或使用权，具有独立的原料采购和产品销售系统，独立进行生产、经营，业务上独立于控股股东、实际控制人及其控制的其他企业。公司以自身的名义独立开展业务和签订合同，无需依赖控股股东、实际控制人及其控制的其他企业，具有直接面向市场的独立经营能力。

第二，经公司出具的书面声明并经本所律师核查，公司的业务独立于控股股东、实际控制人及其控制的其他企业，与控股股东、实际控制人及其控制的其他企业间不存在足以构成业务依赖的关联交易。

项目律师所律师认为，公司的业务独立。

（2）公司的资产独立性：

第一，根据会计师出具的《验资报告》，公司注册资本已全部缴纳到位。

第二，根据《审计报告》，截至某年某日，公司的总资产为元。公司的资产主要包括××。根据公司声明与承诺并经项目律师所律师适当核查，公司合法拥有上述财产。

第三，根据公司承诺并经本所律师适当核查，截至本《法律意见书》出具日，公司不存在资金、资产被公司的控股股东及实际控制人占用的情形。

项目律师所律师认为，公司的资产独立。

（3）公司的人员独立性：

第一，经查阅公司员工名册及劳动合同、工资明细表、社保凭证、与管理层及员工交谈，公司员工的人事、工资、社保等均由公司人事行政部门独立管理。根据公司出具的书面声明，公司与全体员工均签订了《劳动合同》。

第二，截至本《法律意见书》出具日，公司总经理、财务总监等高级管理人员均未在其他企业领取报酬，上述人员未在公司的控股股东、实际控制人及其控制的其他企业中担任除董事以外的其他职务，未在控股股东、实际控制人及其控制的其他企业领薪，亦不存在自营或为他人经营与公司经营范围相同业务的情形；公司的财务人员未在控股股东、实际控制人及其控制的其他企业中兼职。

第三，根据项目律师所律师核查的股东大会、董事会文件记录，结合历届董事会以及高级管理人员人选产生过程，公司股东推荐董事、监事和总经理人选的程序均合法有效。

项目律师所律师认为，公司的人员独立。

（4）公司的财务独立性：

第一，公司设有独立的财务部门，已建立独立的财务核算体系，能够独立做出财务决策，具有规范的财务会计制度。

第二，公司持有《税务登记证》，公司依法独立纳税，不存在与控股股东、实际控制人及其控制的其他企业混合纳税的情况。

项目律师所律师认为，公司的财务独立。

（5）公司的机构独立性：

第一，公司的组织机构建立健全。

第二，公司建立了股东大会、董事会、监事会，并制定了完善的议事规则，公司股东大会、董事会、监事会的运作独立于控股股东及实际控制人。

第三，经项目律师所律师核查并经公司确认，公司的办公机构和生产经营场所独立，不存在与控股股东及实际控制人所控制其他企业混合经营、合署办公的情况。公司完全拥有机构设置的自主权。

项目律师所律师认为，公司的机构独立。

综上，项目律师所律师认为，公司业务、资产、人员、机构、财务独立，具有完整的业务体系和直接面向市场自主经营的能力及风险承受能力。

6. 挂牌公司的发起人和股东。

（1）介绍公司发起人及其主体资格（发起人出资方式、出资比例）。

（2）现有股东（出资方式、出资比例）。

（3）介绍股东之间的关联关系。

（4）说明控股股东及实际控制人。

项目律师所律师认为，股份公司现有股东人数、住所符合法律法规和规范性文件的规定。所有股东具备法律、法规和规范性文件规定的担任股份公司股东的主体资格。

7. 挂牌公司的股本及其演变。

（1）有限公司的设立及历史沿革。

（2）股份公司设立时的股权设置。

（3）股份公司设立后的股本及股权变动。

（4）公司股份质押及第三方权利情况。

（5）是否涉及股份公司的子公司的变动。

8. 挂牌公司的业务。

（1）公司的经营范围变更及目前的经营范围。

（2）公司的主营业务。

（3）公司开展业务所需的资质及许可。

（4）说明公司是否存在在中国大陆以外地区经营业务。

（5）公司的持续经营能力。

9. 关联交易及同业竞争。

（1）关联交易：

第一，公司主要关联方：①持有公司5%以上股份的股东；②公司的控股股东和实际控制人；③公司子公司；④董事、监事及高级管理人员；⑤公司控股股东及实际控制人控制的其他企业。

第二，公司的关联交易：

根据《审计报告》并经项目律师所律师适当核查，说明公司报告期内发生的关联交易，主要内容包括××。公司还应制定相关的关联交易管理制度，为规范公司的关联交易行为，公司召开股东大会通过了《关联交易决策制度》，使关联交易决策管理落实且更具有操作性，进一步的规范了公司关联交易的决策程序。

综上，项目律师所律师认为，公司对关联交易已经进行了充分披露，没有重大遗漏或重大隐瞒；公司在相关制度文件中对关联交易公允决策的程序做出了明确的规定。

（2）同业竞争：

第一，介绍同业竞争情况。

第二，避免同业竞争的承诺。

公司股东、董事、高级管理人员及核心技术人员出具了《避免同业竞争承诺函》，表示目前未从事或参与与公司存在同业竞争的行为；并承诺：将不在中国境内外直接或间接从事或参与任何在商业上对公司构成竞争的业务及活动，或拥有与公司存在竞争关系的任何经济实体、机构经济组织的权益，或以其他任何形式取得该经营实体、机构、经济组织的控制权，或在该经营实体、机构、经济组织中担任高级管理人员或核心技术人员；其愿意承担因违反上述承诺而给公司造成的全部经济损失。

综上，项目律师所律师认为，公司控股股东、实际控制人及其控制的企业与公司不存在同业竞争，且公司控股股东和实际控制人、董事、监事、高级管理人员及核心技术人员已做出有效承诺以避免同业竞争的可能。

10. 挂牌公司拥有或使用的主要财产。

根据公司提供的情况，主要财产主要包括：①土地使用权、房屋所有权及房屋租赁；②知识产权；③在建工程；④车辆；⑤商标；⑥专利等等，根据公司具体情况，说明公司主要财产情况。

11. 挂牌公司的重大债权债务。

（1）重大合同。

（2）对外担保。

（3）其他重大合同。

（4）侵权之债。

12. 挂牌公司《公司章程》的制定与修改。

（1）公司现行章程的制定。

（2）公司章程的修改。

经项目律师所律师核查后认为公司章程制定和修改均已履行了必要的法定程序，具备公司章程生效的法定文件，《公司章程》符合《公司法》及其他现行有关法律、法规及规范性文件的规定，内容合法有效。

13. 挂牌公司股东大会、董事会、监事会议事规则及规范运作。

（1）公司具有健全的组织机构。根据《公司章程》并经项目律师所律师核查，公司已设立股东大会、董事会、监事会等组织机构。公司具有健全的法人治理结构及组织机构，其组织机构的设置符合《公司法》及其他现行有关法律、法规、规范性文件的规定，能够满足公司日常管理和生产经营活动的需要。

（2）公司具有健全的议事规则及其他内部控制制度。公司某年股东大会审议通过了《股东大会议事规则》、《董事会议事规则》、《监事会议事规则》。公司董事会于某年某月审议通过了《总经理工作细则》、公司股东大会审议通过了《对外投资管理制度》、《关联交易决策制度》、《对外担保决策制度》等制度。

经项目律师所律师核查，上述议事规则及制度均符合《公司法》及其他相关法律、法规和规范性文件的规定，内容具体、明确，具备可操作性。

（3）公司治理机构的规范运作。公司能严格按照《公司法》及《公司章程》分别召开股东大会、董事会、监事会，股东大会、董事会、监事会运作规范。

项目律师所律师认为，股份公司已经健全了股东大会、董事会、监事会的组织机构并制定了议事规则，该等议事规则符合现行法律、法规及有关部门规范性文件要求。

14. 挂牌公司董事、监事和高级管理人员及其变化。

（1）公司现任董事、监事和高级管理人员。

（2）公司董事、监事及高级管理人员的变化。

（3）公司董事、监事和高级管理人员的任职资格。

经项目律师所律师核查，公司近几年内董事、监事和高级管理人员的变化履行了必要的法律程序，符合有关法律、法规、规范性文件以及公司章程的规定，合法有效。

15. 挂牌公司的税务。

（1）股份公司税务登记手续的办理。

（2）公司执行的主要税种、税率。

（3）公司纳税情况。

（4）税收优惠。

（5）财政补贴情况。

综上，项目律师所律师认为，公司执行的税种、税率符合现行法律、法规及规范性文件的相关要求，公司属于高新技术企业，其享受的税收优惠政策符合国家的相关规定，享受的税收优惠政策合法、合规、真实、有效。公司近几年能够依法纳税，截至目前不存在被税务部门处罚的情形。

16. 挂牌公司的环境保护和产品质量等标准。

（1）公司的环境保护。根据公司出具的声明与承诺、某地区城市管理和环境保护局于某年某月出具的证明，并经项目律师所律师核查，自某年某月至本《法律意见书》出具日，公司的生产经营活动符合有关环境保护的要求，不存在因违反环境保护方面的法律、法规和其他规范性文件而受到处罚的情形。

（2）公司的产品质量。公司持有某地区颁发的《质量管理体系认证证书》，证明公司符合标准。

（3）公司的技术标准。根据公司出具的书面说明，说明公司目前执行的主要技术标准情况。

综上，项目律师所律师认为，股份公司在环境保护、产品质量方面，符合国家相关法律、法规及规范性文件的要求。公司近几年无因违反有关产品质量和技术监督方面的法律法规而受到处罚的情形。

17. 挂牌公司业务发展目标。

根据公司的书面说明，写出公司的业务发展目标内容。

经核查，项目律师所律师认为，公司在其为本次股份报价转让所编制的《股份报价转让说明书》中所述的业务发展目标与其主营业务一致，符合国家法律、法规和规范性文件的规定，不存在潜在的法律风险。

18. 挂牌公司的诉讼、仲裁或行政处罚。

（1）公司、子公司、主要股东涉及诉讼、仲裁或行政处罚情况：截至本《法律意见书》出具日，公司、子公司、持有公司5%以上（含5%）的主要股东无尚未了结的重大诉讼、仲裁，报告期内也未受到过重大行政处罚，亦不存在可预见的重大诉讼、仲裁或被行政处罚的情形。

（2）公司董事、监事及高级管理人员涉及诉讼、仲裁或行政处罚情况：根据公司董事、监事及高级管理人员书面确认，截至本《法律意见书》出具日，公司董事、监事及高级管理人员不存在尚未了结的重大诉讼、仲裁或行政处罚，亦不存在可预见的重大诉讼、仲裁或被行政处罚的情形。

19. 结论意见。

通过对某公司所进行的事实与法律方面的核查，项目律师所律师认为，公司已符合相关法律、法规和其他规范性文件规定的股份进入证券公司代办股份转让系统报价转让的有关条件，公司具备本次股份报价转让的主体资格，不存在影响其本次股份报价转让的重大事项，不存在影响其本次股份报价转让的重大法律障碍、纠纷和潜在风险。公司本次股份报价转让尚待中国证券业协会备案后方可实施。

（三）尾部

落款，写明法律意见书的出具时间、经办律师签字。

第三章　中小企业集合票据、集合债券

第一节　中小企业集合票据概述

一、中小企业集合票据概念

是指两个（含）以上、10个（含）以下具有法人资格的中小非金融企业（简称中小企业、发行企业），在银行间债券市场以统一产品设计、统一券种冠名、统一信用增进、统一发行注册方式共同发行的，约定在一定期限还本付息的债务融资工具。

二、集合票据融资方式特点

1. 注册：集合票据需在中国银行间市场交易商协会注册。

2. 金额：任一企业集合票据待偿还余额不得超过该企业净资产的40%；任一企业集合票据募集资金金额不超过2亿元人民币，单支集合票据注册金额不超过10亿元人民币。

3. 期限：集合短期融资券期限不超过一年，集合中期票据期限不超过3年。

4. 担保：可采取多种担保方式，包括由主体信用评级为AA级及以上的担保公司承担连带保证责任、企业以其自有资产向担保机构提供抵押或质押等反担保、银行给予信贷支持等信用增级措施。

5. 效率：交易商协会鼓励创新，支持为中小企业拓宽融资渠道，项目可进入"绿色通道"注册，有效提高发行效率。

6. 统一管理：集合票据由主承销商统一发行，募集资金集中到统一账户，再按各发行企业额度扣除发行费用后拨付至各企业账户；债券到期前，由各企业将资金集中到统一账户，统一对债权人还本付息。

第二节 中小企业集合票据融资方式标准及运作要求

一、集合票据融资要求

1. 规模要求：单个企业拟发行规模 2000 万以上 2 亿元以下（净资产规模达到 5000 万以上）。

2. 盈利要求：发券前，连续 2 年盈利。

3. 评级要求：任一企业主体信用评级为 BBB 级及以上，评级结果与发行利率具有相关性。

4. 行业要求：可获得当地政府明确支持（如财政贴息、项目补助优先支持、税收优惠、政府背景担保公司提供担保等）。

二、集合票据操作流程

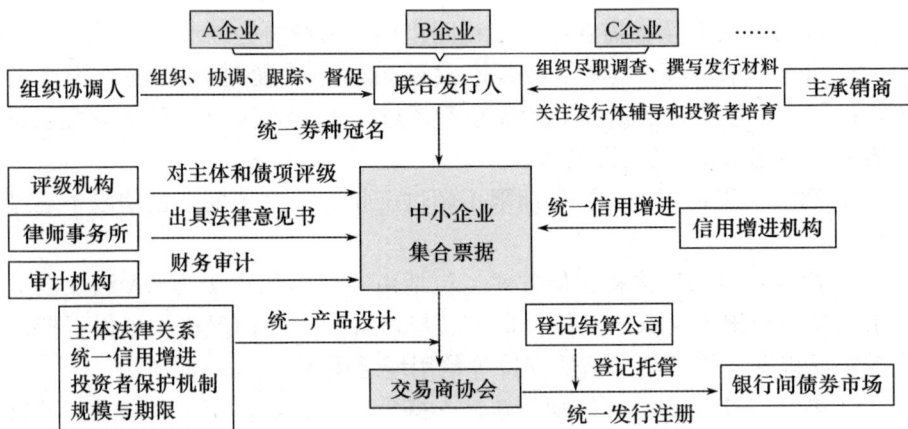

参与各方及关系

三、集合票据主要步骤

步骤	工作内容	所需时间
确定中介机构	明确评级机构、资产管理公司、律师事务所、会计师事务所	T+7
召开推荐会议	推介集合票据，确定入选企业参加意向	T+10
评级机构预评	收集入选企业资料，筛选 BBB 级以上企业作为入选企业	T+13
银行授信审查、资产管理公司审查	银行及资产管理公司与发行人商谈业务条件，完成业务审查流程	T+30
确定发行主体及金额	最终确定发行主体及金额	T+31
签订相关协议	签订承销协议、评级协议、资产管理公司协议、律师协议等	T+32
发行主体完成内部决策流程	发行人确定发行计划，完成股东会决议，完成偿债资金计划预测、准备加入交易商协会资料，电子版本先发协会审核，无误后纸质盖章资料快递到协会	T+40
尽职调查	发行人配合承销商、评级公司、律师开展尽职调查，撰写尽职调查报告、募集说明书、评级报告、审计报告、法律意见书等注册文件	T+55
上报注册资料	注册材料定稿、装订并上报交易商协会	T+60
交易商协会审查	注册委员会办公室接收、初审注册文件和安排注册会议。达到初审要求后材料将被安排上会。注册委员会通过注册会议决定是否接受发行注册，接受注册后，将出具《接受注册通知书》	T+80

四、集合票据法律及政策依据

1. 《中小企业促进法》。
2. 《中小企业标准暂行规定》。
3. 《银行间债券市场非金融企业债务融资工具管理办法》。
4. 《银行间债券市场非金融企业债务融资工具中介服务规则》。
5. 《银行间债券市场非金融企业债务融资工具信息披露规则》。
6. 《银行间债券市场非金融企业债务融资工具发行注册规则》。
7. 《银行间债券市场非金融企业债务融资工具尽职调查指引》。
8. 《银行间债券市场非金融企业债务融资工具募集说明书指引》。
9. 《银行间债券市场非金融企业中期票据业务指引》。
10. 《银行间债券市场非金融企业短期融资券业务指引》。
11. 《银行间债券市场中小非金融企业集合票据业务指引》。

第三节 中小企业私募债券业务

一、中小企业私募债券概念

中小企业私募债券，是指中小微型企业在中国境内以非公开方式发行和转让，约定在一定期限还本付息的公司债券。

二、中小企业私募债券发行人资格及要求

1. 中小企业私募债券办理企业应符合国家相关政策对于中小企业定义的标准。

2. 办理中小企业私募债券必须有企业纳税规范。并且需要完整运作两个会计年度。需要提交具证券期货从业资格的会计师事务所审计的最近两年财务报告。

3. 申请中小企业私募债券的目标企业的主营业务不能包含房地产和金融类业务。

4. 办理中小企业私募债券的目标企业的年营业收入达到一定规模，以企业年营业额收入不低于发债额度为宜。

5. 中小企业私募债券办理的目标企业能获得大型国企或者国有担保公

司担保。

6. 申请中小企业私募债券的企业的信用评级达到 AA 级以上则为优先考虑对象。

7. 每期私募债券的投资者合计不得超过 200 人。

三、中小企业集合票据与中小企业集合债的比较

		中小企业集合票据	中小企业集合债
工作流程比较	主管机构	交易商协会	国家发改委
	参与方	相关政府机构、主承销商、评级机构、审计机构、律师事务所、信用增进机构等	相关政府机构、主承销商、评级机构、审计机构、律师事务所、担保机构等
	主管机构工作机制	注册制	审批制
发行方式比较	是否公开发行	是，发行前提前五个工作日公告	是，一般发行前提前一天公告
	提供融资方	银行间市场机构投资者	银行间或交易所市场投资者
	融资利率确定方式	市场化方式决定	利率区间由人民银行审批
	融资利率高低	较低	较低

		中小企业集合票据	中小企业集合债
产品结构比较	企业资质	境内注册企业法人，无资产规模、净资产规模、盈利和偿债指标要求	有净资产最低要求，偿债能力要求，盈利能力要求等
	单笔涉及企业家数	2~10家	多家
	融资金额	单个企业不超过2亿元且不超过其净资产40%，单只金额不超过10亿元	单个企业不超过净资产40%
	融资期限	短期或中长期	一般为中长期
	信用增进措施	多种形式，由主承销商协助发行企业自行选择	一般为担保
产品结构比较	投资者保护机制	由主承销商协助发行企业制定，较为符合市场需求	未明确
	募集资金用途	用于生产经营，不限特殊用途	一般与特定项目挂钩。用于调整债务结构的，要提供银行同意以债还贷的证明；用于补充营运资金的，不超过发债总额的20%
	信息披露要求	高	较高

四、集合债券的法律依据

1.《中华人民共和国证券法》。

2.《企业债券管理条例》。

3.《国家发展改革委关于进一步改进和加强企业债券管理工作的通知》。

4.《国家发改委关于推进企业债券市场发展、简化发行核准程序有关事项的通知》。

第四节　集合票据集合债券的部分法津文本

一、集合票据业务律师法律意见书

××律师事务所（以下简称"本所"）接受 a 股份有限公司、b 有限公司（作为联合发行人，就其中的任何一家发行人，称"任一发行人"，合称为"各发行人"或"联合发行人"）的委托，根据本所与联合发行人签订的《中小企业集合票据之专项法律顾问聘请合同》，指派××律师（以下简称"本所律师"）作为本次联合发行人发行"××省××年度第××期中小企业集合票据"（以下简称"本期发行"或"本期集合票据"或"本期发行集合票据"或"本期集合票据发行"）的专项律师，就本期集合票据的发行及相关问题出具法律意见书。

本所律师遵循"诚实、守信、独立、勤勉、尽责"的原则认真仔细地核查了各发行人所提供的书面材料，并得到各发行人及其他中介服务机构的保证：即应本所及经办律师要求所提供的书面材料、副本材料是真实有效的，有关复印件及其副本与正本材料或者原件一致，保证其所出具的文件具有真实性、准确性、完整性；在此基础上本所及本所律师根据《中华人民共和国中国人民银行法》、《中华人民共和国公司法》以及中国人民银行颁布的《银行间债券市场非金融企业债务融资工具管理办法》、中国银行间市场交易商协会（以下简称"交易商协会"）制订的《银行间债券市场中小非金融企业集合票据业务指引》、《银行间债券市场非金融企业债务融资工具信息披露规则》、《银行间债券市场非金融企业债务融资工具发行注册规则》、《银行间债券市场非金融企业债务融资工具中介服务规则》、《银行间债券市场非金融企业债务融资工具募集说明书指引》、《银行间债券市场非金融企业债务融资工具尽职调查指引》、《银行间债券市场非金融企业债务融资工具持有人会议规程》等有关法律、法规和规范性文件（以下简称"法律法规和配套文件"）的规定出具的法律意见书是客观的，不存在虚假记载、误导性陈述及重大遗漏。

本所律师根据我国现行法律、行政法规和交易商协会的相关自律规则以及在本法律意见书出具日之前已经发生或存在的事实及本所对该等事实和规定的了解和理解，发表法律意见。

在本法律意见书中，本所仅就本期发行及发行文件所涉及的法律问题发表意见。在本法律意见书中如涉及会计、审计、信用评级、偿债能力和现金流分析等内容，均为对发行人制作之发行文件及有关中介机构出具之专业报告中列载之数据、结论的严格引述。该等引述并不构成本所对这些内容的真实性、准确性作出任何明示或默示的保证。

出具本法律意见书至关重要而又无法得到独立证据支持的事实，本所及本所律师只能依赖于各发行人的口头陈述与承诺以及有关政府职能部门的公示或其他证明文件。

本所得到各发行人的保证，即发行人向本所提供的原始书面资料、副本材料或口头证言均真实、合法、有效，不存在虚假记载、误导性陈述及重大遗漏；各发行人向本所提供的有关副本材料或复印件与原件一致。

本法律意见书仅供联合发行人发行本期集合票据之目的使用，不得用作任何其他目的。本所同意联合发行人将本法律意见书作为发行本期集合票据申请所必备的法律文件，随其他申请材料一起呈交有关主管部门，并承诺依法对本所出具的法律意见承担责任。

基于上述，本所出具法律意见如下：

（一）本期集合票据的发行方式

本期集合票据系由 a 股份有限公司、b 有限公司作为联合发行人，以"统一产品设计、统一券种冠名、统一信用增进、统一发行注册"的方式在中国银行间债券市场一次性集合发行。本期集合票据注册金额为××万元。任一发行人在其发行额度内各自承担还本付息义务，其参加本期集合票据的发行并不构成对其他发行人还本付息义务的承担、承诺或担保。本期集合票据由××担保有限公司承担连带的不可撤销的保证责任。

基于上述，本所律师认为本期集合票据的发行方式符合《银行间债券市场中小非金融企业集合票据业务指引》第3条、第7条的规定。

（二）本期集合票据发行的主体资格

1. a 股份有限公司。

（1）a 股份有限公司（以下简称"a"）的前身是××有限公司，现持有×××工商行政管理局于×年×月×日颁发的《企业法人营业执照》，注册号为：××××，住所地×××，法定代表人为×××，注册资本为××万元人民币，实收资本为××万元人民币，经营范围：经营期限×××××。

（2）经本所律师核查并基于书面承诺，截至本法律意见书出具日，a

自成立以来已通过历次工商年检，不存在法律法规和配套文件及 a《公司章程》规定的需要终止、解散的情形，其存续合法有效。

2. b 有限公司。

（1）b 有限公司（以下简称"b"）现持有工商行政管理局于×年×月×日颁发的《企业法人营业执照》，注册号为：×××，住所地，法定代表人为×××，注册资本为××万元人民币，实收资本为××万元人民币，经营范围：经营期限××××。

（2）经本所律师核查并基于书面承诺，截至本法律意见书出具日，b 有限公司自成立以来已通过历次工商年检，不存在法律法规和配套文件及 b《公司章程》规定的需要终止、解散的情形，其存续合法有效。

综上，本所律师认为：本期集合票据联合发行人均是依法设立并合法存续的非金融企业法人，且按照国家相关法律法规及政策的界定，联合发行人均属于中小企业，具备发行本期集合票据的主体资格。

（三）本期集合票据发行的授权和批准

1. a 股份有限公司。

经核查，a 的企业类型为股份有限公司，根据《中华人民共和国公司法》及 a《公司章程》第××的规定 a 同意发行本期集合票据应经 a 股东大会批准。a 于×年×月×日形成《第××届董事会第××次会议决议》并上报股东大会审议。×年×月×日 a 形成《年第××次临时股东大会决议》，同意 a 参与发行"×省×年度第×期中小企业集合票据"，确定 a 发行集合票据规模不超过××万元人民币，期限××年。

2. b 有限公司。

经核查，b 的企业类型为有限公司，根据《中华人民共和国公司法》及 b《公司章程》第××的规定 b 同意发行本期集合票据应经 b 股东大会批准。b 于×年×月×日形成《第××届董事会第××次会议决议》并上报股东大会审议。×年×月×日 b 形成《年第××次临时股东大会决议》，同意 b 参与发行"省××年度第××期中小企业集合票据"，确定 b 发行集合票据规模不超过 万元人民币，期限××年。

综上，本所律师认为联合发行人就本期集合票据发行已获得了内部有权机构之批准，董事会、股东大会的召开程序、审议内容和决议程序均合法有效。根据《银行间债券市场非金融企业债务融资工具管理办法》、《银行间债券市场非金融企业债务融资工具发行注册规则》相关规定，联合发行人尚需就本期集合票据的发行向交易商协会进行申请注册，注册完成后即可实施本期集合票据的发行。

（四）本期集合票据发行的合规性

1. 联合发行人均是依据中国法律在中国境内合法成立并有效存续的非金融中小企业。联合发行人自设立以来持续经营，均不存在根据法律、行政法规及《公司章程》规定需要予以终止的情形，符合《银行间债券市场非金融企业债务融资工具管理办法》第 2 条和《银行间债券市场中小非金融企业集合票据业务指引》第 2 条、第 3 条的规定。

2. 根据联合发行人编制的《省××年度第××期中小企业集合票据募集说明书》（以下简称"《募集说明书》"），本期集合票据存续期限为两年，并于到期日一次性还本付息，符合《银行间债券市场非金融企业债务融资工具管理办法》第 2 条及《银行间债券市场中小非金融企业集合票据业务指引》第 3 条的规定。

3. 根据联合发行人编制的《募集说明书》，本期集合票据统一冠名为"省××年度第一期中小企业集合票据"，并由×省×担保有限公司作为信用增进机构提供担保，以"统一产品设计、统一券种冠名、统一信用增进、统一发行注册"方式向交易商协会注册，并在中国银行间债券市场一次性集合发行，符合《银行间债券市场中小非金融企业集合票据业务指引》第 3 条、第 4 条的规定。

4. 本期集合票据发行后，任一发行人及合并报表内子企业待偿还债务融资工具余额均未超过其最近一期经审计净资产的 40%。

（1）a 股份有限公司。根据××会计师事务所有限公司出具的××审字（×）号《审计报告》，截至××年×月×日，a 所有者权益为人民币××元。a 发行的本期集合票据金额为××万元人民币。经本所律师核查并经书面确认，截至本法律意见书出具之日，a 及合并报表范围内子企业均未曾发行债务融资工具或其他债券。因此，本期集合票据发行后公司及合并报表范围内子企业已发行尚待偿还余额不超过最近一期经审计净资产的 40%。

（2）b 有限公司。根据××会计师事务所有限公司出具的 会报字（××）号《审计报告》，截至×年×月×日，b 有限公司所有者权益为××元人民币 b 发行的本期集合票据金额为××万元人民币。经本所律师核查并经书面确认，截止至本法律意见书出具之日，b 及合并报表范围内子企业均未曾发行债务融资工具或其他债券。因此，本期集合票据发行后 b 公司及合并报表范围内子企业已发行尚待偿还余额不超过最近一期经审计净资产的40%。

综上，根据联合发行人编制的《募集说明书》及适当核查，本所律师确认本期集合票据注册金额为××万元，未超过10亿元，任一发行人募集资金金额均未超过2亿元，且任一发行人债务融资工具待偿余额均未超过最近一期经审计净资产的40%，符合《银行间债券市场中小非金融企业集合票据业务指引》第五条的规定。

5. 根据联合发行人编制的《募集说明书》，联合发行人拟将发行本期集合票据的募集资金主要用于调整负债结构、补充运营资金需求。若在本期集合票据存续期间发生募集资金用途变更，将提前及时披露有关信息。联合发行人的前述募集资金用途符合《银行间债券市场中小非金融企业集合票据业务指引》第6条的规定。

6. 根据联合发行人编制的《募集说明书》，本期集合票据联合发行人为a和b，担保方为××省××担保有限公司，以"统一产品设计、统一券种冠名、统一信用增进、统一发行注册"方式发行。任一发行人仅负责偿还各自本期集合票据发行额度的本金、利息以及可能由此产生的罚息、复利、违约金、损害赔偿金；对其他发行人本期集合票据发行额度的本金、利息以及可能由此产生的罚息、复利、违约金、损害赔偿金不承担连带责任；对于由于部分发行人违约可能产生的诉讼（仲裁）费、律师费等实现债权的一切费用由违约的各发行人按照各自违约金额的比例承担。××省××担保有限公司提供本息全额无条件不可撤销的连带责任保证担保。本期集合票据产品结构不违背国家相关法律法规的要求，参与主体之间法律关系清晰，偿付责任明确，符合《银行间债券市场中小非金融企业集合票据业务指引》第7条的规定。

7. 经本所律师核查，联合发行人编制的《募集说明书》第八章"偿债保障措施"披露了联合发行人采取的多种措施，保证偿债资金及时到位，保障债权人的权益，内容具体详尽，符合《银行间债券市场中小非金融企业集合票据业务指引》第8条的规定。

8. 经本所律师核查，为保证按期足额偿付本期集合票据，联合发行人已在《募集说明书》中约定当发生任一联合发行人或担保人违约，信用评级下降或财务状况恶化等其他可能影响投资者利益的应急事件时，联合发行人、担保人、主承销商可以通过启动应急预案，公开披露有关事项，并召开持有人会议，商议债权保护有关事宜。因此，本期集合票据发行已建立了必要的投资者保护机制，符合《银行间债券市场中小非金融企业集合票据业务指引》第 10 条及《银行间债券市场非金融企业债务融资工具持有人会议规程》的规定。

9. 联合发行人发行本期集合票据的《募集说明书》等发行文件及其在本期集合票据存续期间内的重大事项等信息均拟在中国货币网和中国债券信息网进行披露，符合《银行间债券市场中小非金融企业集合票据业务指引》第 12 条及《银行间债券市场非金融企业债务融资工具信息披露规则》第 5 条的规定。

10. 根据联合发行人与××银行（以下简称"××银行"）签署的《银行间债券市场非金融企业债务融资工具承销协议文本》（以下简称"《承销协议》"），联合发行人委托××银行承销本期集合票据。经本所律师核查，银行系在中国境内依法设立，经中国人民银行批准具备集合票据承销资格的金融机构，符合《银行间债券市场非金融企业债务融资工具管理办法》第 8 条和《银行间债券市场中小非金融企业集合票据业务指引》第 13 条的规定。

11. 经本所律师核查，联合发行人均委托××资信评估有限公司（以下简称"c 资信"）对各发行人主体和本期集合票据信用等级进行评定。c 资信系在中国境内依法设立，具备债券评级资质的评级机构，符合《银行间债券市场非金融企业债务融资工具管理办法》第 9 条的规定。

综上，本所律师认为，联合发行人在上述各方面符合现行法律法规和配套文件规定的企业发行集合票据的各项合规性条件。

（五）本期集合票据发行的信用评级

1. 联合发行人委托 c 资信为本期集合票据发行提供信用评级服务。c 资信是经××工商行政管理局××年依法登记设立并有效存续的独立企业法人。根据中国保险监督管理委员会保监发〔2003〕92 号文《关于增加认可企业债券信用评级公司的通知》，c 资信为保监会认可的信用评级机构。c 资信系中国银行间市场交易商协会会员，具备为本期集合票据发行提供信用评级服务的资格。

2. 根据 c 资信为各发行人分别出具的《主体长期信用评级报告》，各发行人的主体长期信用级别如下：

（1）a 股份有限公司主体长期信用级别为：BBB +

（2）b 有限公司主体长期信用级别为：BBB –

3. c 资信已就本次发行出具了《××省××年度第××期中小企业集合票据信用评级报告》，评定"省××年度第一期中小企业集合票据"信用等级为 AA＋。该级别含义为：偿还债务的能力很强，受不利经济环境的影响不大，违约风险很低。

4. 根据中国人民银行监管要求和有关业务操作规范，c 资信将在本期集合票据存续期内每年进行一次定期跟踪评级，并根据情况开展不定期跟踪评级。

综上，本所律师认为，c 资信系在中国境内设立并具有债券评级资质的评级机构，已根据规定对各发行人主体及本期集合票据债项进行信用评级并出具了相应的信用评级报告，且在《募集说明书》中明确披露评级结果，符合《银行间债券市场非金融企业债务融资工具管理办法》第 9 条及《银行间债券市场中小非金融企业集合票据业务指引》第 9 条的规定。

（六）本期集合票据发行的承销

1. 联合发行人与××银行签订了《承销协议》，约定由××银行担任联合发行人本期集合票据发行的主承销商。

2. 银行现持有××工商行政管理局颁发的注册号为××的《企业法人营业执照》，法定代表人为闫冰竹，住所地为××，业已通过××年度年检。

3. 银行持有中国银行业监督管理委员会××监管局颁发的机构编码××的《中华人民共和国金融许可证》，为交易商协会会员，具备担任发行本期集合票据主承销商的法定资格。

综上，本所律师认为：本期集合票据由具有资格的金融机构承销，符合《银行间债券市场非金融企业债务融资工具管理办法》第 8 条和《银行间债券市场中小非金融企业集合票据业务指引》第 13 条的规定。《承销协议》的内容未违反法律、行政法规的规定，合法有效。

（七）本期集合票据发行的募集说明书

1. 经本所律师核查，联合发行人已为发行本期集合票据之目的编制了《募集说明书》。《募集说明书》共十三章，主要由风险提示及说明、发行条款、募集资金运用、联合发行人基本情况、联合发行人主要财务状况、本期集合票据及联合发行人的资信状况、本期集合票据担保情况、偿债保障措施、联合发行人违约责任与投资者保护机制、联合发行人承诺和信息披露、税项、备查文件、发行的有关机构等部分构成。

2. 本所律师对《募集说明书》中与中国法律相关的描述进行了适当审查，认为该等描述在法律相关内容方面不存在虚假记载、误导性陈述或重大遗漏。

3. 联合发行人已承诺将严格按照法律法规及配套文件的相关规定，遵循诚实信用的原则，真实、准确、完整、及时地进行信息披露，承诺在所有信息披露的过程中不存在虚假记载、误导性陈述或重大遗漏。

综上，本所律师认为，联合发行人已经按照《银行间债券市场中小非金融企业集合票据业务指引》和《银行间债券市场非金融企业债务融资工具募集说明书指引》的规定编制了发行本期集合票据所需的《募集说明书》，该《募集说明书》内容具体完备，且其中与法律相关的描述不存在虚假记载、误导性陈述或重大遗漏。

（八）本期集合票据的担保

1. ××省××担保有限公司（以下简称"担保人"）对本期集合票据提供了全额无条件不可撤销的连带责任担保。担保人现持有××省工商行政管理局颁发的注册号为××的《企业法人营业执照》，住所地为××法定代表人为××，注册资本为×万元，经营范围包括：许可经营项目：再担保业务，担保业务。一般经营项目：投资和资产管理，财务顾问，市场管理，商务服务，社会经济咨询，资产评估，机械设备租赁。依据××会计师事务所有限公司出具的编号为××会［××］号标准无保留意见的审计报告，截至××年×月×日，担保人所有者权益合计××万元，负债和所有者权益总计××万元。经 c 资信评估有限公司对担保人信用状况的综合分析和评估：省××担保有限公司主体长期信用评级为 AA ＋。

2. 担保人为本期集合票据发行提供担保，在取得了合法及充分的授权与批准后，于××年×月×日出具了《关于××省×年度第×期中小企业集合票据信用增进的函》（以下简称"《信用增进函》"），就本期集合票据存续期限内各发行人应偿付的本期集合票据应付本息、逾期利息、违约罚金、担保费、损害赔偿金及所有其他费用，提供不可撤销的连带责任保证。《信用增进函》显示，在本期集合票据存续期内，如果任一发行人未按期兑付本期集合票据本息，则担保人应主动承担担保责任，将兑付资金划入集合票据登记机构或主承销商指定账户。本期集合票据的合法持有人可分别或联合要求担保人承担担保责任。《信用增进函》的保证期为本期集合票据的存续期及本期集合票据到期之日起两年。

3. 担保人在出具《信用增进函》前与联合发行人签署了《××省××担保有限公司信用增进服务协议》（以下简称"《信用增进服务协议》"）。在法律效力上，担保人向集合票据持有人履行其已经出具的《信用增进函》项下的担保责任不以该《信用增进服务协议》中的任何约定为前提条件。上述《信用增进服务协议》中的任何约定对担保人履行《信用增进函》项下的担保责任不产生任何影响。

综上，本所律师认为，担保人是依法设立并合法存续的中国企业法人，具备法律法规和配套文件要求的作为本期集合票据担保人的主体资格；担保人出具的《信用增进函》符合《中华人民共和国担保法》的规定，《信用增进函》合法有效。

（九）本期集合票据的偿债保障措施

经本所律师核查，联合发行人分别与××银行、担保人签署了《偿债准备金账户监管协议》，联合发行人由××银行××作为监管银行，设立如下偿债机制，以保障及时、足额偿付本期集合票据本息：

1. 各发行人应在本期集合票据到期日之前的第××个工作日、第××个工作日、第××个工作日和第××个工作日，分别向偿债准备金账户存入其本期集合票据应兑付本金的××%。

2. 从本期集合票据发行日起，各发行人应每三个月向偿债准备金账户存入本期集合票据其全部应付利息的××。各发行人上述利息的存入，应在发行后首个计息日起第三个月的最后一个工作日前完成。在本期集合票据到期日之前的第××个工作日，各发行人应将其全部应付利息存入偿债准备金账户。

3. 各发行人应于本期集合票据到期日之前的第××个工作日已经将本期集合票据其应兑付本金及利息足额存入偿债准备金账户，并于当天在中国货币网和中国债券信息网刊登"兑付公告"。

4. 各发行人应于本期集合票据到期日之前的第1个工作日将本期集合票据其应兑付本金及利息从偿债准备金账户划至中央国债登记结算有限责任公司指定的资金账户。

5. 在本期集合票据到期日之前的第5个工作日，如各发行人未将其应兑付本息足额存入偿债准备金账户，或在本期集合票据存续期间，各发行人未履行上述本期集合票据本金及利息准备金的提取计划，担保人应积极做好相应资金准备，并在本期集合票据到期日之前的第1个工作日代偿发行人的相应差额，将相应款项划入发行人在监管银行开立的偿债准备金账户，以确保本期集合票据到期足额兑付本息。

综上，本所律师认为：联合发行人、银行、担保人按照《银行间债券市场中小非金融企业集合票据业务指引》的相关规定，签订的《偿债准备金账户监管协议》在法律效力上真实、有效。偿债准备金账户的设立和监管是本期集合票据本息偿付的有力保障。偿债保障措施内容详尽、具有可操作性。

（十）联合发行人的重大法律事项及潜在法律风险

1. 关于联合发行人重大诉讼、仲裁情况。

经本所律师核查及发行人书面确认，除上述案件外，截至本法律意见书出具之日，本所律师未发现联合发行人目前存在须披露的尚未了结或可预见的重大诉讼、仲裁及行政处罚案件。

2. 关于联合发行人重大对外担保情况。

经本所律师核查及发行人书面确认，截至××年×月×日，对外担保情况如下：

截至本法律意见书出具之日，本所律师未发现违规担保情况。

3. 关于联合发行人的行政处罚情况。

根据联合发行人提供的资料并经其书面确认，截至本意见书出具之日，联合发行人均不存在因违反工商、税收、环保、海关以及其他法律、行政法规而受到重大行政处罚的事项。

综上，本所律师认为，联合发行人不存在对本期集合票据发行构成实质影响的重大法律事项及潜在法律风险。

（十一）为本期集合票据发行提供服务的其他中介机构资质

1. 联合发行人分别委托××会计师事务所有限公司、××会计师事务所有限公司提供本期发行的审计服务。经本所律师核查，前述审计机构均持有《企业法人营业执照》、《会计师事务所执业证书》等开展业务所需资质文件，事务所有限公司系交易商协会会员机构，事务所有限公司系声明遵守自律规则、并在交易商协会登记备案的非会员机构，其签字注册会计师均持有执业证书，相关证照均已经××年度检验。

2. 联合发行人委托××律师事务所提供本期发行的法律服务。律师事务所持有《律师事务所执业许可证》等开展业务所需资质文件，并系交易商协会会员机构，且签字律师均持有执业证书，相关证照均已经××年度检验。

综上，本所认为上述为本期发行提供服务的审计机构、律师事务所及评级机构具有《银行间债券市场非金融企业债务融资工具中介服务规则》规定的业务资质。

（十二）结论性意见

联合发行人具备发行集合票据的主体资格以及相关法律法规和配套文

件规定的条件，本期发行已获得有效授权和批准；联合发行人本期发行文件符合相关法律法规和配套文件的要求；截至本法律意见书出具之日，根据联合发行人与中介服务机构提供的相关材料，联合发行人不存在对本期集合票据发行构成法律障碍的情形；联合发行人应按照相关法律法规和配套文件的规定及承诺在银行间债券市场及时、准确披露相关信息；联合发行人本期集合票据的发行尚须向交易商协会进行申请注册。

本法律意见书一式六份（正本），由本所经办律师签字并加盖本所公章后生效。

（以下无正文）

二、集合债券业务律师法律意见书

致：×××年×××省中小企业集合债券各发行人

本所接受 A 有限公司、B 有限公司×××家公司（以下统称"各发行人"）的委托，作为×××年××省中小企业集合债券（以下简称"本次债券"或"债券"）发行的特聘专项法律顾问，现就各发行人申请发行本次债券出具本法律意见书。

本所根据《中华人民共和国证券法》、《企业债券管理条例》、《国家发展改革委关于进一步改进和加强企业债券管理工作的通知》、《国家发改委关于推进企业债券市场发展、简化发行核准程序有关事项的通知》等有关法律、行政法规和规范性文件的规定，按照律师行业公认的业务标准、道德规范和勤勉尽责精神，对各发行人申请发行本次债券的资格及条件进行了调查，查阅了本所认为出具本法律意见书所需查阅的文件，并就有关事项向政府有关主管部门及各发行人的高级管理人员进行了必要的询问和讨论，并据此出具本法律意见书。

在前述调查过程中，本所得到各发行人如下保证，即其已经提供了本所认为出具本法律意见书所必需的、真实完整的原始书面材料、副本材料或口头证言，有关材料上的签字和/或印章均是真实的，有关副本材料或者复印件均与正本材料或者原件一致；其向本所提供的书面确认材料不存在虚假记载、误导性陈述。

对于出具本法律意见书至关重要而又无法得到独立的证据支持的事实，本所依赖于政府有关主管部门、各发行人或者其他有关机构出具的证明文件而出具相应的意见。

本所依据本法律意见书出具日以前已经发生或存在的事实和中国现行

有效的有关法律、行政法规的规定发表法律意见。本所认定某些事项是否合法有效是以该等事项发生之时所应适用的法律、行政法规为依据，同时也充分考虑了政府有关主管部门给予的有关批准和确认。

本所仅就与本次债券有关的法律问题发表法律意见，并不对有关会计审计、资产评估、盈利预测等专业事项发表评论。在本法律意见书中涉及会计审计、资产评估、盈利预测等内容时，均为严格按照有关中介机构出具的报告引述，并不意味着本所对这些内容的真实性和准确性做出任何明示或默示的保证。

基于上述，本所已严格履行了法定职责，遵循了勤勉尽责和诚实信用原则，对各发行人的行为以及本次发行申请的合法、合规、真实、有效进行了充分的核查验证，保证本法律意见书不存在虚假记载、误导性陈述及重大遗漏。

本法律意见书仅供各发行人为申请本次债券发行之目的使用，未经本所书面同意，不得用作任何其他目的。

本所同意将本法律意见书作为各发行人申请本次债券发行的必备文件，随同其他申报材料提呈国家发展和改革委员会（以下简称"国家发改委"）及其他相关行政主管部门审批，并依法对所出具的法律意见书承担责任。

本所同意各发行人在其为本次债券发行而编制的发行申报材料中部分或全部自行引用或根据审批部门审核要求引用本法律意见书的内容，但是各发行人作上述引用时，不得因引用而导致法律上的歧义或曲解。

基于上述，本所出具法律意见如下：

（一）关于本次债券发行的批准和授权

1. 本次债券发行的外部授权与批准。

×年×月×日，国家发改委下达、批准了本次债券的发行申请。

2. 本次债券发行的各发行人内部授权与批准。

（1）有限公司。×××年×月×日，发行人A公司经股东会决议，同意公司参与××，同意公司发行额度为××万元中小企业债券，发行方案由×××的相关中介机构根据市场情况确定，并以国家发展和改革委员会最终批复为准，同意公司本次债券募集资金将用于A限公司××建设项目的厂房、冷库建设，设备购置及配套的固定资产投资。

（2）B有限公司。×年×月×日，发行人B公司经股东会决议，同意公司参与××，同意公司发行额度为××万元中小企业债券，发行方案由××的相关中介机构根据市场情况确定，并以国家发展和改革委员会最终批复为准，同意公司本次债券募集资金将用于 B 限公司××建设项目的厂房、冷库建设，设备购置及配套的固定资产投资。

本所律师认为，各发行人申报发行本次债券取得了《企业债券管理条例》及发行人公司章程规定的各项批准和授权，该等批准或授权合法有效。

（二）关于发行人发行本次债券的主体资格

1. A 有限公司。

发行人 A 是一家成立于××年×月×日，由股东××出资设立，成立时注册资本为人民币××元的有限责任公司，具有独立的企业法人资格。后于××年×月×日注册资本变为××元××现持有××市工商行政管理局××年×月×日核发的企业法人营业执照（注册号为：）商行政管理局历次工商年检，未出现根据法律、行政法规以及公司章程规定或因其他任何原因而导致终止的情形，为依法有效存续的企业法人。

2. B 有限公司。

发行人 B 是一家成立于××年×月×日，由股东××出资设立，成立时注册资本为人民币××元的有限责任公司，具有独立的企业法人资格。后于××年×月×日注册资本变为××元××现持有××市工商行政管理局××年×月×日核发的企业法人营业执照（注册号为：××××）商行政管理局历次工商年检，未出现根据法律、行政法规以及公司章程规定或因其他任何原因而导致终止的情形，为依法有效存续的企业法人

（三）关于发行人发行本次债券的实质条件

1. A 有限公司。

（1）根据 A 有限公司聘请的××会计师事务所有限责任公司××年×月×日出具的《A 有限公司审计报告》××审字（×）第×号《审计报告》（以下简称"《审计报告》"），截至××年×月×日，公司总资产 万元，所有者权益（不含少数股东权益）××万元，资产负债率为 % 年度公司实现主营业务收入××万元，利润总额××万元，归属于母公司净利润为××万元。＿＿＿＿＿＿，符合《企业债券管理条例》和《国家发展改革委关于进一步改进和加强企业债券管理工作的通知》的有关规定。

（2）根据发行人 A 的书面确认，A 此前未发行过企业债券，符合《企业债券管理条例》和《国家发展改革委关于进一步改进和加强企业债券管理工作的通知》的有关规定。

（3）根据《审计报告》，截至××年×月1日，发行人 A 净资产额为人民币××万元，根据 A 的书面确认和本所律师的调查，A 累计债券总额不超过公司净资产额的40%，符合《企业债券管理条例》和《国家发展改革委关于进一步改进和加强企业债券管理工作的通知》的有关规定。

（4）根据《审计报告》，发行人 A 有限公司××年度的净利润为人民币××万元、年度的净利润为人民币××万元，××年度净利润为××万元。A 发行本次债券前连续3年盈利，经济效益良好，符合《企业债券管理条例》的有关规定。

（5）根据发行人 A 的书面确认，发行人 A 已依据所有适用的法律、行政法规的规定，及中国通常适用的会计原则制订并实施了会计制度；发行人的所有资产、权益或有关发行人的经营活动均已被完整地、及时地记录在相应的财务报告中；与发行人有关的资产所有权或其经营活动已经完整地、及时地进行了税务申报并按规定缴付了税款。根据《审计报告》，发行人会计报表（××年×月×日、××年×月×日、××年×月×日资产负债表和合并资产负债表以及利润及利润分配表和合并利润及利润分配表，××年度、年度及××年度现金流量表和合并现金流量表）的编制符合企业会计制度的有关规定，在所有重大方面公允地反映了发行人××年×月×日、××年×月×日及×年×月日的财务状况和合并财务状况、××年度、××年度及××年度的经营成果和合并经营成果以及现金流量和合并现金流量。发行人的企业财务会计制度符合国家规定，符合《企业债券管理条例》的有关规定。

（6）本次债券募集的资金将用于 A 有限公司新建××项目的建设，未超过项目总投资的60%，符合《国家发改委关于推进企业债券市场发展、简化发行审核程序有关问题的通知》等的有关规定。

（7）根据发行人 A 的书面确认以及本所核查，发行人 A 近3年没有违法和重大违规行为，不存在尚未了结的或可预见的将会实质性影响发行人财务、经营及资产状况的重大诉讼、仲裁或行政处罚案件，符合《国家发展改革委关于进一步改进和加强企业债券管理工作的通知》的有关规定。

2.B 公司。

各项内容按照 A 公司相应的内容进行考察并论述。

本所律师认为，各发行人申请发行本次债券符合《中华人民共和国证券法》、《企业债券管理条例》、《国家发展改革委关于进一步改进和加强企业债券管理工作的通知》、《国家发改委关于推进企业债券市场发展、简化发行审核程序有关问题的通知》等法律、行政法规和规范性文件所规定的有关公司债券发行的实质条件。

（四）发行人的业务

1. A 有限公司。

（1）根据发行人 A 的《企业法人营业执照》记载，发行 A 经市工商行政管理局核准的经营范围为：××根据发行人 A 的书面确认和本所的适当审查，发行人拥有充分的权力、权利和授权，并已获得所有有关政府部门的同意、批准、授权、许可或登记，以经营其目前经营的业务；发行人已经获得与其经营业务相关的一切合法有效的证照，并已依法办理了全部定期审验或换领手续。

（2）根据《审计报告》，发行人 A 最近 3 年的主营业务收入分别为××年人民币××元、年人民币××元、年人民币××元。

2. B 公司。

（1）根据发行人 B 的《企业法人营业执照》记载，发行 B 经××市工商行政管理局核准的经营范围为：××根据发行人 B 的书面确认和本所的适当审查，发行人拥有充分的权力、权利和授权，并已获得所有有关政府部门的同意、批准、授权、许可或登记，以经营其目前经营的业务；发行人已经获得与其经营业务相关的一切合法有效的证照，并已依法办理了全部定期审验或换领手续。

（2）根据《审计报告》，发行人 B 最近三年的主营业务收入分别为××年人民币××元、年人民币××元、年人民币××元。

本所律师认为，各发行人的经营范围和经营方式符合有关法律、行政法规和规范性文件的规定；各发行人不存在持续经营的法律障碍。

（五）发行人的重大债权债务

1. 发行人重大债务有×××。

2. 发行人重大债务有×××。

本所律师认为，各发行人已经履行完毕或正在履行的重大合同不存在重大纠纷；各发行人不存在重大的因环境保护、知识产权、产品质量、劳动安全、人身权等原因产生的侵权之债。

（六）本次债券募集资金的运用

根据各发行人的书面确认，各发行人已经履行完毕的或正在履行的重大合同不存在重大纠纷。根据各发行人的书面确认，各发行人不存在重大的因环境保护、知识产权、产品质量、劳动安全、人身权等原因产生的侵权之债。

1. A 有限公司。

根据××年×月×日的《 省企业投资项目备案表》项目编号：_____，该项目已经依法审核备案。

经本所律师核查，A 本次债券募集资金将全部用于 A 有限公司××建设项目的厂房、冷库建设，设备购置及配套的固定资产投资。资金使用投向符合国家产业政策，筹集资金的用途合法。

2. B 有限公司。

根据××年×月×日的《 省企业投资项目备案表》项目编号：_____，该项目已经依法审核备案。

经本所律师核查，B 本次债券募集资金将全部用于 B 有限公司××建设项目的厂房、冷库建设，设备购置及配套的固定资产投资。资金使用投向符合国家产业政策，筹集资金的用途合法。

经本所律师核查，各发行人募集资金的用途符合《企业债券管理条例》第 20 条规定，其投向符合国家政策并已获政府批准，筹集资金的用途合法。

（七）发行人的税务

根据各发行人提供的纳税材料、《审计报告》以及各发行人做出的纳税证明，各发行人近 3 年依法纳税，执行的税种、税率及享受的优惠政策、财政补贴等符合现行法律、法规和规范性文件的规定，近 3 年无纳税违法行为。

经适当审查，本所律师认为，各发行人执行的税种与税率符合国家有关法律、行政法规和规范性文件的要求；各发行人近 3 年依法纳税。

（八）发行人的环境保护

根据各发行人的书面确认，各发行人的经营活动符合有关环境保护的要求，近 3 年不存在因违反环境保护方面的法律、行政法规和规范性文件而被处罚的情形。

经适当审查，本所律师认为，各发行人的生产经营活动符合有关环境保护的要求，近 3 年不存在重大违反环境保护方面的法律、法规和规范性文件的情况。

（九）本次债券的担保和再担保

1. 本次债券的担保。

（1）本次债券的担保人。本次债券发行由以下四家担保公司提供全额不可撤销的连带责任保证：

××省××担保股份有限公司（以下简称"省担保公司"），省担保公司现行有效的营业执照系××年×月×日由××工商行政管理局颁发，注册号为×××，根据该营业执照，××省担保公司的注册资本为××元人民币。截至××年末，省担保公司总资产××万元，净资产××万元。

（2）本次债券的担保函。上述四家担保人向发行人出具了《担保函》，该担保函自签订之日起生效，《担保函》确定四家担保人提供的保证方式为连带责任保证，并确定在《担保函》项下债券到期时，如发行人不能及时兑付本息，四家担保人应主动承担担保责任。《担保函》明确担保范围包括本次债券本金及利息，以及违约金、损害赔偿金、实现债权的费用和其他应支付的费用。

本所律师认为，本次债券的四家担保人为依法设立并有效存续的企业法人，具备法律、法规要求的作为本次债券发行提供担保的资格，担保人出具的《担保函》符合《中华人民共和国担保法》的规定，《担保函》内容合法有效。

2. 本次债券的再担保。

（1）本次债券的再担保人。担保股份有限公司（以下简称"省担保公司"），省担保公司现行有效的营业执照系××年×月×日由××工商行政管理局颁发，注册号为××，根据该营业执照，省担保公司的注册资本为××元人民币。截至××年末，省担保公司总资产××万元，净资产××万元。

（2）本次债券的再担保函。××年×月×日，再担保人为本次债券发行出具《再担保函》。该《再担保函》自签订之日起生效，再担保人承诺为发行人本次债券的担保人的担保责任承担一般保证责任。具体保证责任的承担为，在本再担保函项下债券到期时，如债券持有人或债权代理人书面通知主债务人和担保人履行到期债务，主债务人和担保人依据签署的相关协议进行清偿债务。主债务人和担保人均不能足额清偿债务时，再担保人对不能清偿的部分承担担保责任。再担保人就代偿部分拥有对担保人的全部追索权。

本所律师认为，本次债券的再担保人为依法设立并有效存续的企业单位法人，具备法律、法规要求的作为本次债券发行提供再担保的资格，再担保人出具的《再担保函》符合《中华人民共和国担保法》的规定，《再担保函》内容合法有效。

（十）本次债券的信用等级

根据某某资信评估有限公司××年×月×日出具的［××］号《信用等级公告》，本次债券经综合分析和评估，确定信用等级为 AA 级。发行人具备偿债能力，符合《企业债券管理条例》等的有关规定。

（十一）本次债券《募集说明书》及其摘要法律风险的评价

本所未参与编制本次债券的《募集说明书》及其摘要。本所律师已对《募集说明书》及其摘要作了概要性的阅读，并着重审阅了其中引用本法律意见书的相关内容。经本所审查，未发现该《募集说明书》及其摘要存在因虚假记载、误导性陈述或重大遗漏而引致的法律风险。

（十二）其他应说明的问题

本所律师经审查认为：

1. 担任本次债券主承销商的某某证券有限责任公司具备担任本次债券主承销商的资格和条件。

2. 担任本次债券审计机构的某某会计师事务所有限责任公司、某某会计师事务所有限责任公司具备担任本次债券审计机构的资格和条件。

3. 担任本次债券信用评级机构的某某资信评估有限责任公司具备从事本次债券信用评级业务的资格。

（十三）本次债券发行的总体结论性意见

综上所述，本所律师认为，本次债券的各发行人符合《中华人民共和国证券法》、《企业债券管理条例》、《国家发展改革委关于进一步改进和加强企业债券管理工作的通知》、《国家发改委关于推进企业债券市场发展、简化发行审核程序有关问题的通知》等有关法律、行政法规及规范性文件关于发行企业债券的各项规定；不存在对发行人本次债券发行有重大影响的法律问题和法律障碍。

×× 律师事务所

律师：××

××年×月×日

第四章　政府融资

　　狭义的政府融资是指政府因项目建设而以各种形式吸引民间资本进行各种形式的投资。即政府与民间资本合作进行项目的开发建设利益分配等。比如 PPP 模式、BT 模式、BOT 模式。

第一节　PPP 模式

一、PPP 模式的概念

　　PPP 模式起源于 20 世纪 80 年代的英国广义 PPP，其以授予私营投资机构特许经营权为特征，包括 BOT、BT、TOT、TBT 等多种形式。狭义的 PPP 是政府与私营投资机构组成特殊目的机构（SPV）即项目公司或融资平台公司，引入社会资本，共同设计开发，共同承担风险，全过程合作，期满后再移交政府的公共服务开发运营方式。狭义的 PPP 不仅仅是一种融资机制，还是政府与私营投资机构长期合作关系，公营和私营之间的合作贯穿于项目的全过程，更是一种管理机制、合作机制。

　　PPP 融资模式主要应用于基础设施等公共项目。首先，政府针对具体项目成立项目公司（即融资平台公司），并对其提供扶持措施，然后，项目公司负责进行项目的融资和建设，融资来源包括民间资本以股金的方式进入、银行的贷款等；项目建成后，由项目公司成立的子公司进行项目的开发和运营，而民间资本以及银行等贷款人除了可以获得项目经营的直接收益外，还可获得通过政府扶持所转化的效益。

二、PPP 融资模式结构图

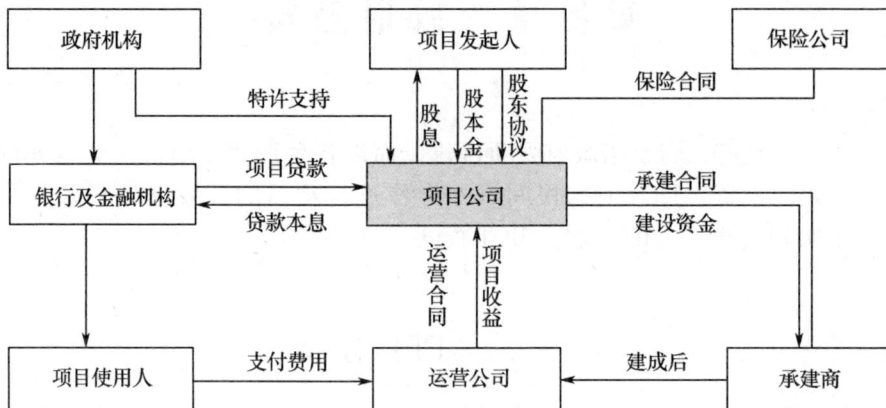

政府机构　　　　项目发起人　　　　保险公司

特许支持　　　　股息　股本金　股东协议　　保险合同

银行及金融机构　　项目贷款　　　　承建合同

贷款本息　　　项目公司　　建设资金

运营合同　项目收益

项目使用人　　支付费用　　运营公司　　建成后　　承建商

PPP 模式结构图

三、BOT 模式概念

BOT 是英文 Build – Operate – Transfer 的缩写，即"建设—经营—转让"。实质上是基础设施投资、建设和经营的一种方式，以政府和私营投资机构之间达成协议为前提，由政府向私营投资机构颁布特许，允许其在一定时期内筹集资金建设某一基础设施并管理和经营该设施及其相应的产品与服务。政府对该机构提供的公共产品或服务的数量和价格可以有所限制，但保证私营投资机构具有获取利润的机会。整个过程中的风险由政府和私人机构分担。当特许期限结束时私营投资机构按约定将该设施移交给政府部门，转由政府指定部门经营和管理。

四、BOT 融资方式结构图

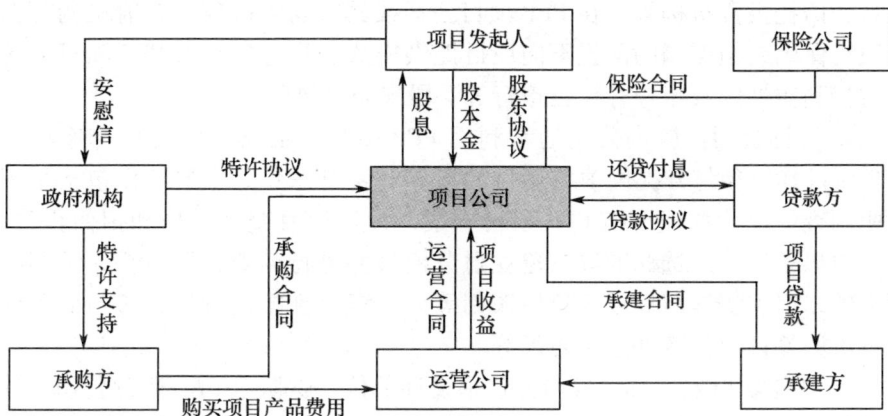

BOT 融资模式

五、PPP 模式的法律主体

在 PPP 模式中参与人至少有政府、项目发起人（私营投资机构）、项目公司、银行或银团（债权人）、保险公司、产品购买者或接受服务者以及承担设计、建设和经营的有关公司等。

1. 政府部门（政府或者政府授权的部门）。政府部门通常是 PPP 项目的发起人，需要对项目的可行性进行分析，并组织项目招标，对投标的私营投资机构进行综合权衡，确定最终的项目开发主体并授予特许经营权，并提供相关政策及融资协助等支持。

2. 私营投资机构。在发起人为政府部门的 PPP 项目中，与政府或者政府授权部门的投资机构合作成立 PPP 项目公司，投入的股本形成公司的权益资本。在私营部门作为发起人的 PPP 项目中，负责在投标前召集 PPP 项目公司成员以合同形式确定各自的出资比例和出资形式并组成项目领导小组负责 PPP 项目公司正式注册前的工作。

3. 项目公司。项目公司是 PPP 项目的实施者，负责投标与谈判及从政府或授权机构获得建设和经营项目的特许权，负责项目从融资、设计、建设和运营（由项目公司成立的运营公司）直至项目最后的移交等全过程的运作，项目特许期结束，经营权或所有权转移时，PPP 项目公司清算并解散。

4. 银行等金融机构。银行等金融机构，主要包括国际金融机构、商业银行、信托投资机构等，在 PPP 项目公司或其参与者政府、政府机构等提供履约保函或担保函的前提下向项目提供贷款，并通常要求 PPP 项目公司提供权利质押以及账户开设在银行等手段来防范风险。

5. 咨询公司。咨询公司通常利用 PPP 项目方面丰富的经验和案例为 PPP 项目其他参与方提供项目运作的指导和咨询意见，主要工作包括组织尽职调查、设计基础设施 PPP 项目方案，设计项目交易结构和招商程序，设定边界条件、遴选标准等，建立财务模型并进行商业预测分析，编制招商文件，组织实施招标或竞争性谈判等公开竞争性招商程序，参与商务谈判及协助签订项目特许经营协议等。

6. 其他参与方。其他参与方包括设计单位、保险公司、运营公司、建设单位、材料供应商等也都在 PPP 模式运作过程中发挥着重要的作用。

六、PPP 及 BOT 项目实施过程

PPP、BOT 模式多用于投资额度大而期限长的项目。一个 PPP、BOT 项目自确立到特许期满往往有十几年或几十年的时间，整个实施过程可以分为立项、招标、投标、谈判、履约五个阶段。

1. 立项阶段。在这一阶段，政府根据中、长期的社会和经济发展计划列出新建和改建项目清单并公诸于众。民间资本可以根据该清单上的项目联系本机构的业务发展方向做出合理计划，然后向政府提出以 PPP、BOT 方式建设某项目的建议，并申请投标或表明承担该项目的意向。政府则依靠咨询机构进行各种方案的可行性研究，根据各方案的技术经济指标决定采用何种方式。

2. 招标阶段。如果项目确定为采用 PPP 或 BOT 方式建设，则首先由政府或其委托机构发布招标广告，然后对报名的民间资本进行资格预审，从中选择数家民间资本作为投标人并向其发售招标文件。

3. 投标阶段。PPP、BOT 项目标书的准备时间较长，在此期间受政府委托的招标机构要随时回答投标人对项目要求提出的问题，并考虑招标人提出的合理建议。投标人必须在规定的日期前向招标人呈交投标书。招标人开标、评标、排序后，选择前 2~3 家进行谈判。

4. 谈判阶段。特许合同是 PPP、BOT 项目的核心，它具有法律效力并在整个特许期内有效，它规定了政府和 PPP、BOT 项目公司的权利和义务，

决定双方的风险和回报。所以，特许合同的谈判是 PPP、BOT 项目的关键一环。政府委托的招标人依次同选定的几个投标人进行谈判。成功则签订合同，不成功则转向下一个投标人。有时谈判需要循环进行。

5. 履约阶段即项目执行阶段。这一阶段涵盖整个特许期，又可以分为项目公司设立阶段、项目建设阶段、经营阶段和移交阶段。PPP、BOT 项目公司是这一阶段的主角，承担履行合同的大量工作。

七、BOT 与 PPP 的共同点与区别

1. BOT 与 PPP 的共同点主要包括：①这两种融资模式的当事人都包括融资人（政府或政府部门）、出资人、担保人；②两种模式都是通过签订特许权协议使政府、政府部门与私营投资机构发生契约关系的；③两种模式都以项目运营的盈利偿还债务并获得投资回报，一般都以项目本身的资产作担保抵押。

2. BOT 与 PPP 的区别主要包括：①组织机构设置不同，BOT 模式参与项目的政府或政府部门和私营投资机构之间是以等级关系发生相互作用的；PPP 模式是政府、私营投资机构基于某个项目而形成的以"双赢"或"多赢"为理念的相互合作形式，参与各方可以达到与预期单独行动相比更为有利的结果，但 BOT 与 PPP 对外的表现形式没有什么区别。②运行程序不同，两种模式的不同之处主要在项目前期，PPP 模式中私营投资机构从项目论证阶段就开始参与项目，而 BOT 模式则是从项目招标阶段私营投资机构才开始参与项目，PPP 模式中政府始终参入其中，而在 BOT 模式中在特许协议签订之后政府对项目的影响力通常较弱。

第二节　津师在政府融资项目 PPP、BOT 以及 BT 等模式运作中的工作

一、帮助政府在项目规划阶段整理审查如下文件的合法合规性

1. 《项目建议书》。《项目建议书》（又称立项申请）主要是国有企业或政府投资项目单位向发改委申报的项目申请。项目建议书批准后，可以着手成立相关项目法人。

2.《新建、改建项目可行性研究报告》。通过对项目科学深入的市场需求和供给分析、未来价格预测、资源供应、建设规模、环境影响、节能减排、投资估算、资金筹措、盈利能力等方面的科学研究，从市场、技术、经济、工程等角度对项目进行调查研究和分析比较，并对项目建成以后可能取得的财务、经济效益及社会环境影响进行科学预测，为项目决策提供了公正的、可靠的、科学性的投资咨询意见。

3.《新建、改建项目产出说明》。产出说明书是用来定义和规范 PPP 项目产出的说明性文件，作为项目纲要（或投资者须知）的一部分，用于向参与 PPP 项目的私人部门（即投资者）明确需求以及满足该等需求所需的产出要求。

4.《新建、改建项目初步实施方案》。

5. 存量项目整理。《存量项目公共资料历史材料》、《存量项目产出说明》、《存量项目初步实施方案》。

6.《项目物有所值评价报告》。评价报告对 PPP 项目进行物有所值评价，能够为政府进行项目采购提供科学理论依据，从而提高政府决策水平。目前国际上已有较多的国家和地区将物有所值方法应用到基础设施项目采购中来，并取得了较好的成绩。通过物有所值评价，有利于政府选择更为经济、更加有效的采购模式，进而提高项目的价值。鉴于此，本文在介绍物有所值理论的基础上，对成本效益分析法和公共部门参照标准比较法这两种方法进行了分析和论述，并介绍了其在国际上的应用现状及研究前景，从而为我国今后开展和应用该方法提供理论指导。

7.《财政承载能力论证报告》。对于 PPP 项目政府部门应当对本级政府财政以及对该项目的支持力度进行综合性论证，为了使项目能够顺利的开展，政府应该对自身的能力进行预测和论证。

二、帮助政府在项目准备阶段整理起草《项目实施方案》

项目实施方案是整个项目的核心，涉及到项目的成败，其中有设计的各个环节情况，涉及到法律问题，律师应对项目实施方案中各个环节所涉及的法律适用及是否合法合规等进行全方位论证。必要时应出具《项目实施方案之法律论证书》。

三、律师帮助政府在项目采购（招投标）阶段的工作

1. 帮助政府采购在资格预审阶段起草帮助审查资格《资格预审文件》、

《资格预审公告》、《资格预审申请》等文件资料。

2. 帮助政府规范投标、开标、评标过程。

3. 帮助政府起草审查《竞争性磋商公告》、《政府采购文件》。

4. 帮助政府根据项目具体情况起草审查《竞争性磋商相应文件》、《采购需求方案》、《采购需求方案评审报告》。

5. 帮助政府谈判与签署《确认谈判备忘录》、《政府和社会资本合作项目合同》、《承继项目合同补充合同》等合同。

四、律师在 PPP 项目执行阶段的工作

（一）项目公司融资体系的建立

1. 帮助政府成立项目公司，设计结构合理的能够让社会资本进入的项目公司，同时起草股东之间的协议、项目公司章程、帮助设计项目公司的内部机构设置等公司的一切法律事务。

2. 帮助项目公司在向民间资本进行融资以及向银行财团进行融资时起草和审查各种法律文件。帮助项目公司及政府确立《融资方案》以及起草《履约保函》。

3. 帮助政府起草特许经营权授权及相关协议。律师可以帮助政府及政府授权部门和投资人及社会资本签署《特许经营协议》，以及在项目运营过程中的《产品服务购买协议》和《运营服务合同》。

4. 帮助项目公司起草审查项目建设基础交易法律文件。律师可以帮助项目公司在项目建设过程中起草审查各项建设合同、供应合同、产品销售合同、工程发包承包合同等各类法律文本。

五、律师在 PPP 项目移交阶段的工作

应帮助政府项目公司起草《移交补偿方案》。

六、PPP 模式的政策、法规和法律

近二十多年来，随着 PPP 模式在中国的部分和全部实践，相关政策、法规和法律逐步建立健全，已初步形成具有中国特色的 PPP 模式的法律体系，主要包括：

1. 1995 年，对外贸易经济合作部《关于以 BOT 方式吸引外商投资有关问题的通知》（以下简称《通知》），国家计委、电力部、交通部《关于

试办外商投资特许权项目审批管理问题的通知》（以下简称《联合通知》），国家外汇管理局《关于境内机构进行项目融资有关事实的通知》，《担保法》第 8 条规定："国家机关不得为保证人，但经过国务院批准，为使用外国政府或国际组织贷款进行转贷的除外"。

2. 1999 年《中华人民共和国招标投标法》规定在城市进行的轨道交通、收费公路、自来水、燃气、热力以及污水处理、垃圾处理等经营性基础设施建设项目，要采取招标等方式选择投资者；政府赋予中标投资者对该项目的特许经营权。

3. 2001 年，国家计委《关于印发促进和引导民间投资的若干意见的通知》鼓励和引导民间资本参与公益事业建设；建设部《关于加快市政公用行业市场化进程的意见》倡导开放市政公用行业市场，建立政府特许经营制度。

4. 2002 年《中华人民共和国政府采购法》规定各级国家机关、事业单位和团体组织，使用财政性资金采购依法制定的集中采购目录以内的或者采购限额标准以上的货物、工程和服务的行为适用本法。

5. 2003 年《中华人民共和国行政许可法》规定有限自然资源的开发利用，有限公共资源的配置等等事项，可以设定行政许可。

6. 2004 年建设部《市政公用事业特许经营管理办法》（"126 号令"）规定在城市供水、污水处理、垃圾处理、燃气供应等领域发起大规模的项目实践，地方政府也纷纷以 126 号令为模板，先后出台了大量地方性法规、政府规章及政策性文件，用于引导和规范各自行政辖区范围以内的特许经营项目开发。

7. 2014 年 5 月，由国家发改委牵头研究调研并起草的《基础设施和公用事业特许经营法》（征求意见稿）出台，推动基础设施和公用事业特许经营立法，几易征求意见稿但至今尚未正式颁布。

8. 2014 年 9 月 21 日《国务院关于加强地方政府性债务管理的意见》（国发 43 号文）提出推广使用 PPP 模式，鼓励社会资本通过特许经营等方式，参与城市基础设施等有一定收益的公益性事业投资和运营。

9. 2014 年 9 月 23 日，为了拓宽城镇化建设融资渠道，促进政府职能加快转变，完善财政投入及管理方式，财政部发布了《关于推广运用政府和社会资本合作模式有关问题的通知》（76 号文）要求大力推广 PPP 模式。

10. 2014 年 11 月 16 日，国务院为推进经济结构战略性调整，加强薄弱环节建设，促进经济持续健康发展，迫切需要在公共服务、资源环境、生态建设、基础设施等重点领域进一步创新投融资机制，充分发挥社会资本特别是民间资本的积极作用，出台《关于创新重点领域投融资机制鼓励社会投资的指导意见》（国发〔2014〕60号）。

11. 2014年11月29日，为保证政府和社会资本合作项目实施质量，规范项目识别、准备、采购、执行、移交各环节操作流程，财政部印发《政府和社会资本合作模式操作指南（试行）》。

12. 2014年12月2日，为贯彻落实《国务院关于创新重点领域投融资机制鼓励社会投资的指导意见》（国发〔2014〕60号）有关要求，鼓励和引导社会投资，增强公共产品供给能力，促进调结构、补短板、惠民生，发改委印发《关于开展政府和社会资本合作的指导意见》和《政府和社会资本合作项目通用合同指南》。

七、政府和社会资本合作项目通用合同指南（目录）

使用说明
第一章　总则
第1条　术语定义和解释
第2条　合同背景和目的
第3条　声明和保证
第4条　合同生效条件
第5条　合同构成及优先次序
第二章　合同主体
第6条　政府主体
第7条　社会资本主体
第三章　合作关系
第8条　合作内容
第9条　合作期限
第10条　排他性约定
第11条　合作履约担保
第四章　投资计划及融资方案
第12条　项目总投资
第13条　投资控制责任
第14条　融资方案
第15条　政府提供的其他投融资支持

主要参考文献

1. 华洋主编:《企业改制并购法律实务》，法律出版社 2006 年版。

2. 杨家学编著:《房地产开发流程》，法律出版社 2010 年版。

3. 李刚、李娜:《建设工程全程法律风险防控》，法律出版社 2011 年版。

4. 刘营:《中华人民共和国招投标法实施条例实务指南与操作技巧》，法律出版社 2013 年版。

5. 陈香菊主编:《企业改制与发行上市法律实务》，法律出版社 2011 年版。

6. 乔路主编:《企业法律顾问实务全书》，法律出版社 2009 年版。

7. 邹菁:《私募股权基金的募集与运作》，法律出版社 2009 年版。

8. 涂成洲编著:《创业板上市操作指引》，法律出版社 2009 年版。

9. 陈晓峰、陈明昊编著:《企业合同管理:法律风险管理与防范策略》，法律出版社 2009 年版。

10. 中国资本联盟微信公众平台编辑关于众筹及 P2P 文章和 PPP 项目相关文章（《中国资本联盟》平台微信公众账号：CACNORG）

11. http：//blog. sina. com. cn/shajianlawyer